권위주의는 어떻게 국가를 망치는가?

열 나라를 사례로 보는 그 정치 폐해와 사회갈등

이효선 지음

지식공감

권위주의는 어떻게 국가를 망치는가?

열 나라를 사례로 보는 그 정치 폐해와 사회갈등

자유민주주의와 시장경제는 결코 쉽게 얻어지는 것이 아니다. 이런 체제를 지켜내기 위해 대한민국의 많은 국민이 6·25 전쟁과 산업전선에서 희생되었다. 독재정권과 권위주의 정권에 저항하는 투쟁 역시 쉬운 일이 아니다. 이 책을 오늘날의 대한민국이 있게 해준 그분들께 바친다.

2022. 7. 1

책을 내면서

이 책은 선진국이라고 불리는 여러 나라의 과거를 돌아보고 갈등으로 점철된 역사를 뽑아 분석해봄으로써 한국이 한 발자국이라도 앞으로 나아가는데 도움이 되지 않을까 하는 생각에서 시도해 보았다. 국가 간에 일어나는 갈등의 종류는 전쟁, 무력 행위, 상호비난, 긴장 등이 있으나, 한 나라 안에서는 사회갈등이 이념, 인종, 지역을 둘러싼 사회운동으로 나타나기도 한다.

갈등의 강도가 가장 높은 경우는 물론 전쟁이며, 식민지 수탈로 인한 두 나라 간의 갈등도 지속적이며 그 강도가 높다. 이 책에서는 영국과 아일랜드, 일본과 한국에서 이 문제를 다루었다. 이 책에 언급된 나라들은 과거에 모두 갈등에 휘말렸으며 일부 식민지 관계에 있었던 나라들은 아직도 긴장상태에 있다. 그런데 이 책을 쓰면서 느낀 바는 갈등이 있은 다음에는 우선 완전한 화해에 이르기가 어렵다는 점이다. 개인 간의 갈등과는 다르게 집단 간, 국가 간에 일어나는 사회갈등의 경우 더욱 그렇다. 대개 갈등의 씨앗이 뿌려지면 앙금은 계속 남는 것이 보통이다.

그리고 이와 같은 갈등 속에서는 다음 세 가지 공통분모를 찾아볼 수 있다.

첫째, 갈등의 중심에는 대부분의 경우 권위주의 정권이 있었다. 권위주의적 인성과 권위주의적 사회구조도 문제이지만 더욱 큰 문제는 권위주의적 정권이다.

둘째, 권위주의(authoritarianism)가 지속되는 까닭은 권력, 부(富), 지위와 같은 희소가치 등을 획득하기 위한 경우가 많다. 따라서 권위주의는 기득권을 유지하기 위한 체제인 것이다.

셋째, '타고난 범죄자(born criminal)'가 없듯이 '타고난 권위주의적 인성'도 없다고 생각한다. 오직 탐욕과 권력욕을 가진 1인, 또는 소수의 지배층만 있을 뿐이다. 따라서 우리는 어떤 정권도 독재나 권위주의 정권이 될 수 있기 때문에 그것을 언제나 경계하지 않으면 안 된다고 생각한다.

이 책에 소개된 각 나라의 이야기들은 대부분 우리가 알고 있다. 그러면 이 책의 이야기가 다른 점은 무엇인가? 바로 권위주의를 공통점으로 뽑아낸 것이다. 권위주의 또는 권위주의 정권에 대한 경각심을 일깨워 보려는 데 이 책의 목적이 있다. 권위주의 체제와 권위주의 정권 아래에서 차별받고 배제되며 핍박받는 집단에는 어떤 일이 일어날까? 사람들은 그런 억압구조 속에서 영원히 또는 아주 오랫동안 깨어있지 않은 상태로 그대로 지낼 것인가 또는 조금이라도 깨어있으면서 그저 견디어 낼 뿐일까?

또는 집단심성에 저항의 느낌과 같은 어떤 의식화는 일어날 수 없는 것일까? 대부분의 경우에 열세집단은 저항감을 내면에 축적시키고 있다는 점을 이 연구에서는 보여준다. 다만 저항의 시간이 빨리 나타나는지 아니면 늦게 나타나는지의 시기적 문제와 저항의 강도에 있어서만 차이가 날 뿐이다. 지금도 지구상에는, 특히 한국과 근접해 있는 동북아의 몇 나라에는 권위주의적 정권 밑에서 신음하는 사람들이 적지 않다.

이 연구에서는 유대인, 스코틀랜드인, 아일랜드인, 홍콩인, 한국인, 미국의 흑인, 프랑스의 소수집단, 우크라이나인 등이 역경을 딛고 끊임없이 식민국이나 지배집단의 권위주의에 저항해 온 과정을 보여준다. 제93회 아카데미 시상식에서 미국 정부에 암살당한 흑인 인권운동가의 삶을 그린 영화 〈유다 그리고 블랙메시아〉로 남우 조연상을 받은 다니엘 칼루유야는 "우리 흑인 공동체, 단합의 힘을 배웠다."라며 흑인 인권운동의 지지기반을 밝혔다.

그런데 과거에 핍박을 받던 세력이나 집단이 오히려 훗날 지배집단이 된 후 반대로 억압집단의 위치에 설 때, 그에 대한 저항도 똑같이 일어날 수 있음을 우리는 동서고금의 역사에서 흔히 볼 수 있었다. 이 책은 여러 나라에서 나타난 독재와 권위주의를 분석해보고 그 실체를 독자들에게 인지시킬 뿐만 아니라 권위주의에 대한 경계심을 높이는 데에 그 목적이 있다. 혹자는 오늘날의 선진국은 모두 식민지를 수탈한 나라들이라고 말한다. 틀린 말은 아니다. 그리고 이 나라들을 직접 둘러본 경험에 의하면 그들이 잘살고 있다는 말도 맞다고 생각한다. 그러면 남의 물건을 뺏어다가 아직도 잘살고 있다는 말인가? 그렇지는 않다고 생각한다.

모든 나라가 다 그렇지는 않지만 이성과 합리성을 되찾아 완전한 화해는 아니라도 타협의 길로 들어섰기에 그나마 오늘이 있다고 생각한다. 과거의 역사는 말할 필요도 없지만 최근 수년 동안 세계 도처에서 다시 민주주의에 대한 위기의식이 높아진 것은 분명하다. 반드시 코로나 전염병이 전 세계로 확산되었기 때문만은 아니다. 개인과 집단의 권력욕 때문에 일부 국가에서는 민주주의에 훼손이 일어났고, 또 다른 국가들은 독재의 길로 들어섰으며, 아예 완전히 권위주의 체제를 강화한 국가들도 있다.

　이들 마지막 국가들에서는 특히 권위주의 정권의 출현이 눈에 띈다. 일부 정권은 1990년대 초에 일어난 동구권의 혁명에도 불구하고 아직도 사회주의에서 자본주의로 탈바꿈하지 못한 채 권위주의 국가가 된 나라가 있다. 또한 적지 않은 국가들이 권위주의적인 색채를 점점 강화하고 있다. 이런 나라들의 권력 주체에게 코로나는 반가운 존재가 아닐 수 없다. 2019년 12월 말 중국의 우한(武汉)에서 발생한 전염병인 코로나19는 순식간에 전 세계로 퍼져나가 세계 경제를 마비시킴으로써 권위주의적 정권이 발생할 수 있는 또 하나의 빌미를 제공했다.

　이런 세계적인 대혼란이 세기가 바뀔 때마다 의례적으로 일어나는 격변인지, 아니면 1980년대 초에 영국과 미국에서 시작된 신자유주의와 그 뒤에 불어 닥친 세계화(globalization)에 동반된 불평등의 심화에서 기인한 현상인지는 알 수 없다. 하지만 현재 도처에서 민주주의와 자본주의가 위협받고 있는 것은 사실이다. 이런 변화가 일어나기 전의 세계는 발전의 측면에서 선진국과 중진국, 그리고 개발도상국으로 구분되면서 선진국은 중진국과 개도국이 따라가야 할 발전모델이 되었던 것은 모두 다 아는 사실이다.

　제3세계는 선진국들을 부러워했고 특히 한국은 식민지의 처지에서 벗어나 개발도상국의 상태에서 국력의 지위를 끊임없이 향상시켜 왔다. 그래서 스위스의 제네바에 본부를 둔 유엔무역개발회의(UNCTAD)는 2021년 7월 한국의 지위를 개발도상국에서 선진국 그룹으로 승격시켰다. 기구 설립 후

57년 역사상 개도국을 벗어나 선진국 그룹으로 이동한 것은 한국이 처음이다. 특히 한국은 제2차 세계대전 이후 한국전쟁과 남북분단이라는 역경을 딛고 그런 지위의 변화를 이뤄냄으로써 세계의 주목을 받아왔다.

그럼에도 불구하고 과연 한국이 그런 자격이 있을까 하는 생각도 들지만, 한국을 포함시킨 까닭은 이를 계기로 삼아 성찰적인 측면에서 우리 자신을 다시 한 번 돌아보기를 바라는 것도 이 졸저를 펴낸 사람의 간절한 소망이기 때문이다. 되돌아보건대, 무려 44년 전에 당시 개발도상국에 만연되어 있던 독재와 권위주의를 연구한 후 언제나 한국이 그러한 오명에서 벗어나서 힘차게 앞으로 나아가기를 바랐다. 다행히 한국은 그쪽을 향해 방향을 틀어서 고비를 넘겼지만, 현재 더 이상 앞으로 나아가지 못하고 있다.

이 책에서는 우리가 좀 더 성숙한 시민사회로 나아갔으면 하는 심정에서 오래전부터 생각했던 의식개혁에 관한 일단의 생각을 책의 뒤편에 조금 담아 놓았다. 이런 생각은 1969년 미국에 도착해서 어린이 놀이터를 지나가다가 "공평하지 않다"라는 말을 자주 나누는 아이들을 목격한 이후부터 시작되었다. 다른 놀이터에서도 똑같은 말을 듣고 개인의 의식과 행위가 어떻게 형성되어 공동체 생활에 녹아들었다가 궁극적으로 사회구조에 연결되고 있는지를 생각하게 되었다.

이른바 선진국들이 사람들의 의식 측면에서 상대적으로 조금 앞서 있는 것은 사실이다. 특히 선진국에서 눈에 띄는 점은 비교적 높은 수준의 공공의식이다. 정치가 안정되었을 뿐만 아니라 중산층의 비율도 높고 중산층을 판별하는 기준도 한국과는 아주 다르게 가치 등 돈이나 물질과는 상관없는 것들로 이뤄진 것도 주목할 만하다. 이처럼 가치, 의식, 행태에 관한 것은 유아 때부터 교육하는 것이 효율적이다. 그리고 한국은 아직 이런 수준에는 도달하지 못했으며, 이를 위해 넘어야 할 산이 한두 개가 아님은 말할 필요도 없다.

이 책에서는 한국을 포함해 열 나라의 갈등 사례를 다루었다.

1) 독일편에서는 히틀러와 나치 정권의 유대인 박해를 다루었고, 독일 지도자들이 진정으로 화해하는 모습을 그렸다.
2) 영국편에서는 잉글랜드와 스코틀랜드 간의 지역갈등을 다루었다.
3) 아일랜드편에서는 영국과의 식민지 관계와 특히 북아일랜드를 둘러싸고 벌어지는 무력 갈등을 담았다. 따라서 영국은 이 책에서 두 가지, 지역갈등과 식민지와 관련되는 이야기에 나온다.
4) 스페인편에서는 군부 쿠데타를 다루었다. 프랑코가 우파 국민전선을 이끌고 합법적인 좌파 인민전선을 넘어뜨리는 과정을 취급했다.
5) 미국편에서는 노예해방을 둘러싼 남북전쟁을 다루면서 링컨 대통령이 국난을 극복하는 과정을 그렸다.
6) 일본편에서는 다른 식민지와는 다르게 유별나게 한국에 대해 혹독했던 일본의 식민지 수탈정책을 다루었다.
7) 홍콩편에서는 중국의 손아귀에서 풀려나고 싶은 홍콩의 과거, 현재, 미래를 다루었다.
8) 프랑스편에서는 1968년 5월에 일어나서 때로는 5월 혁명이라고 불리는 새로운 사회운동의 탄생과정을 그려보았다.
9) 우크라이나편에서는 가장 최근에 일어난 전쟁에서 권위주의 국가가

권위주의는 어떻게 국가를 망치는가?

자유민주주의 국가를 침범해서 나라 전체를 옥죄는 데 대항해 민간인 시민들이 저항하는 모습을 담았다.

위에서 본 바와 같이 아홉 나라에서 일어난 갈등 사례를 고찰해 본 후, 끝으로 이 책은,

10) 대한민국 건국 이후 1948년 초대 이승만 정권부터 오늘에 이르기까지, 현대 한국 사회에서 발생한 갈등의 역사를 산업화와 민주화를 중심으로 살펴보았다. 그리고 현 정권을 비롯해서 몇몇 정권을 반성과 성찰의 측면에서 다루었다. 또한 한국 사회에서 가장 필요한 당면과제로 정치와 교육 분야의 변화를 들었다. 정치에서는 갈등의 감소와 타협을 모색해 볼 필요성을 제기하고, 교육 분야에서는 공공의식과 시민의식을 유아 때부터 더욱 함양시킬 필요성을 강조했다.

이 책은 주위에 있는 많은 선배와 후배들, 그리고 친구들이 평소에 많이 격려해준 소산이기도 하다. 고교와 대학 시절부터 본 친구들, 경향신문에서 만난 상사와 동기생들로 이루어진 경구회, 중앙대에서 퇴직한 교수들의 모임인 금사회, 세계 여러 나라들을 여행하고 돌아온 뒤 여행기를 올렸던 普成 동기생 49카페 회원들에게도 고마움을 전하고 싶다. 또한 48년의 역사를 가지고 있는 한샘 테니스클럽의 여러분들에게도 감사를 드린다.

이 책을 펴내면서 1981년부터 오늘날까지 중앙대 사회복지학과에서 만난 선배, 후배 교수들과 많은 제자들, 그리고 인생 말년에 학과의 주춧돌을 놓은 한 사람으로 나에게 큰 보람을 느끼게 해준 사회학과의 후배 교수들, 제자들에게 고마움을 전하고 싶다. 또한 이 책의 출간을 선뜻 맡아

주신 지식공감의 김재홍 대표님과 편집위원들 여러분에게 정말 고맙다는 말씀을 드린다.

이 책은 우선 열 나라의 이야기들을 모아 놓았기 때문에 방대한 자료와 정보를 담고 있다. 물론 책 뒤에 이 책의 내용과 관련이 있는 본인의 졸저와 졸고를 포함한 참고문헌을 밝혀 놓았지만, 기타 국내외 신문, 방송, 인터넷, 일부 시민대학의 강의 자료에 나온 정보까지 참조했다. 자료를 모으는 과정에서 많은 칼럼니스트와 전문가들의 훌륭한 아이디어와 의견을 접할 수 있었다. 따라서 어떻게 보면 필자는 이 자료들을 종합해서 전달하는 역할에 지나지 않았을 뿐이라는 생각도 든다.

한국을 제외한 아홉 나라 중 두어 나라는 비교적 오랫동안 머물렀던 곳이고, 우크라이나를 제외한 나머지 나라들도 한 번 이상 또는 두세 번 방문한 나라들이기 때문에 관찰을 통한 경험도 이 책의 여러 곳에 녹아들었다고 할 수 있다. 여행을 같이한 내 가족에게는 이 책이 하나의 선물이 된 셈이다. 여러 가지로 부족한 점이 많아서 여전히 흠이 많은 책이지만 독자들의 양해를 구하면서 여기서 글을 맺으려고 한다.

이효선

2022년 7월 1일

권위주의는 어떻게 국가를 망치는가?

목차

갈등에 대한 소고

| 집단 간 그리고 국가 간의 갈등

사회학이 태동한 19세기에는 이 학문의 기초를 놓은 내로라하는 대가들이 많았는데 그중에서도 짐멜(1858~1918)은 다른 학자들과는 다르게 갈등의 연구에 많은 노력을 기울였다. 그는 갈등은 사회 도처에 존재한다고 강조하면서 갈등이 반드시 나쁜 것이 아니라는 갈등의 순기능을 역설한 것으로도 유명하다. 하지만 그 자신은 유대인의 후손으로 훌륭한 실력과 자격을 갖췄음에도 불구하고, 또 막스 베버같은 대학자의 추천에도 불구하고 원하던 교수직을 끝내 얻지 못하고 생을 마감했다.

짐멜은 마음속에 얼마나 많은 갈등을 일으켰을까? 그는 결국 자기가 원하던 것을 이루지 못하고 1차 대전이 끝나면서 세상을 떠났다. 짐멜처럼 개인이 느끼는 심리적 갈등이나 우리가 흔히 볼 수 있는 개인과 개인 간의 갈등은 오래 지속되는 경우도 있지만, 대부분 일시적이며 곧 화해로 이어진다. 그래서 우리들의 일상생활에서는 "아이들은 싸우면서 큰다"라는 이야기도 있고, 성인들의 경우도 말다툼을 하거나 싸운 다음에는 사이가 오히려 좋아지는 사례를 많이 볼 수 있다. 또한 아주 오래전부터 동서고금의 선현들은 갈등에 대해서 많이 언급했다.

갈등이 사회에서 흔히 볼 수 있는 현상이라는 데는 이견이 없지만

1578년경 영문판이 나온 《플루타르코스 영웅전》의 저자인 플루타르코스 (Ploutarchos)는 이 책에서 "세상의 모든 것은 서로 끌고 밀고 하는 성질이 있는 까닭에 항상 그 사이에서 마찰이 생기며, 이 성질은 가까운 것일수록 더욱 심하다."라고 썼다. 개인 간의 갈등은 서로 섭섭했던 감정을 털어놓고 그런 사정을 함께 경청하며 공감하면서 풀어질 수도 있다. 개인 간의 갈등이나 개인과 소집단 간에서 일어나는 갈등은 화해나 해결이 비교적 쉬우면서 이런 주제는 심리학이나 사회심리학에서 다루어진다.

그런데 집단 간이나 국가 간의 갈등은 좀 더 복잡해진다.

"사회갈등(social conflict)은 두 사람 이상이나 또는 집단이 상호 양립이 불가능한 목표를 가지고 있다고 믿을 때 나타난다."

또한 이런 갈등은 이슈의 성격, 적대세력의 특징과 관계, 상황의 맥락, 투쟁에서 이용되는 수단과 최종결과에 따라 다양하게 전개된다. 개인 간의 화해와는 다르게 많은 사람들로 이루어진 집단이나 국가 간의 평화는 상대방의 협조 없이는 이루어질 수 없다. 규모가 큰 인종이나 민족 간, 또는 국가 간에 일어나는 갈등은 화해나 해결이 어렵고 장기간 지속되는 경우가 많다. 이런 사례에서 갈등이 오래가는 까닭은 구성원이 많은데다 여러 집단이 관련되고 그들의 이해관계가 각각 다를 수 있기 때문이다.

또 다양한 의견이 있을 수 있는 민주주의 국가보다 전체주의 국가와의 타협이나 해결이 용이한 까닭은 의사결정이 최고위층에서 이루어지면 그것으로 끝나는 단순한 구조 때문이기도 하다. 헨리 키신저도 한때 민주주의 국가보다도 독재국가나 전제주의 국가를 상대로 타협할 때가 더 쉽다고 말한 바 있다. 북한의 비핵화 문제를 둘러싸고 미국의 트럼프와 북한

권위주의는 어떻게 국가를 망치는가?

의 김정은이 만나서 톱다운(top down)방식으로 진행한 협상이 한때나마 성공할지도 모른다는 희망을 품게 했던 것도 바로 이러한 이유 때문이다.

이 책을 쓰면서 나의 박사논문을 도와주신 루이스 크리스버그(Dr. Louis Kriesberg) 지도교수를 언급하지 않을 수 없다. 크리스버그 박사는 1953년 시카고 대학에서 사회학 박사 학위를 취득했으며, 현재는 시러큐스 대학교, 맥스웰 대학원의 사회학, 그리고 사회갈등 연구의 명예교수로 계신다. 90대가 훨씬 넘은 노령에도 불구하고 미국과 캐나다를 오고 가며 아직도 학문 활동을 이어가고 있는 갈등 사회학의 대가이다.

그분의 지도 속에 내가 쓴 박사논문 제목은 〈국가 간의 갈등이 개발도상국 내에서의 억압과 정치제도에 미치는 영향(The Impact of Interstate Conflict on Repressions and the Political Systems in Developing Nations)〉이다.

이 논문에서 필자는 50년대와 60년대에 개발도상국들이 직면했던 국가 간의 갈등으로 야기된 일부 결과들을 분석해보았다. 특히 관심을 두었던 지역은 아시아, 아프리카, 중동의 여러 나라이며, 이 나라들에서 일어나고 있었던 억압과 권위주의를 연구하고 싶었다. 국가 간에 갈등이 있을 때 한 나라 안에서 일어날 수 있는 권력의 집중화, 그리고 권위주의 간의 관계를 설명하는 짐멜의 이론이 이 연구의 개념적 틀이 되고 있다. 남·북한을 포함해서 35개국이 연구 대상이었으며, 일부 국가는 갈등의 종류가 한 가지 이상이 되는 경우까지 고려, 총 43케이스를 대상으로 사례연구의 방법과 통계적 기법을 이용하여 분석, 설명하였다.

이 논문을 통해 경험적으로 발견한 사실은, 국가 간의 갈등이 일어난 후에는 국내의 야당이나 언론에 대한 억압현상은 분명히 증가하였으며, 이 나라들의 정치제도는 대체로 민주주의를 억압하는 방향으로 움직였다는 점이다. 국가 간의 갈등에 휘말린 나라들에서 발생한 억압의 증대는 갈등이 없었던 국가들에 비해서 통계적으로 의미가 있었다. 그런데 국가 간의 비난이나 군사적 행위 같은 낮은 수준의 갈등에 휘말린 국가에서는 국내적 억압이 증대한 반면, 전쟁과 같은 강도 높은 외적 갈등을 치른 나라에서는 억압이 증대하지 않았다. 아마도 전쟁상태가 한 나라를 단결시키는 작용을 하기 때문에 구태여 억압이 필요 없었을지도 모른다고 추론해 볼 수 있다.

또 다른 발견은 국가권력이 제도화되지 않고 권력이 사유화된 제3세계의 여러 나라에서는 권력자나 권력층에 대한 비판은 용인되지 않았고, 민주주의 장치가 결여된 것이 공통적인 특징으로 나타났다.

또 억압이 강력하게 자행된 나라에서는 다음과 같은 공통적인 억압의 패턴(pattern)이 있었다.

첫째, 반대자나 비판자들을 억압하기 위해서 기존의 법이나 규약들을 강화시켰다. 또한 권력층은 체제에 위협이 된다고 인식되는 사람들에게는 좀 더 엄격한 충성심(loyalty)의 개념을 적용하였다. 그래서 충성심의 범위는 좁게, 위반의 범위는 넓게 정해서 약간의 비판도 허용하지 않았다.

둘째, 억압을 강화하기 위해 정치 · 사회적 통제기구들을 효과적으로 이용했고, 동시에 많은 어용조직들이 통제 전술을 지원하기 위해 보조적인 역할을 했다.

한편 권위주의에 대해서도 비슷한 결과를 얻었다. 권위주의에 관한 가설은 '외적 갈등이 크면 클수록 제3세계에서 국가 정권이 권위주의적으로

권위주의는 어떻게 국가를 망치는가?

될 가능성은 점점 더 커지는 성향이 있다.'였다. 그러나 외부로부터의 위협 강도가 권위주의의 정도에 통계적으로 유의미하게 영향을 끼친 것 같지는 않았다. 국가 간에 비난이나 군사적 조치를 취한 대부분의 나라에서는 권력이 반민주주의적 방향으로 움직였다. 이러한 방향으로의 이행은 집권층에 유리한 선거제도의 변화, 무력화된 의회, 정당의 배제 등을 통해서 촉진되었다. 상식적으로 보면 전쟁에 돌입한 나라들에서 권위주의적 현상이 일어날 것 같은데 실상은 그렇지 않은 까닭은 국가가 처한 위기 때문에 단결이 강조될 뿐 국가가 정치제도의 갑작스러운 변화에 몰두하지는 않기 때문인 것 같았다.

물론 1978년 12월 1일에 끝낸 저자의 박사논문에 나온 제3세계의 여러 나라들의 경우는 50년대와 60년대의 자료에 근거해 있으며 기본적으로 인권, 기본권, 그리고 민주주의 발전 문제와 밀접한 관계가 있다. 또한 이 나라들에서 나타난 독재와 권위주의 성향은 이 책에 나오는 몇 나라에서 볼 수 있는 독재와 권위주의 성향과 유사한 점도 주목할 필요가 있다.

한편 이 책에 나오는 열 나라의 사례에서 이념과 인종 간의 갈등이 심해지는 상황이면 한 나라 안에서도 내전이 일어나는 등 전쟁 양상으로 접어드는 모습이 발견된다. 하지만 이념이나 인종 갈등은 그 해결과 화해 국면이 빠르게 전개될 수 있는 반면, 식민지 관계에 있었던 두 나라 사이의 갈등은 그 앙금이 오랫동안 지속되는 경우가 많았다. 또 지역갈등으로 인한 사람들의 분노 감정도 그 강도가 아주 높지는 않지만 그로인한 앙금은 오래 지속되는 경향이 있었다. 이를 통해 사회현상에 대한 불만에서 일어난 사회운동은 사회개혁이나 사회개선으로 끝날 경우 오히려 사회발전에 크게 기여할 수 있음을 우리는 알 수 있다.

 아울러 갈등 전개에서 경제적 요인의 중요성은 말할 필요도 없다. 권위주의 국가는 갈등을 확대시키는 데 중요한 역할을 하고 있지만 그 기저에는 경제적 요인이 크게 작용하고 있다. 미국의 남·북 전쟁에서도 북부와 남부의 경제적 이해상충이 크게 작용했고, 나치도 표면적으로는 인종의 순수성을 내세웠어도 실질적으로는 유대인들의 부와 일자리 독점을 비난했으며, 이념 분쟁을 겪은 스페인과 홍콩의 경우도 사회주의 체제로 전환될 경우 일어날 수 있는 경제적 요인을 무시할 수 없었을 것이다. 또한 식민지 처지에 있었던 나라들이 경제적 착취를 당하면서 경험한 고통 또한 잊을 수 없을 것이다.

 이처럼 앞으로도 한 나라나 세계 각국 간의 양극화나 불평등 문제, 경제적 이해상충은 세계 도처에서 갈등의 원인이 될 것임이 분명하다. 어느 나라에서나 권위주의 국가의 등장은 언제나 경계의 대상이 되지만, 한 나라가 자유민주주의 국가가 되었다고 해도 이 체제가 항구적으로 보장되는 것은 결코 아니다. 과거에 자유민주주의를 누렸어도 그 후에 독재국가나 권위주의 국가로 전락한 예는 필리핀, 터키, 남미의 수 개국 등 많은 나라들에서 볼 수 있다. 또한 표면적으로는 자유민주주의 국가처럼 보이지만 내부적으로는 권위주의 국가에 못지않은 권위주의적 통치를 하는 나라 역시 우리가 경계해야 될 것임은 말할 필요도 없다.

 또한 이 책에 나온 갈등의 사례에서는 중재국에 대해 언급이 없는데, 사실 개인 간의 갈등이나 개인과 소집단 간의 갈등에서는 중재자의 역할

권위주의는 어떻게 국가를 망치는가?

이 중요하다. 하지만 국가 간의 갈등에서 중재국이 얼마나 중요한 역할을 할 수 있는지, 그리고 과거의 국제적 분쟁에서 그러한 사례가 얼마나 있는지는 우리가 더욱 연구해야 될 과제의 하나라고 생각한다. 또한 이 연구의 함의는 우리와 같은 남·북한 분단체제나 지금도 분리 독립을 주장하는 움직임이 꿈틀대고 있는 수 개국의 나라에 조금이나마 도움이 되리라고 생각한다.

| 갈등 해결을 위한 건설적인 방안

크리스버그 교수는 갈등관계에 있는 쌍방 또는 상대편이 함께 직면하고 있는 여러 가지 현실과 갈등에 영향을 끼칠 수 있는 중요한 요인을 제시함으로써 갈등 해결을 위한 건설적인 방안을 제시해 주기도 한다. 또한 어느 쪽으로 나갈 때 화해나 타협에 도움이 될 수 있는지 그 방향도 시사해 주고 있다.

- 사회갈등은 사회생활 어디에나 있을 수 있으며, 상대방 서로에게 이익이 될 수도 있다. 만일 갈등이 일어나서 잘만 해결된다면 쌍방에 여러 가지 도움이 된다. 왜냐하면 사회갈등은 여러 가지 방식으로 진행되며 그것이 꼭 강제적인 수단으로만 진행되는 것이 아니기 때문이다. 갈등전략에는 처음부터 긍정적인 제재의 가능성도 있지만, 대부분의 경우 설득을 위한 노력도 일부 포함되어 있는 것은 갈등 해결 과정이 사람들 간에 의사소통의 길이 될 수 있기 때문이다.

- 사회갈등은 당사자들이 만들어 놓은 사회구성체나 다름없다. 다시 말하면 갈등에 휘말려 있는 양쪽 당사자들은 자신들의 정체성은 물

론 상대방이 도대체 어떤 사람인지 그 정체성도 구성해 보려고 한다. 또한 쟁점이 무엇인지 규정해 버림으로써 갈등의 구조도 자연히 만들어진다.

- 갈등의 규모가 커질 경우 양편은 온갖 다양한 상황에 직면할 수 있다. 가장 눈에 띄는 점은 단위가 작은 쌍방이 갈등에 휘말렸건 또는 갈등의 당사자가 두 나라이건 또는 적대적 실체가 무엇이건 지도자들 간에는 물론 그 이외의 사람들 사이에도 이해관계와 관심사가 다르다는 사실이다. 지도자들 자신조차 동등하거나 단일한 집단이 아니며, 경쟁 집단 사이는 물론 동맹 간 사이에서도 이해관계가 서로 다를 수 있다.

- 하나의 갈등은 다른 많은 갈등과 연결되어 있다. 여러 가지 갈등은 시간과 사회적 공간에 걸쳐 서로 연결되어 있으며, 하나의 갈등은 규모와 강도의 면에서 확대되었다가 축소되기도 하면서 다른 갈등의 강약과 높낮이에 변화를 일으키기도 한다.

- 갈등은 역동적이기 때문에 단계를 따라서 움직이다가 좀 더 건설적인 방향으로 변화할 수도 있다. 갈등이 생긴 후 확대되기도 하고 축소되기도 하다가 강제적으로 또는 동의나 합의에 의해서 끝을 맺기도 한다. 그리고 새로운 갈등이 생기든가 아니면 보다 안정된 관계가 자리 잡기도 한다.

- 중재는 갈등관계에 건설적인 변화를 줄 수 있다. 예측할 수 없을

정도로 파괴적인 상황에 처해 있는 갈등의 경쟁자들까지도 중재에 의해 이득을 얻을 수 있다.

- 상대방의 관심을 배려해주면 쌍방은 서로 이득을 공유할 수 있다. 결국 이러한 배려는 호전성보다는 갈등의 당사자들을 안정되고 서로 받아들일 수 있는 관계로 발전시키면서 쌍방은 조정이나 화해 쪽으로 갈 수 있다.

세계에는 지금 이 순간에도 많은 갈등이 일어나고 있다. 그 대표적인 예가 러시아와 우크라이나 간의 전쟁이다. 또한 여러 나라에서 집단이나 지역이 그 나라로부터 떨어져 나와 분리 독립을 하려고 한다. 일부는 설득을 통해 타협하기도 하고 또 일부는 투표를 통해 문제를 해결한다.

갈등은 동맹 간에도 일어난다. 한국과 미국의 이해관계는 일치하지 않을 수도 있고, 한국과 일본 간의 갈등은 여러 가지 쟁점에 걸쳐있다. 중국과 러시아는 미얀마 국민의 민주화운동을 외면하는 대신 군부 측의 권위주의 정권을 암묵적으로 지지한다. 이스라엘과 팔레스타인의 파괴적인 갈등은 미국의 중재를 통해 일시 중단되기도 한다.

이제 각 나라의 갈등에 관한 이야기를 하나씩 들어보기로 하자.

홀로코스트와 사죄의 진정성이 돋보이는 지도자들

$$\boxed{\text{독일}}$$

독일은 1871년 비스마르크가 독일을 통일하기 전에는 프러시아, 바이에른 공국, 보헤미아 등 여러 나라로 나뉘어 있었다. 그런데 1850년부터 1870년 사이에 산업화가 기틀을 잡아나가면서 금융업, 철도, 통신망이 통일 전의 작은 나라들을 긴밀하게 연결함으로써 비스마르크가 독일을 통일시키려는 의지를 굳게 만들었다. 비스마르크는 "이 시대의 최대 과제는 연설이나 다수결의 원칙에 의해 결정되는 것이 아니라 피와 철에 의해서 결정된다."라고 말함으로써 그의 통치방안에 대한 개념을 분명히 설정하였다.

▎급속한 산업화로 사회적, 정치적 혼란 일어나...

독일은 통일 후에 산업화가 가속화되어 1900년에 이르러서는 세계의 열강들과 국력을 경쟁하게 되었다. 그러나 독일은 산업화 과정에서 영국과 프랑스에 비해 뒤늦게 출발함으로써 현재의 선진국들 중에서는 후발 자본주의국가로 불리고 있다. 이렇게 사회가 급속하게 변화할 때 개인은 새로운 가치나 역할분화에 적응해야 하는 반면에 옛것에 대한 유용성에 회의를 갖게 됨으로써 불안감과 고독감, 무력감이 증가한다. 이에 따라 당시의 독일 사회에서는 자연히 가족해체, 자살 등이 대폭 증가했다. 어느 사회나 산업화가 빠르고 대규모로 일어날 때 우리는 비슷한 현상을 볼 수 있다.

권위주의는 어떻게 국가를 망치는가?

이러한 사회변동에 개인이 제대로 적응하지 못하고 방황할 때 사회가 적절한 기제를 마련해 주지 못하고 사회통합에 실패하면 무규범의 상태인 아노미 현상이 확산되며 일탈행위는 증대하기 마련이다. 특히 물질적인 부와 함께 새로운 가치가 등장하면서 개인의 욕구 수준은 점점 높아지고, 이것이 상향 이동에 대한 끊임없는 욕망을 자극한다. 실제로 당시의 독일 사회는 국민들 간의 상대적 박탈감을 자연스럽게 불러일으켰고, 급속한 산업화로 인한 사회적 긴장의 수준도 높았다. 더구나 사회 각 분야가 불균형 발전을 경험하다 보니 그 혼란상태는 더욱 심했다.

예컨대, 1914년에 시작된 제1차 대전이 1918년에 끝났고, 산업화로 인해 도시 상공업자가 배출되기 시작했지만, 독일은 아직도 토지 귀족인 융커, 군부, 그리고 관료들이 높은 사회적 위세를 누리는 봉건적, 군사적, 관료적 지배구조가 특징이었다. 이 지배층은 당시의 시대적 요구인 투표권의 평등이나 선거제도의 개선에는 관심이 없었고, 이에 따라 독일 사회는 오직 억압과 통제가 지배하는 경직된 사회구조를 유지한 채 경제적 팽창만 가속화하고 있었다. 말하자면 불균형한 발전의 연속이었다.

이처럼 권위주의적인 지배층이 군림한 가운데 전후의 바이마르 공화국(1919~1933)은 어떠한 정당도 국민들의 절대적인 신임을 못 받은 상태에서 사회민주당이 급진 좌파세력을 억제하기 위해 군부 세력과 손잡고 소수정당들과의 연정을 통해 국정을 이끌어 나갔다. 처음부터 불안한 정치 상황에서 출발한 바이마르공화국은 1922~1923년 사이 밀어닥친 인플레이션도 통제하지 못한 상태에서 연합국에 대한 보상 문제의 책임까지 계속 떠맡지 않을 수 없었다.

더구나 경제적, 정치적 난국을 헤쳐 나가기 위한 지배계급의 사회통제 전략에도 문제가 있었다. 좌파와 우파의 갈등 속에서 집권층은 우파를 견제하기 위해 노동자와 공산당을 부추기는가 하면, 좌파를 통제하기 위해 우파에 의존함으로써 정권의 안정과 유지에만 급급한 모습을 보였다. 그러다 보니 정부의 신뢰와 권위는 크게 실추되었다.

이처럼 정권은 사회통합은 무시한 채 편 가르기와 갈라치기를 통해 정권 유지에만 급급했다. 이것은 짐멜이 말한 '분할 통치(divide and rule)'의 전형적인 수법이다. 결국 정부의 이런 안일하고 편의주의적인 통치방법은 정부에 대한 국민의 불신만을 가중시켰다. 사회통합에 앞장서야 할 정부의 기능과 역할은 일관된 정책이 없었기 때문에 실종된 상태였고, 정권에 대한 국민의 신뢰는 크게 실추되었다.

사회발전 문제도 마찬가지다. 바이마르공화국의 실패에 대해서는 사회가 균형적으로 발전하지 못한 탓으로 돌리는 지적이 많았다. 산업은 많이 발전했으나 정치 부문은 뒤처지는가 하면, 정치 조직 내부에서도 서로 불균형의 문제를 가지고 있었다. 예를 들면, 정치제도는 독일 사회의 짧은 민주주의의 경험에 비추어 유별나게 민주주의적이었던 데 비해 정부의 실제 기능이나 구조는 때로는 우유부단하고 때로는 권위주의적이었던 점이 그러하다.

특히 바이마르공화국의 헌법은 이전 시대와는 차원이 다르게 개인의 권리를 상당한 정도로 보장하고 있었던 점도 눈여겨 볼만하다. 또한 의회는 수상과 관료를 인준, 해면할 권리를 가지고 있는 등 민주적인 정치

권위주의는 어떻게 국가를 망치는가?

제도의 모습을 지니고 있었으나 봉건적, 군사적, 관료적 분위기 속에서 더 이상 발전하는 데에는 한계가 있었다. 그러면 정치 부문만 이렇게 후진적인 모습을 보인 것일까? 가족, 학교, 기업도 극단적인 동조나 경직성 또는 외부 집단에 대한 배타성 등을 특징으로 하는 권위주의적인 요소들을 그대로 지니고 있었다. 이런 정치·사회적 배경 속에서 히틀러와 나치즘은 세력을 점차 확대해 기존 질서를 전복하면서 독일은 점점 전체주의 사회로 변모해 갔다.

| 히틀러의 등장과 유대인에 대한 박해

짧은 기간 내에 히틀러의 정치권력 확장은 눈부셨다. 군소정당이었던 히틀러의 나치당은 1930년 총선에서 18%의 국민 지지를 얻었고, 2년 후 대통령 선거에서는 36%의 지지를 획득, 1933년 1월 30일 히틀러는 결국 독일의 총리가 되었다. 말하자면 히틀러는 '선출된 권력'이 된 셈이다. 그리고 몇 년이 지나지 않아 히틀러는 전체주의의 본색을 드러냈다.

1939년 히틀러는 자작극을 벌여 마치 폴란드가 독일에게 선전포고를 한 것처럼 꾸며 이를 빌미로 폴란드를 침략함으로써 제2차 대전을 일으켰다. 유럽의 거의 모든 나라들이 전쟁의 참화에 휘말렸지만 1939년부터 1945년까지 계속된 전쟁에서 최대 희생자는 유대인이었다.

베를린에는 '테러의 지형학(Topography of Terror)'이라고 알려진 곳이 있는데, 그 위치는 대강 빌헬름 거리와 프린츠 알브렉트 거리에 걸쳐있다. 이곳에는 국가비밀 경찰(Gestapo), 나치스친위대(SS), 독일안보본부(Reich Security Main Office) 등이 함께 모여 있었다. 이 기관들은 바로 나치의 범죄를 관리하고 집행했던 조직이었다. 전쟁 내내 유대인 학살은 체계적이며 관료적으로 치밀하게 준비되어 실행되었는데, 한곳에 모여 있던 억압기구들의 효율적인 작동 때문에 홀로코스트가 가능하지 않았을까 싶을 정도였다.

1925년경 베를린에만 약 17만 2천 명의 유대인들이 살았는데, 이 숫자는 독일 전국 유대인들의 오분의 일 정도라고 하니까 당시 독일의 유대인구는 약 86만 정도로 추산된다. 이 지역 한 건물의 전시장에 있는 사진들 중에는 수많은 대중 앞에서 나치가 남녀를 가리지 않고 교수형, 총살형, 또는 무덤을 파놓고 하나씩 죽이는 사진 전시물들이 있었는데, 그 광경은 역겹기까지 했다.

1930년대 중반부터 나치는 유대인들을 본격적으로 체포·구금했다. 그런데 처음에 나치는 독일의 유대인만 살해하다가 점차 점령지역의 유대인마저 모두 살해하기 시작했다. 한마디로 나치는 유대인을 지배하고, 억압하고, 살해했다. 결국 소위 '유대인 문제의 최종 해결책(the Final Solution of Jewish Questions)'은 아우슈비츠 같은 집단 수용소에서의 대량학살이었다.

1942년 1월 베를린 교외에서 아돌프 아이히만을 비롯한 15명의 나치 주요 관료가 모여 '유대인 문제의 마지막 해결책'을 논의했다. 이 회의에서 취해진 결정은 모든 유대인을 동부에 있는 수용소로 이주시켜 그들을 '적절하게 처리한다'는 것이었다.

권위주의는 어떻게 국가를 망치는가?

물론 학살이나 처형이라는 말은 공식적으로 사용되지 않았지만, 그 '처리'라는 말이 학살임은 말할 필요도 없다. 또 다른 유대인들은 거대한 노동부대로 편성될 것이지만, 끊임없는 노동과 영양실조로 그들도 결국 죽음을 맞이하거나 집단학살수용소로 들어가는 길을 선택하게 될 것이라는 결론이었다. 이렇게 해서 약 575만 명의 유대인이 죽어갔다. 인류 역사상 미증유의 인종의 대량학살을 뜻하는 제노사이드(genocide)는 이렇게 이루어졌다.

유대인에 대한 나치의 계획은 모든 것이 거짓말로 시작되었다. 아우슈비츠 정문에 걸려 있는 "노동이 너희를 자유롭게 하리라(ARBEIT MACHT FREI)"라는 문장도 얼핏 보면 노동과 자유를 연결시켜 친근하게 보인다. 그러나 나치의 속셈은 군수품 생산을 위해 노동력이 필요했고, 노동을 시키다 죽이려는 음모에 지나지 않았다. 인간의 욕구인 자유로 가는 길을 노동이라는 문으로 연결시켜 놓았을 뿐이다. 이 음흉한 음모의 집행자는 나치스 경찰 기구의 총책임자였던 히믈러였고, 그는 1945년 영국군의 감금하에 있을 때 자살했다.

| 홀로코스트와 셸마의 이야기

'홀로코스트'는 '불에 의하여 희생된 제물(번제: 燔祭)'이라는 의미의 그리스어 'holókauston'에서 유래된 용어이다. 1933년 1월 히틀러가 독일 총리가 되었던 당시 유럽의 유대인은 약 900만이었다. 제2차 세계대전 초 독일군이 연승을 거두자, 유럽에 거주하는 대다수 유대인은 나치와 그 위성국 치하에 들어갔다. 대서양에서 볼가강까지, 노르웨이에서 시칠리아까지 그곳에 살고 있던 유대인들은 모든 인간적 권리를 빼앗겼다. 재산은 몰수당했으며 그들 대부분이 유대인들만 살도록 고립된 지역인 게토 (ghetto)와 집단수용소에 감금되면서 지옥 같은 생활을 이어갔다.

최근 98세의 네덜란드 출신 유대인 여성인 셀마(Selma van de Perre)는《나의 이름은 셀마이다(My name is Selma.)》라는 책을 낸 후 미국 CNN과 그녀의 파란만장한 삶에 대해 인터뷰를 했다. 제2차 세계대전이 일어나고 나서도 오랫동안 유대인들을 포함한 유럽인들은 나치 수뇌부가 독일 군인들에게 얼마나 입조심을 잘 시켰는지 나치의 유대인 말살 움직임을 몰랐다고 한다. 그래서 1939년 2차 대전이 일어난 후 수년 뒤까지 자신이 유대인이라는 사실이 삶과 죽음의 갈림길이 되는 것을 몰랐다고 한다. 더구나 셀마는 독일에 살고 있지 않아서 더 몰랐을 것이다.

전쟁이 발발하던 해에 네덜란드에 살고 있었던 셀마는 17세 소녀였는데, 그녀의 아버지와 어머니 그리고 여동생은 다른 수용소에서 사망했다고 한다. 그녀는 나치의 계략을 알고 난 후 저항운동(Resistance movement)에 합류하면서 아예 이름을 마가렛다(Margareta van der Kuit) 등으로 수시로 바꾸었다. 그녀는 저항운동을 하면서 여러 차례 체포될 고비를 잘 넘겼지만, 결국 1944년 체포되어 정치범 수용소에 갇히었다. 그녀는 수용소에서 비서로도 일했고 무수히 구타당할 때도 있었으나, 그녀의 말에 따르면 독일군에게 사람을 죽이는 쾌감을 맛보게 하지 않기 위해서 이를 악물고 살아남았다고 한다.

그녀는 전쟁 중에 오랫동안 자기의 이름과 신분을 숨기고 살아왔기 때문에 자기 자신의 정체성(identity)에 대해서 한때는 혼란스러운 적도 있었

권위주의는 어떻게 국가를 망치는가?

던 모양이다. 그러나 이제 정체성을 다시 찾게 되고 "내 이름은 셀마"라고 외칠 수 있다고 했다. 다만 그녀가 인생의 거의 막바지에 자기의 파란만장한 삶의 기록을 내게 된 까닭은 최근 세계 각국에서 볼 수 있는 인종혐오와 인종 간의 갈등을 보고 안타까움을 느꼈기 때문이라고 한다. 그래서 그녀는 지금 "세상 사람들은 벌써 홀로코스트를 잊어버렸는가?"라고 묻고 싶은 심정이라고 CNN 인터뷰에서 말했다.

한스 프리츠 숄 남매의 이야기도 빼놓을 수 없다. 독재국가나 권위주의 국가에 대한 저항 시위 때 시위자들이 전단을 만들어 뿌리는 장면은 흔히 볼 수 있는 광경이다. 1942년 초여름에 한스 숄과 여동생 조피 숄 등은 반나치 전단지를 공동 제작했다. 스스로를 '백장미단'으로 일컬은 그들은 독일인들이 반나치 비폭력운동을 전개해야 한다고 주장했으며 유대인들에 대한 나치의 악행을 폭로하기도 했다. 1943년 초에 한스 숄과 조피 숄은 뮌헨 대학교에서 전단지를 뿌리다가 게슈타포에게 체포되어 유죄판결을 받았다. 그리고 숄 남매를 비롯해 많은 학생들이 단두대에서 처형됐다. 히틀러가 유대인 학살 현장의 집행자라면, 이렇듯 유대인의 절멸을 계획하고 최종적으로 지시한 사람은 나치의 수괴인 히틀러였음은 말할 필요도 없다.

| 오스트리아의 가정에서 고위 공무원의 아들로 태어나...

우리는 보통 이상행동을 하는 사람들이 있으면 그의 가족 배경을 보는 경향이 있는데, 히틀러의 경우는 특별히 이상한 점을 발견할 수 없었다. 히틀러는 1889년 4월 20일 오스트리아 국경지대의 소도시인 브라우나우에서 세관의 고위 공무원인 아버지와 그의 세 번째 아내로서 전형적인 주

부인 클라라 히틀러 사이에서 태어났다. 성격이 불같은 아버지는 아들을 엄하고 무섭게 다룬 반면, 일찍 어린 자녀들을 잃은 뒤에 얻은 아들이어서 그런지 어머니는 히틀러를 애지중지 키웠다.

어린 시절 히틀러는 목적이 없는 아이였지만 바그너의 음악 세계, 특히 현실과 가상의 세계를 교묘하게 엮은 오페라인 '로엔그린'에 심취하였다. 화가가 되고 싶어 미술학교 진학을 시도했으나 두 번이나 입학시험에 실패한 히틀러는 한때 여기저기 떠돌면서 생계를 위해 그림엽서에 그림을 그려주기도 했다. 그런데 그의 이러한 생활과 순수화가의 꿈을 이루지 못했다는 아쉬움은 어머니의 죽음과 1차 세계대전의 발발을 계기로 비뚤어진 증오심으로 변한다. 이런 상황을 초래한 원흉에 대한 증오가 히틀러의 마음속에 싹트기 시작했으며, 그런 자각이 찾아낸 희생물로 삼을 집단이 바로 유대인들이었다.

물론 반유대주의가 히틀러로부터 처음 비롯된 것은 아니었다. 반유대주의는 히틀러가 활동하기 훨씬 이전에 유럽에서 떠돌고 있었다. 평생 교수직을 얻으려다 뜻을 이루지 못하고 1918년 1차 대전이 끝나면서 죽은 짐멜 역시 반유대주의 때문에 희생되었다고 해도 과언이 아니다. 오스트리아의 정치선동가인 카를 뤼거(Karl Lueger)의 연설에는 반유대주의가 잘 나타나 있다.

"대중에 대한 영향력이 유대인의 손에 있고 언론계도 상당부분 그들이 장악하고 있으며 거대자본의 대부분이 유대인의 것이다. 유대인들은 이 나라에서 최악의 테러를 행하고 있다."

히틀러는 뤼거의 선동에 공감했고 시민들의 빈곤과 사회주의에 대한 불안의 원인을 유대인들에게서 찾았다. 그는 또한 유대인들이 세계를 정복하려 한다는 음모론에 점점 더 집착하면서 이 세상에서 유대인을 청소해 버려야 한다는 생각을 품게 되었다.

그 무렵 히틀러는 1차 세계대전에 대해서도 독일이 반드시 승리할 것이라는 환상을 가지고 있었는데, 정작 현실은 전쟁에서의 패배로 1919년 6월 28일 베르사유 조약에 의거, 국토의 일부를 내놓고 막대한 전쟁비용을 지불해야 했다. 그는 화가로서 자신의 실패를 인정하지 않은 것처럼 독일의 패배를 받아들이지 못했다.

히틀러의 사고가 이렇게 변함에 따라 그는 정치에 대한 막연한 생각을 품게 되었고, 오스트리아에서 태어났음에도 불구하고 독일에 대한 알 수 없는 애착심을 갖게 되었다. 그리고 독일군에 입대했으며, 열심히 복무한 대가로 일급 철십자상을 받고 제대했다.

군에서 퇴역한 후 히틀러는 대중 연설가로 변신하면서 주목받기 시작했다. 연설의 내용은 대부분 유대인과 그들의 조력자들을 비판하는 내용이었지만, 전후 비참한 상황 속에서 속죄양을 찾고 있던 독일 국민들의 마음이 조금씩 움직이면서 히틀러는 추종자들을 얻기 시작했다. 급기야 정치에 발을 들여놓게 된 히틀러는 독일 노동자당에 입당하였다.

미술에 소질이 있었던 히틀러는 당기를 디자인했고 당명도 독일국가사회주의노동자당(NSDAP, 일명 나치스)으로 바꾸었다. 나치당은 유대인 박해를 가장 극렬하게 주장하던 선동가 중의 하나인 율리우스 슈트라이허(Julius

Streicher)의 노동협회와 통합하면서 2만 명이 넘는 세력으로 성장했다. 슈트라이허는 히틀러와 절친한 친구가 되었으며 무엇보다도 반유대인 주간 신문인 슈투르머(Der Sturmer)의 창립자겸 편집자가 됨으로서 히틀러의 인종적 박해정책은 더욱 강화되었다. 유대인들에게 온갖 욕설을 퍼부었던 슈트라이허는 전후 잠시 초등학교 교사로 재직했다고 하니, 상황에 따라 바뀐 그의 변신도 놀라울 뿐이다.

▎왜 유대인들이었나? 경제적 요인 또는 반유대주의?

비록 반유대주의의 분위기가 유럽을 풍미하고 있었다 할지라도 히틀러는 왜 극단적으로 유대인들을 증오하게 되었는가? 우선 독일경제의 궁핍을 언급하지 않을 수 없다. 1919년 6월 28일 파리 근교에 있는 베르사유 궁전에서 연합국과 제1차 대전 패배국인 독일이 맺은 조약의 내용은 군비축소와 영토의 반환을 포함한 전범조항과 배상금 규정에서 지나치게 가혹했다. 이 조약은 한마디로 독일을 재기 불능으로 만들었다고 할 정도로 독일인들을 격분시켰다. 물론 일부 조항은 후에 개정되기는 했지만, 이런 막중한 부담이 독일경제와 독일인들의 개인 생활에 엄청난 피폐와 곤궁을 가져왔음은 말할 필요도 없다. 국가 경제는 인플레이션으로 휘청거렸고 개인들은 빚더미에 허덕였는데, 자연히 돈을 빌려준 사람들 중 많은 유대인들이 눈에 띄기 시작했다. 그러자 나치는 유대인들을 독일을 철저히 파괴하는 인종, 나아가서는 기생충으로까지 몰아가기 시작했다.

결국 나치는 전후 독일 궁핍의 원흉으로 유대인들을 지목했고, 그 전에 이미 유럽에 존재해 있었던 반유대주의라는 분위기에 휩쓸려서 유대인들은 독일 궁핍의 희생양이 되기에 안성맞춤의 조건을 가지게 된 셈이

권위주의는 어떻게 국가를 망치는가?

다. 이런 분위기에 휩쓸려 일부 유대인들이 가지고 있던 거대자본도 지탄의 대상이 되었을 것이다.

유대인에 대한 탄압정책은 차별로부터 시작되었다. 1930년대에 히틀러가 정치인으로 부상한 후 남부 독일 바이에른주에서 두 번째로 큰 도시인 뉘른베르크에서 있었던 나치 전당대회에서 독일인과 유대인의 관계설정이 명확해졌다. 이에 따라 조상 중에 5명의 유대인이 있으면 유대인으로 규정되었고, 유대인들에 대한 박해정책이 구체화되어서 유대인들이 운영하는 상점들 유리창이 깨지기 시작했다.

이런 탄압에 대해 나치는 개인들의 분노에 국가가 관여할 수 없다는 입장이어서 나치가 주도하던 국가는 시민 보호는커녕 시민에게 피해를 주는 가해자로 그 본색을 드러냈다.

유대인 박해에 히틀러 일당이 앞장을 섰다고 할지라도 나치가 모든 사람들 중에서 유대인을 선별해서 학대하고, 체포해서 살해한 이유는 명확하지 않다. 유대인들이 독일인들의 일자리를 뺏는 데 최대 경쟁자였기 때문이라는 주장이 있는가 하면 독일인들의 인종 우월감으로 인해 그런 만행이 저질러졌다는 이야기도 있다. 특히 독일인들 중에서 상대적 박탈감이 강했던 하류층 중에서도 못살지만 그나마 조금 여유가 있던 하상위 계층의 사람들이 유대인들을 응징하는 데 많이 앞장섰다는 설도 있다.

순수혈통에 대한 히틀러의 집착도 유대인에 대한 억압의 한 구실이 되었다. 히틀러를 비롯한 나치는 하얀 피부, 푸른 눈동자, 금발의 머리에 큰 키와 골격을 가진 북유럽과 게르만 민족을 포함한 아리안(Aryan)인이야말로 다른 민족과 접촉하지 않은 순수혈통의 인종이라고 여겼다. 심지어 반려견을 키우고 있던 히틀러는 개의 순수혈통에도 집착했고, 아리안이야말로 인종적으로 우세하다는 강한 신념을 지니고 인간교배 장소까지 설치해서 아리안인의 출생률도 높이려 했다.

히틀러 시대의 종말을 알리는 1945년 4월 28일, 소련군이 베를린으로 들어오면서, 29일 총통관저의 한 지하벙커에서 괴벨스와 보르만이 증인이 되는 가운데 히틀러와 에바 브라운은 결혼식을 올리고 '두 사람은 순수한 아리안 혈통으로 유전 질환이 없음'이 선언되었다. 그리고 30일 "…나와 아내는 패전이나 항복의 굴욕을 피하기 위해 죽음을 선택하기로 결심했다…"라고 유언장에서 밝힌 대로 자살했다. 이제까지 히틀러는 권총 자살을 했다는 것이 통설이었으나, 두 사람의 시체를 제일 먼저 발견한 소련군 위생병들과 정보부는 청산가리 캡슐을 물고 음독했다고 발표했다.

히틀러의 추종자들도 모두 연쇄 자살의 충동을 이기지 못했다. 앞에서 경찰기구의 총책임자였던 히믈러의 자살을 언급했지만, 나치 정권의 선전 장관이었던 괴벨스의 일가족 자살은 끔찍했다. 처음 히틀러의 연설에 매료되어 그를 짝사랑하면서 그의 비서까지 지낸 마그다는 히틀러의 권고대로 괴벨스와 결혼, 자녀를 여섯 명까지 두었으나 5월 1일, "총통 각하가 없는 세상은 살 가치가 없다."라는 이유로 모르핀 주사를 놓고 청산가리를 입에 넣어 6남매를 모두 살해했다. 부부 역시 자살했음은 물론이다. 히틀러의 사망 후 지하벙커를 탈출한 마틴 보르만과 히틀러의 주치의 역시 전후에 시체가 발견되었는데, 자살로 판명되었다.

권위주의는 어떻게 국가를 망치는가?

특수한 인종에 대한 히틀러의 집착에는 진화론도 한몫했다. 19세기는 찰스 다윈(1809~1882)의 진화론이 세상에 영향을 끼친 시기였다. 인류가 세대의 변화에 따라 진화한다는 생각은 다윈 이전부터 존재했지만, 생물은 생존경쟁의 결과 환경에 적응하는 것만 살아남고 나머지는 도태된다는 현상인 '적자생존(適者生存)'의 개념이 설득력을 얻고 있었다.

또 영국의 사회학자인 허버트 스펜서(1820~1903)는 진화론을 인간사회에 적용한 사회진화론(social evolution)을 주장해서 좀 더 우월한 인종이 식민지를 지배하는 제국주의에 대해 은근히 정당성을 부여해 주는 듯했다.

히틀러와 그의 추종자들의 흔적을 찾기 위해 2015년 8월, 남부 독일을 자동차를 몰고 자유여행을 할 때 가 보았던 기억이 새롭다. 히틀러는 그의 마지막 여인이었던 에바 브라운을 1930년대 말부터 1945년까지 자주 알프스 산장에 데리고 갔다고 한다. 지금은 여행사의 팸플릿에 '히틀러의 별장이 있는 베르히테스가덴'으로 명기되어 있는데, 그 산장은 나치의 상징인 독수리의 둥지라는 의미의 '켈슈타인의 집(Khelsteinhaus)'이라고도 불린다. 오베르잘츠베르크(Obersalzberg)라는 산 중턱에서 하차, 표를 산 후 버스로 갈아타고 올라가야만 했었다. 전쟁의 막바지에는 한때 전쟁본부로도 쓰였다고 했는데 히틀러와 에바 브라운은 물론 나치 수뇌부의 많은 인물들이 거쳐 갔다는 생각을 하니까 순간 섬뜩한 느낌마저 들었다.

권위주의와 나치 집단과의 관계

유대인들에게 어떠한 낙인을 찍어서 처형했건, 히틀러가 권력의 중심에 있으면서 이렇게 만행을 저질렀는데 독일 사회, 특히 지식인들은 왜 침묵했으며 특히 기독교인들은 왜 저항하지 않고 방관만 했는지 궁금하다. 앞에서 잠시 지적했지만, 권위주의적 구조와 분위기가 정치 부문에만 국한되지 않고, 가정, 학교, 기업에도 널리 확산되어 있어서 체제에 대한 무조건적인 동조와 권위에 대한 복종 그리고 외부 집단에 대한 배타성이 당시 독일 사회에 충만해 있었다는 설명만으로는 충분하지 않은 점도 있다.

독일 프랑크푸르트학파의 일원인 에리히 프롬(Erich Fromm)은 사람들의 심리상태와 사회적 성격이 서로 영향을 미쳐 상호작용하면서 결국 히틀러 정권에 휩쓸리지 않을 수 없었다고 설명했다. 그가『자유로부터의 도피(Escape from Freedom)』라는 책을 쓴 1940년대 초의 시대적 상황을 보면 한마디로 세계 도처에서 광풍이 휘몰아치고 있었다. 1939년 히틀러의 폴란드 침공, 소련에서는 스탈린 체제의 출범, 이탈리아에서는 무솔리니의 등장, 일본 군국주의 전투기들의 진주만 폭격 등 전 세계적으로 충격적인 사건의 회오리바람이 동시다발적으로 휘몰아쳤다.

프롬은 중세 암흑시대의 억압, 통제로부터 사람들이 해방되면서 자유를 맛보았지만, 이것은 '소극적인 자유'일 뿐이라고 했다. 언제나 의존과 순종의 생활을 해온 사람들에게는 곧 고독감과 무력감이 엄습해서 새로운 사회 환경에 적응해야 하는 어려움에 직면한다고 했다. 이때 사람들은 강력한 권력과 권위에 무비판적으로 순종하면서 자유로부터 도피할 수 있다고 했다.
반면에 프롬은 '적극적인 자유'는 세상에 대한 두려움을 극복하고 자신의 의지를 끊임없이 실현하려 할 때 맛볼 수 있는데, 이때의 자유는 자아, 사회, 자연이 일치하는 참다운 자유라고 했다.

그런가 하면 전후 미국에서 아도르노를 비롯한 학자들이 『권위주의적인 인성(Authoritarian Personality)』이라는 책을 함께 펴냈는데 그들은 '강자에는 약하고 약자에는 강한 인성이 권위주의적인 인성'이라고 규정했다. 그리고 나치의 지도자들과 추종자들 사이에 권위주의적인 인성을 가진 사람들이 많다고 지적함으로써 이런 인성을 가진 사람들이 유대인들을 희생양으로 만드는 데 적극적으로 앞장을 섰을 가능성이 높다고 시사하고 있다.

아도르노 등의 연구에 의하면 권위주의 인성은 다음의 (1) 권위주의적인 순종과 무비판의 태도, (2) 권위주의적인 공격성, (3) 부드러운 심성을 반대하는 성향, (4) 권력과 강인성에 대한 집착, (5) 파괴성과 냉소주의 등을 위시해 총 9개의 특성으로 이루어졌다고 한다. 이러한 특성들은 분명히 추상적인 이념형(ideal type)이며 실제형은 사람에 따라 어떤 특성은 좀 많이 갖고, 다른 특성은 적게 가질 수도 있을 것이다. 물론 이 특성들이 밀접하게 관련되어 있는 정도도 여러 가지 상황과 문화적 맥락에 따라 다를 것이다.

아도르노 등은 이 특성들을 이용하여 도대체 어떠한 이념과 성격을 가진 사람들이 반유대인 운동에 앞장을 서고 있는가를 알아보려고 산 퀜틴(San Quentin) 주립교도소의 죄수들로부터 대학생에 이르기까지 각계각층의 사람들을 대상으로 조사하였다. 그리고 그 조사 결과, 인종적 편견을 가장 강하게 가지고 있는 사람들이 권위주의적 인성을 소유하고 있는 것으로 판명되었다. 또한 아도르노 등이 구성한 척도에서 민족중심주의, 반유대인주의, 그리고 파시즘은 높은 상관관계를 보였으며 이러한 태도와 인성적 특성은 정치, 경제문제에 대한 보수주의와도 약간 관계가 있는 경향을 나타냈다.

또 립셋(S.M. Lipset)은 사회계급에 따라 분석했을 때 하류층 노동자 중에도 상당히 높은 정도의 권위주의가 있다고 주장했다. 그는 노동자들이 다른 집단에 비해 교육 정도가 낮고 유아 시절 이후 긴장과 공격성을 불러일으키는 분위기에서 자랄 가능성이 있으며, 이에 따라 다른 집단이나 다른 생각에 대한 이해심의 결여로 권위주의 성향이 강하다고 시사하였다. 또 다른 조사에서도 나이 많은 사람들이 젊은이보다, 저학력자가 고학력자보다, 그리고 경제적으로 하층이나 하류층의 나이 많은 사람들 사이에 권위주의적 인성이 집중되어 있음을 확인할 수 있었다.

한편 다른 연구에서는 교도소에 수감 중인 죄수들의 인성과 교도 당국의 방침 및 프로그램에 대한 적응도 간의 관계를 조사한 결과 높은 권위주의적 성향을 가진 죄수들이 더 잘 적응하는 경향이 드러났다. 이것은 권위에 대한 그들의 순종경향을 보여주는 결과라고 볼 수 있다.

그런데 한 사회의 권위주의적 체제나 사회구조를 심리적인 권위주의적 인성으로만 설명하기에는 무리가 있고, 자칫하면 사회학적인 문제에 심리학적 결정론을 이용하는 오류도 범할 수 있음을 지적하지 않을 수 없다.

| 진심으로 과거를 참회하는 독일의 지도자들

여하튼 전쟁이 끝난 후 뉘른베르크 전범재판소에서 나온 유대인 희생자 수는 약 600만이었다. 영국에서 나온 한 조사는 최소 419만 최대 458만으로 추산한 반면, 독일의 유대인 학살연구에 관한 권위자인 볼프강 벤츠는 약 620만으로 추산하고 있다.

독일은 과거의 그늘진 역사에 대해서 누가 어떤 방식으로 사과하였는가? 그리고 독일은 이러한 노력을 통해서 피해를 당한 인종, 그리고 국가들과 어느 정도의 화해를 이룩했는가?

독일 사회와 독일의 지도자들이 폴란드와 유대인들에 대해 보인 사죄와 용서를 구하는 모습은 언제 보아도 감동적이다.

1970년 12월 7일 보슬비가 내리는 가운데 폴란드를 방문한 독일 총리 빌리 브란트는 전쟁 당시 희생된 40만 명의 유대인을 추모하는 기념비 앞에 무릎을 꿇고 참회의 눈물을 흘렸다. 너무 갑작스럽게 일어난 일이라 주위에 있던 폴란드 지도자들과 일반인들도 순간적으로 당황했지만 너무나 감동한 나머지 눈물을 흘리는 사람들도 있었다. 1939년 9월 1일 불시에 침공을 당해 앙금을 가지고 있었던 폴란드인들은 물론 진정으로 용서를 구하는 브란트 총리의 모습에 전 세계는 감동했다.

또한 메르켈 총리는 2015년 1월 아우슈비츠 해방 70주년 기념식에서 전쟁 중 독일이 범한 갖가지 범죄를 인정하고 참회의 모습을 보였다. 같은 해 3월, 1박 2일 짧은 일정으로 일본을 방문한 메르켈 총리는 "위안부 문제를 제대로 해결하는 것이 좋다"고 했으며, "과거에 대한 정리는 가해국과 피해국 간의 화해를 위한 전제다"라고 충고했다. 그녀는 또한 적대적 관계를 유지해 온 독일과 프랑스가 서로 한걸음 씩 다가서며 관계를 개선한 점을 강조했다. 일본 땅에 서서 자기의 의견을 이렇게 용기 있게 밝힌 메르켈의 발언은 일본의 지도자인 아베 수상에게 직접 충고한 거나 다름없었다. 브란트 총리부터 메르켈 총리에 이르기까지 독일 지도자들의 사죄 모습은 정말 진정성이 있어 보였다.

2015년 8월 나는 베를린 장벽을 가 보았다. 장벽 밑에는 2차 대전 중 독일이 범한 만행, 동서 양독의 분단과 장벽의 역사를 보여주는 사진이 아주 길게 전시되어 있었다. 그때 이런 생각이 들었다. 만일 나의 조국이 독일의 1933~1945년처럼 한 민족을 멸종시키려고 했고, 주변국들을 그렇게 괴롭힌 역사를 가지고 있었다면 독일처럼 과거의 역사를 실오라기 하나 걸치지 않고 내보일 수가 있을까? 정말 자신이 없었다. 독일은 역사의 치부를 어떻게든지 가리려고 하는 다른 나라들과 달라도 너무 달랐다. 한반도의 1.6배가 되는 통일 독일은 브란트가 참회의 눈물을 흘린 지 20년 후 통일이 되었다.

다른 EU 국가와는 달리 독일은 내가 방문했던 2015년에 난민을 80~100만 명이나 받아들이겠다고 했고, 시민들은 난민을 향해 환영의 박수까지 쳤다. 확실히 독일은 관용과 다양성을 인정하는 나라가 되었다. 인구 8,000만의 독일은 통일 후 국민들의 공공의식과 시민의식이 높은 데다가 경제대국의 위치까지 확고해져 명실상부한 강대국의 반열에 올랐다. 현재 독일은 나라의 품격이 한층 높아져 내가 가장 부러워하는 국가 중 하나이다. 무엇보다도 2021년에 16년 만에 권좌에서 물러난 메르켈 같은 총리를 독일이 통일되면서 가질 수 있었다는 사실을 나는 무척 부러워했다.

잉글랜드와 스코틀랜드의 뿌리 깊은 지역갈등

영국

영국이 잉글랜드, 웨일스, 스코틀랜드와 북아일랜드로 되어 있는 것은 우리가 알고 있지만 면적은 한반도의 1.1배밖에 안 될 정도로 작은 나라인 것은 잘 모르고 있다. 이렇게 작은 영토의 영국이 큰 나라로 여겨지는 까닭은 한때 세계 여러 곳에 많은 식민지를 가지고 있었기 때문이다.

우리는 예전부터 '영국' 하면 '해가 지지 않은 제국'으로 불렸고 산업혁명이 제일 먼저 일어났기 때문에 선진국 중의 선진국으로 알고 있었다. 하지만 선진국에 대한 정의는 간단하지 않을 수도 있다. 또 '선진국' 하면 식민지를 많이 수탈한 나라들로 여기는 사람들이 많은 것도 사실이다. 실제로 영국의 식민지는 전 세계에 걸쳐있어서 아마 영국의 영토에는 해가 지지 않았을 것이다.

| 잉글랜드에 압도적으로 인구 많아

영국에 관한 또 한 가지 잘 알려지지 않은 사실은 인구 현황이다. 영국의 인구는 2020년 현재 약 6,700만에 달한다. 지역별로 보면 맨 위에 있는 스코틀랜드는 약 546만 6,000명, 웨일스는 약 316만 9,500명, 북아일랜드는 약 189만 5,500명, 잉글랜드는 무려 약 5천 655만 명이나 된다. 영국의 인구가 잉글랜드에 이렇게 많이 몰려 있는 사실을 많은 사람들이 모를 가능성이 있다. 따라서 영국에서 어떤 사회적인 이슈를 놓고 국민투표를 하면 잉글랜드에 사는 사람들이 어떤 입장이나 태도를 취하는가에 따라서 결정될 것임은 말할 필요도 없다.

2020년 1월 31일 드디어 실현된 영국의 유럽연합 탈퇴(British withdrawal from the European Union)를 뜻하는 Brexit의 경우도 2016년 2월 스코틀랜드가 잔류에 찬성했더라도 잉글랜드에서의 투표 결과가 영국의 탈퇴 결정에 결정적인 영향을 미쳤을 것으로 본다.

그런데 같은 영국이면서도 잉글랜드와 스코틀랜드의 감정은 조금 유별나다. 영국은 유럽에서 많은 나라와 전쟁을 치렀지만 유독 잉글랜드와 스코틀랜드는 왜 그렇게 많은 갈등에 휘말렸는가?

2017년 4월 어느 날, 내가 스코틀랜드의 수도 에든버러에 도착한 날, 시내에서는 마라톤 대회가 있었다. 그런데 이유가 참 당황스러웠다. 잉글랜드에서 마라톤 대회가 있다고 지기 싫다고 거기에 대응해서 마라톤 대회를 개최한다는 거였다. 도무지 이해가 되지 않을 정도로 감정적 골이 깊은 잉글랜드와 스코틀랜드 간의 지역갈등의 앙금은 지금까지 남아 있다고 해도 과언이 아니었다. 조금 과대평가하자면, 잉글랜드와 스코틀랜드의 사이는 애증 관계라기보다는 경쟁적 적대관계(competitive antagonism)라고나 할까?

두 지역 간의 갈등은 역사적으로 뿌리가 깊다. 기원후 5세기 무렵 앵글로 색슨족이 잉글랜드로 대거 이주하면서 그곳에 이미 터를 잡고 있었던 켈트족은 지금의 스코틀랜드와 웨일즈 지역으로 쫓겨났다. 그 후 두 지역은 서로 많은 전투를 치렀으며, 그중에는 스코틀랜드가 잉글랜드로부터 독립을 지켜내기 위한 독립전쟁도 포함되어 있다. 특히 14세기 전반에는 수차례 잉글랜드로부터 침입이 있었지만, 완강히 저항하면서 자연히 스코틀랜드의 민족주의는 강화되지 않을 수 없었다.

잉글랜드와 웨일스는 이미 1세기에 로마의 지배를 받았지만, 외적에 격렬하게 저항했던 스코틀랜드의 독립정신은 유달리 강했다. 날씨가 춥고 산악이 많은 지형에 거칠게 단련된 스코틀랜드인들은 로마로부터 독립을 굳건하게 지켜냈다. 결국 로마는 122년에 잉글랜드와 스코틀랜드를 가로지르는 120여km에 달하는 '하드리아누스' 성벽을 지어버렸는데 이 이름은 로마 황제 하드리아누스의 이름을 딴 것이다.

그러나 역설적으로 스코틀랜드는 멀리 대서양을 건너서 원정을 온 막강한 로마군으로부터는 나라를 지켜냈지만, 가까이 있었던 잉글랜드와의 전쟁에서는 반드시 성공적이지만은 않았다.

| 315년 전 합병된 스코틀랜드, 독립의 꿈 못 버려

우선 스코틀랜드는 잉글랜드에 비해 인구도 작고 국력도 약했다. 따라서 잉글랜드는 언제나 북쪽의 스코틀랜드를 침공해서 굴복시키고자 했다. 때문에 스코틀랜드는 그들의 침략을 견디기 어려워 때로는 프랑스와 동맹을 맺는 이이제이(以夷制夷)의 전략을 꾀하기도 했다.

이 투쟁의 역사에서 탄생한 스코틀랜드의 독립운동 영웅이 바로 윌리엄 월리스이다. 그는 반란군을 이끌고 몇 차례 잉글랜드 군대를 격퇴하기도 했지만, 결국 체포되었다. 하지만 월리스가 독립에 대한 신념을 꺾지 않자 잉글랜드는 그를 잔혹하게 처형했다. 월리스의 영웅적 일대기를 다룬 영화 〈브레이브 하트〉는 1996년 제68회 아카데미 시상식에서 감독상 등 5개 부문에 걸쳐 오스카상을 타기도 했다.

그럼 이들 스코틀랜드와 잉글랜드의 유쾌하지 않은 동거는 어떤 과정으로 진행되었을까?

국가 간의 갈등에서는 지리적인 위치가 무엇보다도 결정적으로 중요하다. 스코틀랜드는 잉글랜드와 관계가 나빴던 반면 가톨릭 국가인 프랑스와 전통적으로 가까웠다. 그럼에도 불구하고 멀리 떨어져 있는 프랑스 보다는 가까이 있는 잉글랜드와 긴밀한 관계를 갖자는 주장이 우세해지면서 스코틀랜드의 제임스 4세가 잉글랜드 헨리 7세의 딸 마가렛 튜더와 결혼했고, 여기서 제임스 5세가 태어났다.

그런데 제임스 5세는 다시 프랑스와의 전통적 동맹관계로 돌아가는 등 스코틀랜드는 잉글랜드와 프랑스 사이를 왔다 갔다 하는 모습을 보인다. 그러다가 결국 우여곡절 끝에 잉글랜드와 스코틀랜드 두 왕국은 1707년에 통합되었다.

이처럼 1706년 12월 31일까지 스코틀랜드는 독립왕국이었으나 1707년 연합법으로 잉글랜드 왕국과 연합왕국을 이루어 그레이트 브리튼(Great Britain) 왕국이 되었다.

처음에 스코틀랜드가 잉글랜드와 합병할 당시, 양국은 서로의 자치권을 보장해 주기로 했다. 국교도 잉글랜드는 성공회, 스코틀랜드는 장로회로 엄연히 달랐다. 결국 수백 년 동안 계속되어 온 잉글랜드와 스코틀랜드 간의 갈등은 잦은 전쟁과 분쟁으로 깊어졌으며, 문화적 차이나 자긍심 등이 갈등 관계를 더욱 심화시켰다. 이뿐만 아니라 종교 문제와 인접 국가들 간의 합종연횡도 양 지역 사이의 분쟁을 그렇게 오랫동안 복잡하게 지속시키는 하나의 요인이 되었다.

권위주의는 어떻게 국가를 망치는가?

문제는 현재다. 과거에 이런 갈등이 있었지만 문제는 왜 아직도 스코틀랜드가 독립을 하려고 하는가에 있다.

되돌아보면 양쪽이 합쳐진 지 벌써 315년이나 되었다. 갈등관계에 있는 나라들의 경우 약한 쪽 국민들의 감정에 앙금이 오래 남아 있는 것은 이해할 수 있다. 일제가 우리의 통치권을 빼앗아 간 경술국치도 112년이나 되었고, 해방 후 남북분단이 된 지도 벌써 77년이 지났다. 이런 우리의 경험을 고려하더라도 315년이 지나서까지 잉글랜드에 대한 스코틀랜드인들의 감정에 아직도 해묵은 앙금이 남아 있는 것은 조금 이해하기 힘들다. 심지어 지금도 한편으로는 스스로 영국인(British)임을 인정하면서도 다른 편에서는 자기가 스코틀랜드 사람(Scotish)임을 알리는 이가 적지 않은 현실이다.

이 물과 기름 같은 감정의 골을 살피기 위해 다시 지리적인 특징으로 돌아가 보자.

스코틀랜드는 일찍부터 저지대와 고지대로 나누어져 있었다. 아래쪽에는 에든버러, 글래스고 등의 도시가 발달해서 자연히 도시 문화권이 형성된 저지대(low land)가 있다. 그리고 산악이 많은 위쪽으로는 19세기 중반까지 고대 켈트어에 뿌리를 둔 게일어를 사용하고, 반유목 중심의 씨족과 벌족이 중심을 이루면서 아일랜드와 깊은 관계를 가지고 있었던 고지대(high land)가 있다. 고지대의 지도자들은 대부분 저지대에서 교육을 받은 후 에든버러의 정계 등 사회 각 분야에 진출했다.

스코틀랜드는 예로부터 많은 유명 인사를 배출했다. 스코틀랜드 출신으로 고전경제학자 애덤 스미스, 철학자 데이비드 흄, 작가 월터 스콧, 영화배우 숀 코너리 등 많은 사람들이 있으며, 현존 인물들로는 축구 감독 알렉스 퍼거슨, 2013 · 2016년 윔블던 테니스 우승자 엔디 머리 등이 모두 스코틀랜드 출신이다.

여하튼 스코틀랜드와 잉글랜드의 관계가 과거에 어떠했는지를 잘 알고 있다고 해도 영국으로부터 분리해서 독립하려는 스코틀랜드인들의 마음이 300년이 넘도록 이렇게 오랫동안 계속될 줄은 몰랐다.

▍2014년 투표에서 '55%:45%'로 독립의 꿈 좌절돼

2020년 코로나 19 팬데믹이 전 세계를 휩쓸고 지나간 후 다시 2021년 1월 28일 보리스 영국 총리가 황급히 스코틀랜드를 방문했다. 스코틀랜드에서 영국으로부터 분리 독립하겠다는 여론이 커지자 이를 잠재우려고 스코틀랜드를 찾아갔던 것이다.

스코틀랜드인들의 불만은 첫째, 코로나 바이러스 확산의 대처 과정에서 영국 정부의 노력이 미흡했다는 것이고, 둘째, 잉글랜드와는 다르게 경제적으로 유럽연합(EU)에 의존하는 비중이 큰 스코틀랜드는 영국이 EU로부터 탈퇴한 것에 대한 불만이 많다는 것이었다.

그런데 스코틀랜드는 2014년 9월 19일, 이미 분리-독립 찬반 투표를 실시하였다. "스코틀랜드가 영국연방에서 분리 독립해야 하는가?"라는 단일 문항에 대해 사람들로 하여금 찬성, 반대 중에 한쪽을 선택해서 결정하도록 했다.

독립을 주장하는 쪽과 반대하는 사람들은 치열하게 운동을 전개했다. 지금은 고인이 된 영화배우 숀 코너리는 "300년 가까이 기다렸습니다. 독립하면 스코틀랜드의 위상과 존엄성이 올라갈 겁니다. 그것이 스코틀랜드인의 목소리를 반영하는 길입니다."라고 호소했다. 한편 스코틀랜드

권위주의는 어떻게 국가를 망치는가?

출신으로 총리를 지낸 고든 브라운과 토니 블레어는 독립을 반대하는 쪽에 힘을 실어줬다. 비틀즈의 폴 매카트니도 반대했다.

스코틀랜드 출신이 아니면서 스코틀랜드에 살고 있었던 해리포터의 작가 조앤 롤링은 반대 진영에 기부까지 하면서 스코틀랜드의 독립을 반대했다. 투표 결과는 반대 55%, 찬성 45%로 나와 독립은 무산되었다.

독립 여부를 묻는 스코틀랜드 투표에서 청년과 중년층보다 장년과 노년층이 독립을 반대했던 모양이다. 과거의 암울한 역사를 생각하면 나이 많은 노년층이 더 독립을 원했을 터인데, 아마도 불확실한 독립보다는 현재의 안정을 원했는지도 모른다. 일부 스코틀랜드인들은 1967년에 발견된 북해유전의 90%가 스코틀랜드의 영역에 있는데도 영국 중앙정부가 이익의 대부분을 가지고 가는 데 불만이 많다고 한다. 따라서 독립을 하면 스코틀랜드는 더 부유해지리라고 믿는 것도 이들이 독립을 원하는 이유 중 하나라고 한다.

그러나 부결로 끝난 투표의 효과가 전혀 없지는 않았다. 2014년 투표 후 스코틀랜드는 영국 중앙정부로부터 조세권과 예산권을 대폭 넘겨받아서 자치권이 확대되었다.

개인적으로는 영국에서 스코틀랜드인들이 조금이라도 차별을 받는 일이 있는지 궁금했다. 이 문제에 대해서 나는 알지도 못하고 누구에게 물어볼 기회도 없었다. 다만 2013년과 2016년 윔블던 테니스 우승자, 엔디 머리가 고향에서 주는 시민상을 받는 자리에서 "여러분 모두 아실 것입니다. 제가 이곳 출신인 것을 얼마나 자랑스러워하는지를…"라고 말하면서 눈물을 흘렸다고 하는데, 이런 장면에서 약간의 시사를 받을 수 있지 않을까 헤아려 볼 뿐이다.

또 얼핏 보면 잉글랜드에 비해 인구가 훨씬 적어 스코틀랜드는 언제나 침략을 당하고 핍박만 받은 것처럼 보이는데, 그렇다면 스코틀랜드 자체 내에서는 차별이 적지 않았을까 하는 생각도 해보게 되지만, 반드시 그렇지는 않았던 것 같다. 길 하나만 보더라도 왕족과 귀족들은 로열 마일 (royal mile)이라는 넓은 길로 다니고 평민들은 좁은 길로 다녔던 걸 보면, 스코틀랜드의 내부적인 차별도 만만치는 않았던 모양이다. 이런 사례는 어느 나라 역사에서나 흔치 않은 경우니까 하는 말이다.

한편 스코틀랜드에 있는 도시의 거리를 걷다 보면 치마를 입고 백파이브를 연주하는 사람의 모습에 여기가 스코틀랜드임을 상기하게 된다. 킬트라고 하는 이 전통적 민속 의상은 남자들이 입는데, 처음에는 노동자들이 일하는 데 편해서 둘렀다든가 또는 바지보다 만들기 쉬워서 노동자들이 이용했다는 이야기도 있다. 그러나 한때 이 의상이 금지되자 오히려 반발심을 불러일으켜 스코틀랜드의 정체성을 상징한다고 해서 실용적이지 않은데도 군인들이 입었다고 한다.

스코틀랜드를 표시하는 또 다른 상징은 무엇이 있는가? 스코틀랜드 출신의 운동선수나 축구 경기에서 가끔 볼 수 있는 푸른 바탕에 흰색의 빗겨진 가위표 십자가가 박힌 스코틀랜드 국기를 들 수 있다.

세인트 앤드레아(St. Andrew)라는 이 깃발이 흰 바탕에 붉은 십자가가 박힌 세인트 조지(St. George)라는 잉글랜드 깃발과 합쳐짐으로써 유니언 잭 (Union Jack)이라는 영국 국기가 생겨났다.

'Flower of Scotland'라는 자체 국가(國歌)도 가지고 있는 스코틀랜드지만 독립에 대해서만은 의견이 엇갈리고 있다. 그러나 현재 지구촌이라 불리는 세계는 한 지역에서 일어나는 일이 다른 지역에 바로 영향을 미치는 일이 적지 않다. 제3세계와 동유럽에서는 혁명이 그런 식으로 확산되었고, 다른 선진국에서 분리, 독립의 움직임이 일어나면 이에 영향을 받아 스코틀랜드 역시 다시 흔들릴 수 있을 것이다.

| Brexit에 대해서도 잉글랜드는 찬성, 스코틀랜드는 반대

아나나 다를까? 앞에서도 잠시 언급했지만, 영국은 드디어 2020년 12월 말에 드디어 EU(Europe Unity)와 결별하는 것으로 합의를 보았다. 영국은 1973년 EU의 전신인 EEC(European Economic Community, 유럽경제공동체)에 가입한 후 47년 동안 회원으로 있어 왔다. 그리고 국민투표에 의해 2016년 Brexit(영국의 EU 탈퇴)를 결정한 지 4년 6개월 만에 영국은 실질적으로 EU를 떠나게 되었다. 왜냐하면 영국과 EU는 서로의 시장에 대한 상품교역에 있어서 무관세와 무쿼터 교역을 이루는 데 합의함으로써 Brexit는 2021년 1월 1일부터 발효할 수 있었기 때문이다.

문제는 잉글랜드보다 경제적으로 EU에 의존하는 비중이 큰 스코틀랜드는 줄곧 브렉시트에 반대해 왔다는 점이다. 또한 독립국가로서 영국으로부터 떨어져 나가겠다는 스코틀랜드 내의 국민 여론이 높은 것도 문제이다. Brexit를 둘러싸고 스코틀랜드는 반대, 잉글랜드는 찬성했던 것처럼 이런 균열이 하나의 빌미가 되어 영국은 또다시 흔들릴 수 있어 강력한 영국을 원하는 사람들을 긴장시킬 수 있을 것이다. 실제로 영국이 EU 탈퇴 후 10개월이 지난 후 재무부의 예산책임청에서 내놓은 한 보고서에 따르면 브렉시트로 영국 경제에 생기는 비용(cost)과 사라지는 이득(benefit)을 모두 고려한 결과 앞으로 15년 동안 입게 될 무역 손실이 그로 인한 이득의 178배에 달할 것이라는 암울한 보고가 나왔다.

또한 엘리자베스 2세 여왕의 영국 왕실의 인물들 중 스코틀랜드에 그나마 작은 지역 연고를 가지고 있던 사람이 2021년 4월 9일 만 99세로 별세한 여왕의 남편인 필립 공뿐이었다. 필립 공은 스코틀랜드의 중심 도시인 에든버러를 가리키는 에든버러 공으로도 불리기도 한다. 세상이 잘 알고 있듯이 필립 공은 증조부 크리스티안 9세가 덴마크 국왕이었으며, 할아버지 요로요스 1세가 1974년 폐지된 그리스 왕국의 국왕이었던 덴마크·그리스의 왕족 출신으로 영국 왕실의 먼 친척이었다.

필립 공은 왕실 혈통인데다 준수한 외모로 많은 여성들의 마음을 설레게 했는데, 그중에는 13세의 소녀이었던 엘리자베스 2세도 있었다. 그녀는 다섯 살 많은 필립을 본 뒤 사랑에 빠졌고 그들은 편지를 주고받으면서 사랑을 키워 나갔다. 당시 필립은 대학 전 예비교육을 스코틀랜드 북부의 엘진(Elgin) 근처에 있던 고든스타운(Gordonstoun) 학교에서 받았으며 잉글랜드 남쪽 다트머스(Dartmouth)에 있는 왕실 해군대학에서 교육을 받은 영국 해군장교였다.

필립공은 고든스타운에서 책임감과 규율을 익혔다고 회상하면서 찰스 왕세자에게도 이 학교 진학을 권유, 찰스도 이 학교를 마치고 케임브리지 대학교의 트리니티 대학에 입학했다. 필립 공은 1947년 공주였던 엘리자베스와 결혼했으며 1952년 엘리자베스 2세가 즉위하면서 여왕 부군이 되어 74년을 해로했다.

이제 에든버러 공도 고인이 된 지금 스코틀랜드의 미래는 어떻게 될 것인가? 6·25 참전국이며 우리에게는 미국 다음으로 우방국가인 영국이 분열되지 말고 더욱 강해지기만을 기원할 뿐이다.

권위주의는 어떻게 국가를 망치는가?

오랫동안 사무친 영국에 대한 원한

$$\boxed{\text{아일랜드}}$$

독일의 19세기 사회학자 짐멜은 일찍이 "갈등은 편재(遍在)해 있다."라고 말했다. 말하자면 갈등은 도처에 두루 퍼져있다고 그는 주장했는데, 그것은 인간이 있는 곳에는 어디에나 갈등이 존재한다는 의미를 또한 함축하고 있다.

필자가 아주 어려서 아일랜드라는 나라를 몰랐을 때는 영국의 영토는 크고 작은 두 개의 섬으로 이루어진 나라라고 생각했다. 여하튼 북아일랜드의 역사를 모른다고 해도 그 위치 자체가 갈등의 존재를 암시하는 것처럼 보인다.

▌얼스터의 개신교도들이 있는 일부 지방이 영국령을 원해

영국과는 완전히 다른 아일랜드라는 나라의 북쪽 맨 위에 자리 잡은 북아일랜드는 그 위치가 대단히 어색해 보인다. 무슨 사건으로 인해서 아일랜드가 강대국인 영국에게 그 영토의 일부를 양보했거나, 혹은 영국이 강제로 빼앗지 않았으면 그곳에 있을 리가 없는데 말이다. 좀 더 이해를 돕기 위해 아일랜드를 대서양을 바라보고 있는 큰곰으로 묘사하면 목뒤 쪽에 이 지역이 큰 혹처럼 붙어 있는 형상인데, 이곳이 영국령 북아일랜드이다.

아일랜드섬은 얼스터(Ulster), 먼스터(Munster), 렌스터(Leinster), 코노트(Connaught)의 4개 주였다. 갈등의 씨앗은 1921년에 아일랜드가 독립하는 과정에서 북부 얼스터(Ulster) 지방을 구성하는 9개 현 중에서 개신교 주민이 과반수를 점하는 6개 현을 영국에게 빼앗겼을 때부터 뿌려졌다. 문제는 얼스터 지방 주민의 ⅔는 영국 쪽인 개신교도들이고 ⅓은 가톨릭교도인데 개신교도들은 북아일랜드가 영국령으로 남아 있기를 바랐다는 점이다. 말하자면 갈등은 개신교도들이 살고 있는 얼스터의 일부 지방이 영국에 남음으로써 비롯되었다.

지금도 아일랜드 헌법에 의하면 섬 전체가 아일랜드 국토로 명기돼 있다. 갈등의 씨앗이 뿌려진 이상 그것이 점점 자라나는 게 인간 세상에서 흔히 볼 수 있는 광경이다. 아일랜드는 인구의 대다수가 가톨릭교도이다. 따라서 북아일랜드에 사는 가톨릭교도들을 한쪽으로, 다른 한쪽은 영국을 배경으로 삼고 있는 개신교도들이 똘똘 뭉쳐 맞대응함으로써, 갈등은 무력 충돌로 이어졌다. 똑같이 영국에 저항하기 위해 아일랜드 공화국군대(Irish Republican Army-IRA)의 무장 활동이 한층 강화되었다. 그리고 영국령으로 남기를 원하는 개신교도들은 얼스터 민병대를 조직해서 이에 대항했는데, 이는 어쩌면 자연스러운 갈등의 결과일지도 모른다.

북아일랜드의 수도인 벨파스트에서도 가톨릭교도 지역과 개신교 지역이 나뉘어서 차별과 억압이 이루어졌다. 특히 벨파스트에 남아 있던 가톨릭교도들은 따로 공동체를 이루어 살고 있었으며 이들의 지역은 산 킬로드라고 불리었는데, 이곳이 IRA의 주요 활동무대가 되었던 것은 당연하다고 할 수 있다. 물론 IRA의 테러 전술은 하루아침에 숙련된 것이 아니었다. 이전부터 무장봉기와 게릴라전으로 아일랜드가 영국으로부터 독립을 쟁취하는 과정에서 갈고 닦여졌기 때문이다.

| 북아일랜드 분규 훨씬 전부터 영국이 아일랜드 지배

북아일랜드를 둘러싼 갈등은 참으로 복잡하다.

첫째는 북아일랜드를 놓고 서로 긴장과 무력 충돌, 또 화해를 반복하고 있는 아일랜드와 영국의 관계이고, 둘째는 북아일랜드 문제에 훨씬 앞서서 있었던 영국과 아일랜드라는 두 나라의 오래된 갈등과 화해의 관계이다.

이렇게 둘로 나누어 설명하면 이해하기가 쉬워 보인다. 하지만 북아일랜드를 둘러싸고 실제로 두 나라의 이해관계가 얽혀 있어 아무래도 아일랜드와 북아일랜드를 오르내리면서 설명할 수밖에 없다.

우선 한 지역을 둘러싼 두 나라의 갈등, 그다음 영국과 아일랜드라는 양국 간의 갈등을 깊이 살펴보기 전에 아일랜드의 최근의 모습은 어떠한가를 들여다보기로 하자.

아일랜드는 어떤 나라일까? UN의 자료에 의하면 2021년 10월 초 현재 인구는 5,007,521명으로 잠정 추계되고 있는데, 2020년 인구는 4,937,786명이었으니까 1년 사이에 약 7만 명이 늘어난 셈이다. 국토 면적은 얼마나 되나? 아일랜드의 면적은 70,273㎢로 남한의 70%에 해당하는 면적이지만 500만 명이 조금 넘는 인구는 아무리 봐도 땅 크기에 비해 너무 적다는 느낌이 들었다.

경제 형편은 어떠한가? 아일랜드는 2008년까지 연 6%의 경제성장을 하면서 한때는 '켈틱의 호랑이'로도 불리었을 정도로 활기차게 움직임으로써 전 세계에 그 존재감을 과시했다.

한편 미국의 금융위기가 아일랜드에도 영향을 미쳐 부동산 거품이 빠지고, 수출도 부진해지면서 위기를 겪었다. 그 뒤 경제위기를 잘 극복하면서

2020년 현재 IMF가 제공한 자료에 의하면 아일랜드의 일인당 국민소득은 거의 약 8만 달러에 육박해 있었다. 또한 월 스트리트 저널(Wall Street Journal), 헤리티지 재단(Heritage Foundation), 경제적 자유의 지표(Index of Economic Freedom)로부터 나온 경제학자들이 만든 자료에 따르면 아일랜드는 2015년 현재 자유경제를 가장 활발하게 운용하는 국가로 세계 9위를 달리고 있었다.

아일랜드에 닥친 경제위기는 정말 심각했다. 심지어 2010년 850억에 달하는 유로 구제금융까지 받았다. 스페인, 그리스 등 몇 나라도 구제금융을 받는데 아일랜드는 2013년 12월 가장 먼저 구제금융을 졸업했다. 내가 아일랜드를 방문한 2017년 초에는 경제가 다시 본궤도에 올라왔다는 느낌을 받았다. 그러므로 2017년 4월 아일랜드의 경제는 활기차게 움직였던 것이 분명했고, 영국과 미국의 물가도 만만치 않아서 비용이 많이 드는 그 나라들을 피해 영어를 배우기 위해 한국 유학생들이 이 조그만 섬나라로 잔뜩 몰려가 있던 것도 결코 우연한 일이 아니었다.

| 아일랜드에 닥친 감자 대기근 때 영국은 모른 척해

아일랜드와 영국의 갈등은 아주 오래전인 12세기 전까지 거슬러 올라간다. 여북했으면 일부 아일랜드인들 중에는 아일랜드가 미국처럼 영국으로부터 멀리 떨어져 있었으면 얼마나 좋았을까 하고 한탄을 자주 했다고 하니 이는 우리에게 많은 것을 시사해 준다. 그러면 과거 아일랜드의 역사는 무엇이 문제였으며, 영국과 아일랜드는 어떠한 관계에 있었는가? BC 300년경 켈트족이 침입해서 들어 온 이후 아일랜드는 바이킹족의 수탈 대상이 되었고, 그 후 영국의 지배하에 있다가 1800년부터는 영국의 일부로 편입되었다.

아일랜드가 영국의 통치하에 있을 때 아일랜드 사람이라면 누구도 잊지 못할 그 유명한 '19세기 감자 대기근' 사태가 벌어졌다. 1845년부터 1851년까지 아일랜드는 극심한 대기근으로 8백만이던 인구가 약 650만으로 감소하였다고 한다. 대기근 중에 죽은 아일랜드인은 대략 150만~200만으로 추산되는데, 인구의 약 1/4이 줄었다는 데에는 대체로 의견이 모아진다.

물론 1800년대 중반의 대기근도 혹심했지만, 그 전에 이 재난의 원인 제공자는 올리버 크롬웰이었다고 한다. 특히 1653년 그가 아일랜드로 진격, 진압하는 과정에서 농작물을 불사르는 초토화 작전을 벌린 데 대해서 아일랜드인들의 원한은 사무쳐 있었다고 한다. 왜냐하면 그 후 농지는 주로 소수의 영국인 지주층에게만 분배되어 밀, 옥수수는 다 가져가면서 농민들은 수탈의 대상이 되었기 때문이다.

그 상황에서 아일랜드 농민들이 먹을 수 있는 것은 감자뿐이었는데, 감자잎마름병이라는 전염병이 번지면서 감자 대기근이 닥쳤던 것이다. 아사자는 속출했고 살아남은 사람들 중에서는 해외로 이주하는 경우도 많았다. 하지만 수백 년 전부터 아일랜드를 통치했던 영국은 이러한 재난에 대해 아무런 조치도 취하지 않았고 방관만 했다.

1997년 토니 블레어 총리는 아일랜드가 19세기 감자 대기근을 겪을 때 영국 정부가 아무것도 하지 않은데 대해 사과를 했다. 무려 150년 만에 새삼스럽게 사과를 한 까닭은 무엇인가? 바로 2000년이 되기 전에 영국과 아일랜드가 북아일랜드를 놓고 벌린 무력 충돌이 소강상태로 접어들면서 화해의 분위기가 감돌았기 때문이었다.

그러면 화해 무드가 있기 전에 북아일랜드에서는 어떠한 일이 있었는가? 아무래도 좀 더 오래된 양국 간의 갈등 관계를 돌아보지 않을 수 없다. 맨 앞에서 북아일랜드의 갈등 상황을 조금 설명했지만, 북아일랜드를 영국으로부터 독립시키려는 IRA로 대표되는 아일랜드 민족주의자들의 계획과 그에 대응하는 영국의 정책도 만만치가 않았기 때문에 북아일랜드의 무력 충돌은 아주 오랫동안 세계의 주목을 받았다.

그런데 1920년대 초 아일랜드의 독립운동만 하더라도 그리 간단한 문제가 아니었다. 이런 갈등 상황에서 흔히 볼 수 있듯이 아일랜드 자체 내의 분열도 심각했다. 1918년 아일랜드는 영국 의회와는 완전히 별개의 의회를 구성하기 위한 총선거를 실시한 후 일방적으로 독립을 선언함으로써 영국과 아일랜드 간에 전쟁이 벌어졌다. 독립전쟁의 결과 1921년 아일랜드는 대영제국하에서 자치를 인정받는 조건으로 영국과 조약을 체결하였다. 그런데 이 조약은 완전한 독립을 원하는 아일랜드 내부 세력의 요구와 충돌하면서 아일랜드 내전이 발생했다. 내전의 결과 의외로 완전 독립을 주장하는 아일랜드 공화국군이 패배함으로써 아일랜드는 영국내 자치국으로 남았다.

┃ 아일랜드 공화국군대(IRA)의 무장 활동 치열해져

이후 북아일랜드의 얼스터에는 개신교도들의 이주가 늘기도 했는데, 이것은 영국의 의도적인 정책의 결과이기도 했다. 이런 정책은 중국으로부터 분리 독립을 추구하는 위구르 지역에 중국인의 이주를 적극적으로 권장하는 중국의 정책과 아주 흡사하다고 할 수 있다. 따라서 아일랜드로부터 떨어져 나온 북아일랜드에는 개신교도들이 점점 늘어났다. 그러자 숫자가 많아진 친영국 세력, 그리고 이에 반해 영국에 저항하려는 IRA와 그에 동조하는 세력인 가톨릭교도들 사이의 갈등은 더욱 심화될 수밖에 없었다.

권위주의는 어떻게 국가를 망치는가?

특기할 점은 그전에 아일랜드에서 일어난 부활절 봉기 사태이다. 부활절 봉기란 아일랜드가 영국을 상대로 끊임없이 독립운동을 벌이면서 북아일랜드에서 가톨릭교도들이 차별당하고 억압받는데 분노, 1916년 부활절을 맞아 아일랜드인들이 봉기한 사태를 말한다. 아일랜드의 수도, 더블린에는 이 도시의 랜드마크라고 할 정도로 도시의 어느 곳에서도 볼 수 있는 스테인리스 강철로 된 뾰족탑이 있는데, 이 탑의 원추형 기둥의 밑바닥 지름은 3m, 맨 꼭대기도 30cm나 된다. 모양은 볼품이 없지만 이 뾰족탑은 아일랜드의 역사를 상징한다고 해도 과언이 아니다.

이 첨탑이 있는 곳은 원래 영국의 영웅인 넬슨 제독의 동상이 있던 자리였는데, 부활절 봉기 50주년인 1966년 IRA의 전 멤버들이 동상이 있던 이곳을 폭파해 버렸다. 1960년대는 베트남 전쟁을 반대, 전 세계적으로 학생들과 진보적인 지식인들이 반전운동을 일으키기 시작한 때였는데, 이런 분위기에서 폭파사건이 있었던 것이다. 또한 이 자리에 아일랜드는 2003년에 여봐란듯이 새천년을 위해 첨탑을 만들었는데, 이 해는 바로 아일랜드가 일인당 국민소득에 있어서 영국을 추월한 시점이니 그 의미를 모를 사람이 어디 있겠는가? 토니 블레어 총리가 새삼스럽게 아일랜드에 사과한 것은 이와 같은 사건이 있기 바로 몇 년 전의 시점이었다.

여하튼 아일랜드에서는 북아일랜드 문제 때문에 영국에 대항해서 정치적인 저항과 폭력적인 항거를 동시에 동원하면서 IRA가 주도적인 역할을 했다. 그런데 IRA는 한때 폭력 사용에서 잔혹한 면이 없지 않았다. 영국군인, 보안요원, 정치지도자뿐만 아니라 민간인들에 대해서도 무차별 사격, 폭탄 공격, 박격포 공격 등을 서슴지 않았다. 강자에 대항할 때 통상적으로 쓰는 약자의 저항 방법이라고나 할까? 세계의 이목과 관심을 북아일랜드 문제로 이끌려는 의도였다. 세계적인 갈등의 측면에서 보면 강자에 대한 약자의 저항 방법에는 이처럼 유사한 점이 많았다. 예전이나 지금이나 이러한 전술·전략에는 변화가 없었다.

1960년대부터 점점 과격해진 저항운동은 이후 약 30년 동안 총격 사건 이 약 3만 6,900건, 폭탄 테러가 약 1만 6,200건, 3,254명이 사망하고 약 5만 명의 부상자가 생겼다. 이들은 쌍방 간에 벌어진 무력행사와 폭력행 위에 휘말려서 생긴 희생자들이다. 이 중 1972년 북아일랜드 포일 강변에 있는 런던데리라는 도시에서 아일랜드 토착민들이 대대적인 시위를 벌였 는데 영국은 공수부대를 투입, 비무장 시위대에 발포해 14명이 죽는 사태 가 일어났다. 이 사건을 이른바 '피의 일요일'이라고 부른다.

| IRA의 테러활동 감소되면서 화해 분위기 무르익어

어느 집단이나 조직과 마찬가지로 영국에 대항하는 방법론의 차이로 1969년에는 내부 갈등이 일어나 IRA는 OIRA(Official IRA)와 PIRA(Provisional IRA)의 두 개 조직으로 나뉘었다. 구태여 명칭을 붙이자면 '공식적 IRA'와 ' 임시적 IRA'라고나 할까? 투쟁방식에서 전자는 비폭력 대항을 선호하는 데 비해 후자는 폭력적 방법을 주장하였다. 대부분의 경우처럼 저항운동에서 온건파인 OIRA보다는 과격파인 PIRA가 주도적인 역할을 했다.

그러나 과격한 무장 활동에도 한계가 보이기 시작했다. IRA의 테러 전 략은 1980년대 중반부터 조금씩 변화가 일어났는데, 이런 변화는 IRA의 정치기구인 신페인(Sinn Fein)과 영국 정부 간에 북아일랜드 문제를 둘러싸 고 평화적이고 정치적인 협상의 토대가 조금씩 이루어졌기 때문이다. 그 리고 거의 10년 후에 앞에서 본 것처럼 1997년에 영국의 총리가 아일랜

권위주의는 어떻게 국가를 망치는가?

드의 감자기근 때 아무런 대책도 취하지 않은 영국 정부의 태도에 대해 사과를 표명했던 것이다.

1998년 북아일랜드의 여러 정파들이 벨파스트에 모여 오랫동안 지속된 갈등을 종식하자는데 합의했다. 아일랜드는 북아일랜드에 대한 영유권을 공식적으로 포기하고, 영국도 북아일랜드가 투표를 해서 영국을 떠나 아일랜드에 통합되기로 결정하면 막지 않겠다고 양보했다. 그 뒤 북아일랜드를 둘러싼 갈등은 소강상태로 접어들었고 대신 화해 무드는 계속되었다. 2010년 데이비드 캐머런 영국 총리는 12년에 걸친 조사 끝에 의회에 조사 결과를 보고하는 자리에서 '피의 일요일'에 일어난 일은 "정당하지 않았고, 정당화할 수도 없다."라고 하면서 또 사죄를 표명했다.

영국이 유럽연합(EU)을 떠나는 문제가 드디어 해결되어 2021년 1월 1일부터 EU로부터의 영국의 철수가 결정되었다. 1998년 4월 10일, 영국과 아일랜드는 벨파스트 협정을 체결했는데, 이 협정에서 아일랜드는 북아일랜드 6개 주에 대한 영유권을 포기하는 대신 영국은 국경을 허물기로 합의한 바 있다. 그런데 EU국가와 비EU국가는 사람들의 자유로운 왕래를 금하기 때문에 국경의 설치와 그에 따른 문제도 새롭게 해결해야 할 것이다. 왜냐하면 아일랜드는 유럽연합을 떠날 계획이 없기 때문이다.

| 수많은 문인과 미국 대통령도 서너 명 나와

이제 아일랜드의 다른 모습도 보기로 하자.

아일랜드는 내로라하는 많은 문인들을 배출한 것으로도 유명하다. 제임스 조이스, 오스카 와일드, 버나드 쇼, 윌리엄 예이츠, 사뮈엘 베케트

등 노벨 문학상을 탄 문인들도 여럿이 있다. 영국인이지만 더블린에서 출생, 평생 영국의 아일랜드 수탈을 비판했으며 《걸리버 여행기》의 저자이기도 한 조나단 스위프트도 빼놓을 수 없는 문인이다. 또한 캐나다에는 아일랜드계가 약 500만, 미국에는 무려 3,300만 명이나 되는 아일랜드계 미국인이 있다는 사실은 놀라운 일이다.

솔직히 말해서 나는 아일랜드인에 대해 아무것도 모르고 있었다. 미국이란 나라가 여러 나라로부터 온 이민자들로 구성된 나라이기 때문에 분명 미국인들 사이에서는 각 출신 국가의 사람들마다 지닌 독특한 성격에 대해 스테레오 타입적인 이미지를 떠올리고 있는 것 같았다. 예를 들면, 같은 동양인들이라도 한국인들이 일본인들보다 좀 더 융통성 있는 사람들이라는 말을 한 방송에 나온 사람들로부터 들은 기억이 있다. 비슷하게 미국인들은 유대계는 물론 이탈리아계 미국인, 아일랜드계 미국인 등의 독특한 성격에 대해 어떤 이미지를 가지고 있는 것 같았다.

워싱턴 D.C.를 빗대어 사람들은 '소문 공장(rumor mill)'이라고 부르기도 한다. 말하자면 '소문을 끊임없이 만들어 내는 곳'이란 의미이며, 특히 정치인들에 대한 소문이 많은 곳이다.

그런데 미국 정계에는 아일랜드계 출신의 정치인들이 많다는 것도 익히 잘 알려진 사실이다. 케네디와 레이건 대통령이 아일랜드계 미국인이고, 60년대와 70년대 중반까지 시카고 시장이었던 유명한 리처드 델리(Richard J. Daley)와 70년대 중반에 뉴욕주지사를 지낸 휴 캐리(Hugh Carey)가 아일랜드계 미국 정치인이란 것을 알고 있었다. 나는 다만 델리 시장과 캐리 지사가 각각 일곱 명과 아홉 명의 자녀를 둔 것을 보고 그들이 가톨릭교도이어서 자녀가 많다는 이미지만 가지고 있었을 뿐이었다.

더구나 2021년에는 또다시 아일랜드계 출신인 조 바이든(Joe Biden)이 미국의 46대 대통령으로 당선되어서 많지는 않지만 아일랜드에 남아 있는 바이든의 후손들은 열광했다고 한다. 특히 바이든 대통령은 상원의원 시절 비공개로 아일랜드에 가족 여행을 떠난 횟수가 여섯 차례나 된다고 한다. 또 취임식을 위해 워싱턴 D.C.로 떠나기 전에 제임스 조이스의 시구를 인용, "제가 죽을 때까지 델라웨어를 제 마음속에 품을 것"이라고 말함으로써 바이든은 자기의 뿌리를 결코 잊지 않고 있음을 알 수 있다. 원래 그는 펜실베이니아주에 있는 스크랜턴에서 태어나 인근의 델라웨어주로 가서 거기서 30대에 상원의원이 되었다.

바이든은 1987년 처음 대선에 도전했을 때 미국 내 아일랜드인을 주된 독자층으로 삼는 잡지 인터뷰에서 "어릴 때 자라던 마을은 아일랜드 이민자들이 함께 모여 살던 곳이었다."라고도 했다. 바이든 대통령은 자신을 미국인이며 동시에 아일랜드계임을 결코 잊지 않고 있는 것 같다. 그리고 자신의 뿌리에 대한 철저한 이런 인식은 오랫동안 영국의 식민 지배를 받은 아일랜드의 피맺힌 과거의 역사와 결코 무관하지 않을 것이다. 바이든 대통령은 2021년 6월 G7(Group of Seven, 주요 7개국)정상회담이 열린 영국 남서부 콘월(Cornwall)에서 엘리자베스 영국 여왕을 39년 만에 다시 만났다.

| 아일랜드·영국 관계는 한·일 관계와 비슷해

바이든 대통령은 G7 공식회담을 마치고 2021년 6월 13일, 런던의 윈저성에서 다시 엘리자베스 여왕을 만났을 때 고개를 숙이지 않았는데, 그 이유는 생전에 바이든의 어머니가 영국 여왕을 비롯해서 왕실 인사들에게 고개를 숙이지 말라고 했다는 것이다. 바이든은 39년 전 상원의원 시절에 영·미 의회그룹의 일원으로 영국을 방문, 여왕을 만난 적이 있는데, 그때도 고개를 숙여 인사하지 않았다고 한다. 그러나 매번 왕실예법에는 따랐다고 하는데, 이번에는 여왕 앞에서 선글라스를 벗지 않은 데대해 의전 실수라는 비판을 받았다. 이런 사실 역시 과거 영국과 아일랜드의 관계가 어떠했는지를 여실히 보여주는 증거라고 볼 수 있다.

아일랜드계가 미국 전체인구의 약 10%에 달해서 역대 대통령들은 아일랜드와의 인연이 조금이라도 있으면 강조하는 편이었다. 로널드 레이건 전대통령은 재선을 앞둔 1984년 아일랜드에 들렀을 때 먼 조상이 살던 동네의 맥줏집에 들렀다고 한다. 어머니가 백인인 오바마 전 대통령도 2011년 아일랜드를 찾았을 때 자신의 5대조 할아버지가 아일랜드계였다고 말하기도 했다. 바이든은 케네디 대통령의 장녀인 캐롤라인 전 주일 미대사에게 한국민을 가리켜 "그들은 우리와 같다"라고 했다고 하는데, 바이든의 아일랜드인들과의 동일체 의식은 대단하다고 말할 수 있다.

바이든 대통령이 한국인들과 아일랜드인들의 유사점을 지적한 것은 그두 민족이 인근 강대국에 짓밟힌 오랜 식민지 역사를 가진 사실을 상기시켰다고 추측할 뿐이다.

현재 아일랜드의 수도인 더블린에 살고 있는 한 한국 청년은 나에게 영국과 아일랜드 간의 관계는 마치 한·일 관계와 같다고 비유했었다. 이를 생각해보니 강대국 옆에 위치해 있었던 아일랜드로서는 그동안 억울하고 서운했던 일이 한 두 가지가 아니었던 것 같았다.

하지만 오랫동안 워싱턴 D.C.에서 활동해 온 한 미국인이 나에게 말한 아일랜드인의 국민성은 아주 낙관적이고 쾌활하지만 오랜 식민지 생활에서 오는 무력감과 자포자기가 오히려 약간의 나태감으로 이어지는 느낌이라고 말한 적이 있다. 그런 점에서 끈질기고, 집요하며, 근면성에서 둘째가라면 서러워 할 한국인들과는 아무래도 다르다는 생각이 들었다. 더구나 요즘에는 한 민족이나 인종의 모습을 특정한 형식으로 표현하는 것 자체가 인종차별이라고 한다니 민족성에 대한 이야기는 이쯤 하겠다.

그러면 아일랜드는 수백 년 동안 영국의 통치를 어떻게 견뎌냈을까? 그렇게 수백 년 동안 숨죽여 오다가 영국의 힘이 조금 빠진 듯하자 아일랜드는 저항의 강도를 높였는데, 이것은 비단 영국과 아일랜드 간의 관계에만 해당되는 상황은 아니라고 생각한다. 지금의 강대국들, 미국과 중국도 비슷한 처지에 빠질 수 있다고 본다. 특히 중국의 힘이 조금이라도 쇠퇴할 기미가 보이면 위구르와 티베트의 저항은 만만치 않을 것이다.

한편 길고 긴 역사에서 남의 나라를 침략 한번 못해보고 침입만 당했던 아일랜드는 우리나라와 비슷한 점도 있지만 다른 점이 더 많다고 생각한다.

특히 한국은 12년째 OECD 국가 중 자살률에 있어서 1위를 차지하고 있지만, 찢어지게 가난했던 과거의 역사에도 불구하고 아일랜드는 자살률이 낮은 나라이다. 남의 나라 군인들은 끊임없이 아일랜드에 들어왔지만, 군인 대신 선교사를 다른 나라로 보내는 나라가 아일랜드이다. 한국에는 여러 나라의 성직자들이 들어와 있지만, 아일랜드 출신 신부들을 심심찮게 볼 수 있었던 것도 바로 이런 이유 때문이다. 끝으로 한국 전쟁을 겪으면서 우리가 어려웠을 때 지구의 맞은편에서 구원의 손길을 뻗어온 데 대해 감사하지 않을 수 없다.

38년 동안의 권위주의적인 통치

$$\boxed{\text{스페인}}$$

스페인은 세계에서 관광국으로 명성이 높은 나라 중 하나이다. 2017년 전 세계적으로 8,200만이나 되는 관광객이 스페인을 방문했고 세계 관광기구(World Tourism Organization)의 본부가 마드리드에 있다는 것은 스페인이 관광대국 중 하나라는 사실을 그대로 보여준다.

스페인의 국토 면적은 506,030㎢로 한반도의 면적보다 약 2.3배에 달한다. 영국, 독일, 일본이 한반도의 두 배가 채 안 되는 데 비하면 스페인의 면적은 비교적 넓어서 2012년과 2018년 두 차례 스페인의 여러 도시를 여행하면서 부러워한 기억이 있다.

| 우파 군부 쿠데타로 프랑코의 38년 통치 등장

2017년 현재 세계은행(World Bank) 자료에 의하면 스페인의 일인당 국민소득은 28,157달러로 나와 있다. 한국이 조금 앞서 있지만 별 차이가 없다고 본다.

스페인의 인구는 2018년 현재 약 4,640만으로 한국보다 조금 적은 편이다. 다만 인구감소에 대한 전망은 심각하지 않은 편이다. 한국이 세계에서 인구 5,000만에 1인당 국민소득이 3만 달러 이상 되는 이른바 '30-50 클럽'에 들어가는 일곱 번째 국가가 되었다고 하는데, 다음 후보지로는 스페인이 유력하다고 할 수 있다.

권위주의는 어떻게 국가를 망치는가?

국토의 면적이 넓고 기온도 비교적 온화하면서 아름다운 자연환경을 가진 스페인이지만, 과거의 역사를 보면 3년간의 내전과 38년 동안의 권위주의적인 통치 기간을 경험한 나라이기도 하다. 스페인의 내전은 1936년부터 1939년까지 3년 동안 계속되었다.

어느 나라에서나 좌·우파의 갈등이 치열해져서 한쪽이 다른 쪽을 극도로 압박하면 우파는 "군대가 들고 일어났으면 좋겠다."라고 하든가 좌파는 "세상이 뒤집혀서 혁명이라도 났으면 한다."라는 솔직한 심정을 담은 말을 양쪽의 일부 극단론자들이 흔히 토로하곤 한다. 그러나 어떠한 경우에도 한 나라가 앞으로 계속 발전해 나아가는 데 바람직스러운 방향이라고는 할 수 없다.

그런데 그런 일이 실제 일어났던 나라가 둘 있는데, 하나가 1936년의 스페인이었고, 다른 하나가 1917년 혁명이 일어났던 러시아였다.

특히 1936년 스페인에서는 어떤 일이 있었나? 스페인의 좌파는 1936년 2월 총선에서 큰 승리를 거두었다. 사회당, 공산당, 급진 사회당의 3당은 좌파 인민전선 공화국 정부를 수립했다. 그들은 토지개혁을 실시하려고 했고, 불안을 느낀 대지주와 자본가들 그리고 당시 우파를 지지했던 가톨릭 보수 세력들은 서로 연대해서 좌파 인민전선 정권에 대항하는 움직임을 보였다. 프랑코는 우파들을 이끌고 군부 쿠데타를 일으켰다.

프랑코 장군의 젊은 시절 군 경력은 화려했다. 젊은 육군 장교였던 프랑코는 승진에 승진을 거듭, 1926년에는 최연소 장성이 되었고 1928년에는 사라고사에 새로 설립된 육군사관학교 교장이 되었으며, 1935년에는 아프리카 파견군 총사령관을 거쳐 스페인 참모총장이 되었다. 그러나 좌파 정권이 총선에 대승하면서 그는 해임되어 카나리아 제도로 추방되었다. 이런 사태는 오히려 그의 지지기반이 있었던 아프리카 파견군에 가까워져서 기회로 작용, 나중에 파견군을 지휘해서 남쪽에서 수도인 마드리드를 향해 진군하는 계기가 되었다.

좌파 인민전선파와 우파 국민전선파 사이에 벌어진 스페인 내전의 초기 상황은 합법적으로 집권한 좌파 공화국에 유리했다. 약 3만여 명의 미국, 영국, 프랑스, 독일의 자유주의자들과 좌파 지원병들이 '국제여단'이라는 이름으로 좌파 공화국 쪽으로 합류했다. 〈누구를 위하여 종(鍾)은 울리나〉라는 영화도 인민전선 정권을 지지하려고 스페인으로 온 한 미국인 의용군인 게리 쿠퍼와 스페인 처녀인 잉그리드 버그만 사이에 있었던 전쟁과 사랑에 관한 이야기이다. 그런데 프랑코가 이끄는 반란군은 내전 중에 히틀러와 무솔리니의 파시스트 정권으로부터 무기 등의 지원을 받음으로서 전선은 자연히 파시스트 정권 대 반 파시스트 정권의 대결 구도로 형성되었다.

| 좌파 내분으로 권위주의 통치 막지 못해

스페인에 권위주의 정권의 도래를 미리 예측해서일까? 스페인에서 유명한 한 작가와 그의 작품을 소개하기로 하자. 사회주의 노선의 공화당파와 반정부군인 파시즘의 프랑코파가 치열하게 싸우면서 많은 시민이 살해되었다. 그런데 그중에도 스페인에서 국민시인이라고도 할 수 있는 페데리코 가르시아 로르카가 희생된 것은 특히 더욱 애석한 일이다.

페데리코 가르시아 로르카(1899~1936)는 스페인 그라나다에서 태어났다.

1936년 8월 어느 날 새벽, 신원을 알 수 없는 세 명의 사나이가 로르카를 인근 과수원으로 끌고 간 후 얼마 되지 않아 그는 피살체로 발견되었다. 자유와 이성을 주장하던 로르카의 명성에 위협을 느낀 프랑코파가 그에게 '소련의 스파이'라는 죄목을 덮어씌워 총살해 버린 것이다. 재판도 없이 처형될 때 그의 나이는 38세였다. 앞으로 스페인을 지배하게 될 권위주의 정권의 무자비함을 보여주는 전조와 같았다.

그의 대표작 중의 하나인 뮤지컬 〈베르나르다 알바의 집(The House of Bernarda Alba)〉은 2021년 한국에서도 공연되었다. 이 작품은 로르카가 죽기 얼마 전에 쓴 작품으로 남편의 사망을 계기로 기존의 관습을 고수하는 어머니, 그리고 이에 반해 자유를 열망하는 다섯 명의 딸들 간에 벌어지는 갈등을 그린 내용으로 되어 있다.

이 작품은 1930년대 전환기를 맞아 억압에 맞서는 우울한 스페인의 사회적 분위기를 반영한다고 할까? 베르나르다 알바는 남편의 장례식을 치른 뒤 다섯 딸에게 "앞으로 8년 상을 치르고 집 밖으로 한 발자국도 나가지 말라"라고 명령한다. 그러나 어머니의 명령에 대항하는 딸들의 저항은 비극으로 끝나지만 궁극적으로는 자유를 얻는다는 내용이다. 공연은 검은 상복을 입은 여인들이 우울한 선율에 맞춰 플라멩코 춤을 추는 광경으로 시작된다. 플라멩코에는 집시들의 뜨거운 열정과 슬픔이 잘 담겨 있다고 한다. 세비야, 그라나다 등이 있는 스페인의 남부는 안달루시아라고 불리며 플라멩코는 안달루시아 지방에 모여 살던 집시들의 춤에서 시작됐는데, 나는 세비야에서 그 춤을 처음 보게 되었다.

한편 스페인 내전의 전선으로 돌아가면 전세는 프랑코의 우파에게 유리했다. 국민전선 반란군 속에는 과거 프랑코가 이끌었던 아프리카 파견군과 같은 정예부대의 병사들과 훌륭한 지휘관들이 있었지만 좌파 인민전선 공화국군에는 그에 필적할만한 장군들과 병사들이 없었다. 거기에다 프랑코 측은 파시스트 정권들로부터 전폭적인 지원을 받고 있었기 때문에 전세는 점점 우파에 유리해져 갔다. 좌파 인민전선은 영국, 프랑스, 소련에 지원을 요청했으나 영국과 프랑스는 유럽이 전쟁에 휘말릴까 봐 응하지 않았고 소련만 뒤늦게 좌파 공화국을 위한 지원에 나섰으나 역부족이었다.

더구나 좌파 인민전선의 사회당과 공산당은 내전에서의 승리가 목적이었지만 좌파에 속해있던 무정부주의자들과 신디칼리스트들로 불리는 노동조합주의자들은 내전을 통해 노동자들이 승리하고 득세하는 세상을 만드는 데 목적을 둠으로써 적전분열상을 노정하기도 했다. 결국 우파 국민전선 측은 북쪽의 바르셀로나를 점령하고 남쪽에서는 국민전선군이 수도인 마드리드를 공략, 점령함으로써 프랑코의 군부 쿠데타는 성공했다.

3년 동안의 내전 끝에 프랑코가 이끈 우파 국민전선은 결국 승리함으로써 프랑코는 1939년 4월 1일 내전의 종결을 선언하고 자신은 종신 총통이 되면서 스페인을 통치했다. 프랑코는 내전을 겪으면서 파시즘 쪽으로 한 발 더 다가섰고 종교는 로마 가톨릭을 지지하였다. 정부 조직은 의회를 바탕으로 하고 있었으나 정당 활동의 자유는 없었고 오직 무소불위(無所不爲)의 프랑코 정권의 통치만 있었다.

프랑코 정권은 2차 대전 초기에는 히틀러의 독일에 협력하였으나 1943년부터 독일의 패색이 짙어지자 점점 중립으로 돌아섰다.

권위주의는 어떻게 국가를 망치는가?

▎프랑코의 권위주의 정권은 오랫동안 유럽에서 소외당해

전후 스페인은 과거 파시스트 정권과의 협력관계가 있는데다가 아직도 프랑코가 독재정치를 하고 있었기 때문에 자유민주주의 체제를 가지고 있던 서유럽의 모든 나라로부터는 소외되지 않을 수 없었다. 스페인은 히틀러 치하의 나치나 스탈린 치하의 구소련과 같은 전체주의(totalitarianism) 국가들과는 또 다른 권위주의(authoritarianism)의 전형적인 국가가 되었다.

권위주의적 정권은 어떠한 정권인가? 권위주의는 단지 민주주의부터 전체주의에 이르는 연속선상에 있을 수 있는 한 가지 정치형태일 뿐인가?

라스웰(H. Lasswell)과 카프란(A. Kaplan)은 민주적 통치와 비민주적 통치를 구분하고 비민주적 통치를 권위주의 통치라고 규정했다. 그것은 (1) 권력의 할당이 한정된 엘리트에게만 돌아가고, (2) 권력의 영역이나 범위가 통제나 조직을 위한 것에 한정되고, (3) 권력의 분배가 특정한 집단에 집중되며, (4) 엘리트의 충원도 폐쇄적으로 특정 계급이나 카스트에 한하며, (5) 책임의 면에서 자기가 책임을 지는 것이 아니라 다른 사람에게 책임을 돌리고, (6) 가치의 분배도 불공평하고 착취적이며, (7) 일단 내려진 결정에 도전할 수 없는 특성을 가지고 있다는 것이다.

한편 린즈(J. Linz)는 스페인의 프랑코 정권을 콕 짚어서 권위주의 정권의 전형이라고 보았다. 그는 권위주의 정권을 정치적 다원주의의 제한된 형태로 규정했다. 여기서 제한된 정치적 다원주의가 무엇인가를 부연하면 정교한 지도 이념도 없고, 강력한 정치적 동원이나 강제가 없으면 잘되지 않을 뿐만 아니라 개인이나 소수 집단의 권력 행사도 공식적인 한계 내에서 이루어지는 것이 아니라는 점이다. 때로는 개인적인 지도력이 이런 체제하에서 눈에 띄는 특징으로 부각되기도 하지만 필요조건은 아니며 지도자가 카리스마적 자질을 반드시 가질 필요도 없다는 것이다.

권위주의적 통치와 집권에 대한 라스웰과 린즈의 정의는 권력의 집중을 의미하는 집권화, 억압, 통제를 위한 그야말로 '원시적인 힘'을 상당히 강조하고 있는 것이 특색이다. 한 나라가 이렇게 오랫동안 권위주의 정권이 통치를 하게 되면 사회 또한 변질이 되면서 권위주의적인 사회구조의 모습을 띠게 된다. 그래서 위계 서열을 강조하며 자원은 소수의 엘리트에게만 돌아가고 자발적인 참여와 자율성을 제한해서 일방적인 순종을 강요하면서 의사표현을 억제하기 일쑤다.

우파의 프랑코가 내전에서 승리하면서 스페인에서는 권위주의적인 통치가 시작되었음은 물론이다. 서구의 자본주의와 자유민주주의는 1950년대와 60년대에 한창 꽃을 피우고 있었다. 따라서 당시 스페인이 자유민주주의를 구가하던 서유럽으로부터 고립되고 소외되어 있었던 사실은 당연한 결과일지도 모른다. 그러나 경제는 1950년대 중반부터 서서히 오르기 시작해서 60년대와 70년대는 고속 성장을 했다. 프랑코 총통은 후임자를 후안 카를로스 1세로 정해서 입헌군주제를 확립한 후 1975년에 사망했다. 스페인은 정말 오랫동안 프랑코의 통치 아래 있었다.

❙ 카를로스 1세 즉위 후 스페인은 민주주의 회복

프랑코는 장장 38년 동안 스페인을 통치했다. 후안 카를로스 1세가 왕위에 즉위하자 국민들은 그가 군부독재의 정책을 계승하리라고 생각했다. 그러나 반대로 그는 스페인을 민주주의의 길로 이끄는 데 앞장을 섰다. 이 과

권위주의는 어떻게 국가를 망치는가?

정에서 스페인 국민들에게 가장 강렬한 인상을 준 사건이 발생했다. 그가 왕위에 즉위한 지 6년째 되는 1981년 일부 군인들이 기관단총을 들고 의회를 기습 점거하였다. 그들은 각료들과 의원 350여 명을 인질로 삼고 프랑코 시대의 체제로 돌아갈 것을 끈질기게 요구했으나 카를로스 1세는 이 요구를 끝까지 거부해서 스페인의 민주주의 체제를 유지시켰다.

나는 미국에 있을 때부터 스페인의 권위주의 체제에 관심이 많았기 때문에 그때 민주주의로의 체제 이행이 얼마나 어렵다는 것을 다시 한 번 실감했던 것을 생생하게 기억하고 있다. 카를로스 1세는 군인들을 회유해서 투항시킴으로서 쿠데타는 결국 미수에 그쳤다. 이때 카를로스 1세는 얼마나 멋있는 왕이었는지 전 세계가 그를 성원하는 것 같았다.

이 사건은 카를로스 1세가 국민들의 절대적인 신임을 획득하는 계기가 되었으며 스페인은 체제 이행의 한 고비를 넘기며 자유 진영의 한 국가로 자연스럽게 받아들여졌다.

다만 한 나라의 영고성쇠와 나라를 이끌어 나가는 지도력의 부침은 언제나 일치하지 않는 것 같다. 스페인의 국력은 날로 뻗어나가는데, 지도자로서 카를로스 1세의 위상은 점점 쪼그라들고 있었다. 지도자가 됐건 아니건 모든 사람이 죽음을 맞이할 때까지 초심을 잃지 않으면서 일관된 삶을 지내기가 어렵다는 것은 후안 카를로스 1세의 일생을 봐도 알 수 있다. 그가 권좌에 올랐던 초기에 시작은 좋았다. 그는 이른바 '프랑코 체제'라고 불리던 권위주의적 독재정권에 지쳐있던 스페인 국민들에게 구원자로 등장했다. 왜냐하면 프랑코 사후 카를로스 1세는 또 다른 독재정권의 출현을 막고 입헌군주제를 스페인에 정착시켰기 때문이었다.

1975년 즉위한 카를로스 1세는 2007년까지만 해도 '가장 존경스러운 스페인인' 설문조사에서 1위를 차지할 정도로 국민들에게 존경받는 왕이었다. 그의 위선적인 면모가 드러난 것은 5년 후인 2012년 아프리카의 보츠와나에서 내연관계였던 독일인 사업가 코리나 라르센과 코끼리 사냥을 즐기다 골절상을 당하면서부터다. 혼외관계가 알려지고 동물보호단체의 명예회장으로 있던 그의 이미지는 한순간에 무너졌다. 스페인에서 가장 존경받던 어른이었던 그의 이미지가 30여 년 만에 이렇게 변할지는 아무도 몰랐다. 지도자는 마무리가 좋아야 하는데 참으로 아쉬웠다.

▌재정위기 극복하고 '30-50 클럽'의 유력한 후보로 등장

더구나 당시는 남유럽의 재정위기로 스페인 국민들은 극심한 궁핍 상태에 있었는데 국왕의 화려한 이면 생활이 국민들에게 큰 실망을 준 것은 말할 필요도 없다. 또한 둘째 사위의 공금횡령 사건도 겹쳐서 일어났다. 왕실에 대한 여론이 들끓자 후안 카를로스 1세는 2014년 아들에게 왕위를 이양하고 물러났다. 1975년 왕위에 올라 2014년에 물러났으니 재임기간은 40년에 가까웠지만 그를 둘러싼 스캔들은 여기에서 끝나지 않았다.

카를로스 1세가 인생 말년에 맞은 최대 의혹은 사우디의 두 성지인 메카와 메디나를 연결하는 고속전철 사업이었다. 스페인의 여러 업체가 연합해서 참여하는 컨소시엄이 이 사업을 따냈는데, 공사를 매끄럽게 마친 대가로 사우디 왕실이 카를로스 1세에게 약 1,238억 원에 해당하는 8,800만 유로의 뒷돈을 주었다는 것이다. 그가 이 비자금을 돈세탁을 거쳐 라르센을 통해 스위스의 비밀계좌에 예치해 놓았다는 사실이 알려지면서 왕실에 대한 국민의 비판은 끊이지 않았다.

권위주의는 어떻게 국가를 망치는가?

설상가상으로 카를로스 1세가 스위스 은행에 몰래 넣어놓은 재산을 인출할 수 있는 권리가 현 국왕인 그의 아들 펠리페에게 있다는 사실이 2020년 초에 알려지면서 비판적인 여론은 더욱 증폭되었다.

사태가 심각해지자 펠리페는 아버지의 유산 상속을 포기한다고 발표하고, 매년 카를로스 1세에게 지급되는 약 2억 7,300만 원에 해당하는 연금도 중단하기로 발표했다. 이어서 스페인 대법원은 카를로스 1세의 수뢰 혐의에 대해 검찰에 수사를 명령하자 그는 스페인을 떠나 도미니카 공화국으로 피하는 등 굴욕적인 신세가 되었다.

스페인은 2008년부터 경제침체를 맞아 얼마 동안 경제 위기 속에 있었다. 카를로스 1세가 2014년 아들 펠리페 6세에게 왕위를 물려준 스페인은 정치와 경제면에서 우리와 유사한 점이 많다. 인구와 1인당 국민총소득도 우리와 엇비슷하다. 그러나 '30-50 클럽'에는 한국이 먼저 도달했다. '30-50 클럽'은 인구가 5천만 명 이상이면서 일인당 국민소득이 3만 달러 이상 되는 나라들로 구성되어 있는데 미국, 영국, 독일, 프랑스, 이태리, 일본, 그리고 한국이 들어있다.

노예 해방을 둘러싸고 터진 남북 전쟁

$$\boxed{\text{미국}}$$

스페인의 내전이 이념의 차이에서 촉발되었다면 미국의 남북전쟁(1861년 4월~1865년 4월)은 흑인의 노예해방을 둘러싸고 벌어진 갈등이었다. 우리는 어렸을 때부터 링컨이 노예 상태로부터 흑인을 해방시켰다고 귀가 아프게 들어 왔다. 물론 링컨은 미국인들이 꼽는 가장 위대한 대통령이고 세계의 모든 사람들이 존경하는 훌륭한 인물이다. 하지만 여기에도 노예제를 둘러싸고 아메리카의 북쪽과 남쪽에는 첨예한 이해 상충이 있었음을 지적하지 않을 수 없다. 특히 초기의 미국 상황을 이해할 필요가 있으니 미국의 건국 과정을 잠시 보기로 하자.

| 산업과 문화 등 남·북 간 지역적 특색에서 차이가 나

영국의 식민지이었던 미국은 동부와 남부의 13개 주가 1776년 독립을 선언하고 영국과 전쟁을 시작, 1781년 버지니아 요크타운에서 영국의 찰스 콘윌리스 장군으로부터 항복을 받아냄으로써 실질적으로 독립을 쟁취했다. 이 13개 주는 버지니아를 비롯한 뉴햄프셔, 매사추세츠, 코네티컷, 로드아일랜드, 뉴욕, 뉴저지, 펜실베이니아, 메릴랜드, 델라웨어, 노스캐롤라이나, 사우스캐롤라이나, 조지아였다. 이 당시에도 노스캐롤라이나를 비롯한 마지막 3개 주는 미국의 남부에 속해 있는 주들로 여겨졌다.

권위주의는 어떻게 국가를 망치는가?

미국은 영국으로부터 독립해서 연방국가를 세우기 전부터 모든 것이 달라서 '13개 주는 13개 국가'라는 말도 있을 정도로 역사와 전통은 물론 문화와 사회경제적 토대도 지역적으로 달랐다. 남부는 식민지 초기부터 대농장 중심의 농업과 귀족문화가 눈에 띄게 독특해서 보다 권위주의적인 성격이 강했다. 반면에 북부는 자영농 중심의 농업과 수산업, 상공업을 바탕으로 훨씬 평등한 문화를 가지고 있었다. 이러한 지역적 차이에도 불구하고 식민지라는 지위 때문에 어떤 공동체의 운명을 공유하고 있었다.

1787년 13개 주의 대표 55명이 필라델피아에 모인 까닭도 이런 공동체 의식 때문이었다. 벤저민 프랭클린은 당시 81세로 최고령이었고, 대의원 중 제일 유명했던 사람은 물론 조지 워싱턴이었다. 그는 예포를 받고 환영을 받았으나 최고령자인 벤저민 프랭클린을 찾아서 인사했다. 조지 워싱턴은 원래부터 겸손한 사람이었다. 회의가 시작하자 대의원들은 만장일치로 조지 워싱턴을 회의 의장으로 뽑았다. 워싱턴은 감사를 표하고 전에 어떤 모임에서도 의장이 되어 본 경험이 없으니 실수가 있더라도 양해해 달라고 하면서 자리에 앉았다.

당시 미국 대통령의 임기는 4년이며 연임을 허용했다. 따라서 워싱턴이 연임을 해서 8년 임기를 마쳤을 때는 실제로 3선에 출마할 수 있었고, 주위에서 누구도 반대하지 않았으며 오히려 3선 출마를 권유하는 상황이었다. 하지만 워싱턴은 이를 사양함으로써 이후 미국은 민주주의의 꽃을 피울 수 있었다. 미국은 건국 초기에 벤저민 프랭클린이나 조지 워싱턴 같은 지도자를 가졌던 것이 큰 행운이라고 할 수 있다. 최고령자라고 해서, 또 제일 유명하다고 해서 이들이 비민주적이며 권위주의적인 지도력을 견지했다면 정치적 견해가 완전히 다른 것을 허용하지 못했을 것이다.

┃필라델피아 회의에서는 노예 문제 거론조차도 못해...

이러한 개방성과 다양성에도 불구하고 필라델피아에서도 처음에는 노예제 같은 민감한 문제들은 손도 못 댔다. 당시 이 문제에 대해서는 찬·반의 의견이 있었으며 본격적인 논의에 들어가면 남부의 세 주는 틀림없이 회의장을 박차고 나갔을 것이다. 워싱턴이나 나중에 4대 대통령이 된 매디슨 같은 유명한 대의원들도 그 당시는 노예들을 가지고 있었다.

필라델피아 헌법 제정회의(Philadelphia Convention)로 알려진 이 회의는 당초에는 여러 주들 간에 느슨한 동맹을 넘어서 좀 더 미국을 구체화시키기 위해 모였다. 하지만 미국 헌법을 제정하는 역사적인 결과를 가져왔다.

워싱턴은 대통령이 되자 국무장관에는 토머스 제퍼슨을, 재무장관에는 알렉산더 해밀턴을 기용했다. 해밀턴은 나라가 부강하려면 산업이 발달해야 한다고 굳게 믿고, 외국 수입 물품에 대해서는 높은 관세를 부과했다. 해밀턴의 정책은 자본가, 은행가 등 부자들에게 유리했으며 그들이 미국을 이끌고 나가야 한다는 확고한 신념을 가지고 있었다.

반면에 제2대 대통령이었던 존 애덤스에 이어 3대 대통령이 되었던 제퍼슨은 당시 미국 국민의 90%를 차지하고 있었던 농민, 노동자, 소상인과 영세 기업인의 권리와 목소리도 중요하다고 생각했다.

해밀턴과 제퍼슨의 이렇게 서로 다른 정치적 견해는 연방주의당(The Federalists Party)과 민주공화주의자(The Democratic Republicans)로 자연히 나눠지게 되었다. 제퍼슨이 이끄는 민주공화주의자들 중에는 부자들도 있지만 대

권위주의는 어떻게 국가를 망치는가?

부분이 서민으로 그 전통은 오늘날 미국의 민주당으로 이어져 오고 있다. 반면 해밀턴이 주창하는 연방주의당의 정치적 의견은 공화당이 계승하고 있다. 한 가지 특기할 만한 사실은 에이브러햄 링컨이 공화당 출신의 대통령이라는 점이다. 링컨의 행보로 보면 민주당 출신 대통령 같은 이미지가 그려져서 미국의 젊은이들도 헷갈리는 경우가 많다.

워싱턴은 자기가 미국 국민의 자유와 행복을 진정으로 보장해주는 대통령이 되기를 희망했다. 그는 미국 국민이 종교의 자유를 누리기를 간절히 원했고 인종적 억압을 증오하였으며 노예들이 자유로워지기를 바랐다. 그의 리더십은 권위주의와는 거리가 멀었다. 비록 그 당시 그는 흑인 노예들을 가지고 있었지만, 1799년 그의 사후 그가 데리고 있었던 노예들은 모두 자유를 얻었다. 심지어 이것은 남북전쟁(1861~1865)이 일어나기 60년 전의 상황이었다.

앞에서 언급한 대로 미국의 역사는 짧지만 그 출발은 험난했다. 그 어려움의 근원은 주로 노예문제 때문이었다. 1861년 남북전쟁 전의 미국 사회는 북쪽과 남쪽 지역은 지역대로, 주는 주대로 자유주와 노예주로 나뉘었다. 그리고 의원들은 그들대로 노예제에 대한 찬반으로 사분오열되어 있었다.

북쪽과 남쪽의 지역적 특색과 경제 사정도 달랐다. 남부는 농업과 대농장이 발달했고 식민지 초기에는 담배 농사를 많이 짓다가 유럽에서 산업혁명이 일어난 이후에는 면화를 주로 재배했다. 따라서 면화씨를 제거할 수 있는 조면기가 발명되었음에도 불구하고 노동력이 엄청나게 필요했다.

| 남부는 노예 노동력, 북부는 임금 노동력이 필요해

남부의 이러한 지역적, 산업적 특색 때문에 농장주들은 인건비가 비싼 노동자들보다는 싼 가격에 대량으로 이용할 수 있는 노예 노동력을 선호했던 것은 두말할 필요도 없다. 남부에 비해 북부는 일찍부터 상공업이 발달하면서 임금 노동자가 노동력의 중심이 되어 있었다. 따라서 북부는 임금 노동자가 많이 필요했기 때문에 노예 상태에서 벗어난 흑인 노동자 집단이 풍부한 노동력의 공급원이 되기를 바랐다.

여기서 잠깐, 노예 상태에 있었던 흑인들의 이야기를 하나씩 펼쳐보기로 하자.

1852년 해리엇 스토우 부인의 《톰 아저씨의 오두막》이라는 책이 출판되었는데, 그 책에서 스토우 부인이 묘사한 것은 노예 소녀가 노예 상인을 피해 둥둥 떠내려가는 얼음덩이를 징검다리로 삼아 오하이오 강을 건너 도망가는 내용이었다. 이 책은 남·북 전쟁 전에 흑인 노예들의 생활이 얼마나 비참했는지를 보여주면서 일반인들을 많이 감동케 했다.

당시 남부의 노예들은 북부로 많이 도망갔다. 그 이유는 북부인들이 '지하철도'라는 조직을 만들어 흑인들을 숨겨주었고 북부와 캐나다로 도피시켰기 때문이었다.

미국 북부로 노예들이 도망가던 일화 중에서 흑인 여성 인권운동가인 해리엇 터브먼(1820~1913)의 이야기를 빼놓을 수 없다. 그녀는 1913년 3월 10일 눈을 감았지만, 평생 인권과 평등을 위해 싸웠기 때문에 후세의 흑인들은 물론 백인들에게도 많은 영감을 주었다. 1820년쯤 동부 메릴랜드의 한 농장에서 태어난 그녀는 어릴 때부터 애를 봐주는 일을 하면서

권위주의는 어떻게 국가를 망치는가?

아기가 울면 얻어맞기까지 하며 노예로서의 고통을 일찍부터 경험했다.

주인이 그녀를 팔려고 하자 1849년 주인집에서 탈출했다. 그 당시 노예들은 이정표를 읽을 수 없을 정도로 문맹이 많아서 탈출이 쉽지 않았는데, 그들을 도와준 조직이 '지하철도'였고 터브먼 역시 도움을 받았다. '지하철도'는 1863년 1월 1일 노예해방 선언이 발표되기 훨씬 전인 20수 년 전부터 있었던 비밀 조직이었다. 이 조직은 1840년부터 1861년까지 수천 명의 흑인 노예들을 남부로부터 북부나 캐나다로 탈출할 수 있도록 도왔다.

흑인 노예를 숨겨주는 사람의 집은 '역'이라 부르고, 흑인 노예들을 탈출시키는 조직원들을 '차장'이라고 부르면서 비밀리에 움직였다. '차장' 역할을 하는 사람들은 자유민 신분의 흑인이나 해방된 노예, 아메리카 원주민, 노예 폐지론을 지지하는 백인 등 다양한 사람들로 이루어졌다. 해리엇 터브먼 역시 '차장'으로 활동하였다. 그녀의 왕성한 활동이 계속되자 남부의 농장주들은 그녀를 잡는데 4만 달러의 현상금을 내걸기도 했다. 이런 위험성에도 불구하고 해리엇 터브먼은 아주 치밀하고 교묘하게 움직이면서 1850년부터 10여 년 동안 300명이 넘는 흑인의 탈출을 도왔다. 참으로 담대한 그녀에 대한 소문이 나지 않을 수가 없다.

남·북 전쟁 전부터 흑인 노예 구출 작전 치열

도망하는 노예를 돕는 일은 쉽지 않았다. 왜냐하면 흑인 노예를 끊임없이 찾아다니는 노예 사냥꾼이 있고, 마을 보안관이 있으며 기마 순찰대가 있기 때문이다. 우리는 1861년 시작된 미국의 남북전쟁과 링컨의 노예해방 선언은 잘 기억하고 있지만 터브먼 여사의 활동만 보아도 그 전에 노예해방 운동이 얼마나 치열하게 전개되고 있었나를 알 수 있다.

　1861년 드디어 남북전쟁이 발발하자 어린 시절 병약했던 해리엇 터브먼과는 다르게 그녀는 노예해방을 지지하던 북군에 들어가 여러 가지 활동을 했다.

　터브먼의 능력은 날이 갈수록 인정을 받게 되면서 드디어 북군의 제임스 몽고메리 장군을 돕는 군사 고문이 되었고, 그와 함께 습격 작전을 지휘해 700여 명의 노예를 구출해 내기도 했다. 전쟁이 끝난 후에도 터브먼은 여성의 참정권을 위해 노력했다. 오바마 정부 때부터 20달러 지폐의 앞면 인물을 앤드루 잭슨 전 대통령에서 터브먼으로 교체하는 계획을 세운 것도 결코 이상스러운 일이 아니다. 한편 우연인지는 몰라도 트럼프는 잭슨 대통령을 좋아해서 그의 집무실에 잭슨의 초상화를 걸어 놓기도 했다.

　흑인 여전사로서 그리고 여성해방 운동가로서 터브먼의 위대성은 아무리 강조해도 지나침이 없지만 20달러 지폐에 찍혀 있는 7대 대통령 앤드루 잭슨도 위대한 대통령의 반열에 들을 만한 사람이었다.

　영국의 식민지 상태에서 벗어나려는 미국의 독립전쟁이 일어나자 잭슨은 형제들과 같이 참전했다. 그러나 큰형은 전사했고, 그 와중에 작은형도 천연두로 죽고 홀어머니도 콜레라로 사망했다. 어려서 고아가 된 잭슨은 독학으로 변호사가 되었고, 1812년 영국과 미국 간에 전쟁이 일어나자 테네시 민병대를 이끌고 승리해서 전쟁영웅으로 1828년 대통령에 당선되었다.

　잭슨 대통령은 노동자와 농민의 전폭적인 지지를 받으면서 서민을 위한 정치를 펴나갔다. 그는 재산과 학력이 없는 평민들도 공무원이 될 수 있도록 공무원의 일자리를 늘리고 선거권을 확대했다. 귀족이나 토지 소유자들에게만 주어진 선거권을 백인 남성 전체로 확대했다. 정당에서도 간부보다는 일반 당원들의 권한 확대와 교육을 통한 대중의 정치참여 증대를 위해 노력했다. 다만 잭슨 전 대통령은 노예 수백 명을 소유했고, 아메리카 원주민을 박대한 정책 때문에 인종주의자로 낙인이 찍히고 있는 점이 아쉽다고 할 수 있다.

미국의 건국 초기에 인종, 특히 흑인문제는 복잡하고 민감한 문제였다. 또한 인종 문제에 관한 한 당시의 사법제도는 공정하고 합리적인 제도하고는 거리가 멀었다. 이러한 대표적인 사례가 자신의 주인인 존 에머슨을 상대로 소송을 제기한 흑인 노예인 드레스 스콧의 경우이다.

드레스 스콧은 주인이며 군의관인 에머슨을 따라 이곳저곳을 다니다 보니 거주지를 자주 옮기게 되었다. 그는 자유주인 일리노이와 위스콘신에서 살다가 고향인 미주리로 돌아왔다. 그는 전에 자유주에 살았을 때 노예 상태를 벗어나서 자유민이 되었다고 생각했는데, 고향에 돌아오니 다시 노예가 되었다고 하자 소송을 제기했다.

1857년 대법원은 "흑인은 헌법상 연방 시민이 아니기 때문에 재판을 청구할 자격 자체가 없다"라고 하면서 원고인 드레스 스콧에 대해서 패소 판결을 내렸다. 결국 스콧의 경우는 주마다 노예에 대한 입장이 달랐기 때문에 일어난 일이었다. 더구나 당시 대법원장이 남부 출신인데다가 대법원은 남부 측의 영향을 강하게 받고 있었기 때문에 "스콧의 신분이 과거에 어떠했든 간에 노예주로 돌아온 이상 자유인이 아니며 더 나아가서 연방의회가 서부에서 노예제도를 금지했다고 하더라도 그것은 아무런 효력이 없다."라고 판결했다. 당시의 사법제도 역시 권위주의 성격이 강했다.

노예해방을 전후해서 일어난 뒷이야기는 이뿐만이 아니고 영화로도 많이 만들어졌다. 그럼에도 불구하고 노예제를 둘러싼 갈등은 끊임없이 일어났다. 심지어는 1856년 노예제 확대에 강력히 반대한 상원의원 찰스 섬너는 남부지역인 사우스캐롤라이나 출신의 권위주의적인 하원의원 프레스톤 브룩스에게 지팡이로 마구 구타당해 불구가 되는 사건도 발생했다. 건국 초기에 여러 가지로 다사다난한 시기에 미국은 노예 문제로 극단으로 치닫고 있었다. 특히 지역적 특색이 노예 문제를 계기로 남북을 갈라놓고 있었다. 이 문제를 좀 더 구체적으로 살펴보기로 하자.

▌노예제를 둘러싸고 남·북 간의 갈등 갈수록 심해져

한마디로 지역적 특색 때문에 북쪽은 노예제를 반대했고, 남쪽은 찬성했다. 노예제를 둘러싼 남북 간의 갈등은 미주리주를 중심으로 북쪽은 자유주로, 남쪽은 노예주로 타협을 보는 미주리 타협안 같은 것이 이루어지면서 자유주와 노예주가 동수가 됨에 따라 미국은 그런대로 균형을 유지해갔다.

그런데 일리노이 출신의 민주당 상원의원이었던 스티븐 더글러스는 1854년 '캔자스와 네브래스카 법안'을 제안해서 통과시켰는데 이 법안이 결국 남북 간의 갈등을 첨예화시키는 계기가 되었다.

'캔자스와 네브래스카 법안'은 그 두 주가 자유주가 될지 노예주가 될지는 전적으로 그 지역 주민들의 의사에 맡긴다는 내용이었다. 그런데 미국의 영토가 서부로 확대되고 자유주가 많아지면서 균형이 깨지자 노예주들과 민주당의 입장은 캔자스와 네브래스카 같은 준주(準州)에는 노예경제가 적합하지 않기 때문에 노예제 확대 방지법안을 굳이 제정하지 않아도

된다고 여겼다. 준주란 인구도 적고 산업기반도 그리 발달하지 않은 영토로, 아직 주로 승격되지 않은 곳이다. 일견 복잡해 보이지만 간단히 말하면 새로운 주가 탄생할 때마다 남과 북은 신생주를 노예주로 할 것인지 자유주로 할 것인지를 두고 다투면서 나온 갈등이었다.

북부 주들은 '캔자스와 네브래스카'법안에 대한 해석을 남부 노예주들이 배신한 것으로 여겼다. 더구나 미주리를 중심으로 그 북쪽은 자유주로 한다는 '미주리 타협안'까지 무효화시켰기 때문이다. 그런데 캔자스에서는 실제로 노예제가 인기가 없자 남부의 노예제 찬성론자들이 캔자스로 이민을 가서 노예제 반대론자들을 공격까지 했다. 심지어는 노예제 찬성론자들이 일으킨 학살사건도 일어나면서 이에 격분한 자유주의자들이 반격을 가해 캔자스에서의 갈등은 내전 상태로까지 치달았다. 이것이 '피투성이의 캔자스(Bleeding Kansas)'로까지 불리는 사태의 내용이다.

그 전에 있었던 미국과 멕시코의 전쟁 결과도 노예제에 관한 논쟁이 포함되어 있었다. 1845년 멕시코와의 전쟁에서 승리한 결과로 미국은 캘리포니아를 획득했는데, 남부 측이 멕시코와 싸운 최대의 목적도 노예주를 확대하기 위한 것이었다. 그런데 남부 측의 기대와는 반대로 캘리포니아는 노예제도가 필요하지 않았으므로 자유주로 연방에 가입하기를 희망했다. 결국 북부와 남부는 '1850년의 타협'에 합의했다.

그 타협안은 첫째, 캘리포니아는 자유주로, 멕시코로부터 얻은 다른 영토는 주민 의사에 맡기며, 둘째, 노예매매는 금지하되 노예제는 존속시키고, 셋째, 도망 노예에 대해서는 기존의 법보다 더 강력히 단속한다는 내용이었다.

그런데 1850년의 남부와 북부의 타협안에 대해서 남부 측은 강한 불만을 가지고 있었다. 더구나 캘리포니아가 자유주로 연방에 가입함으로써 자유주와 노예주 비율은 16대 15가 되었다.

자유주와 노예주를 동일하게 유지함으로써 상원에서 남북 간의 정치적 균형을 노렸으나 남부 측이 열세에 몰리자 남부의 강경파들은 연방 탈퇴도 불사하겠다는 태도를 보였다. 북부도 타협안에 대해서 불만을 가졌는데, 자유 흑인조차도 도망 노예로 몰아붙이는 일이 비일비재했기 때문이다. 노예제를 둘러싼 남북 간의 갈등은 이처럼 남북전쟁이 일어나기 10여 년 전부터 첨예화되었다. 하지만 남북의 산업기반이 다른 데서 오는 노예 노동력과 자유로운 공업노동력의 필요성 때문에 갈등은 좀처럼 좁혀지지 못했다.

노예 문제를 둘러싸고 정당 간의 이합집산도 다반사로 이루어졌다. 앞에서 언급한 대로 건국 초기의 미국의 정당은 워싱턴 밑에서 재무장관을 지낸 해밀턴의 연방주의당과 제퍼슨이 이끄는 민주공화당으로 나뉘어 있었다. 그런데 해밀턴이 2대 대통령 존 애덤스 밑에서 부통령을 지낸 아론 버얼과 결투를 벌이다가 살해당하는 불행한 사건이 일어나자 연방주의당은 사실상 없어졌고 민주공화당만 남는 상황이 되었다.

3대 제퍼슨과 4대 매디슨 그리고 5대 먼로까지 대통령을 배출한 민주공화당은 6대 존 퀸시 애덤스의 대통령 선거를 계기로 민주당과 국가공화당으로 분당되었다. 7대 앤드루 잭슨의 민주당은 지금까지 그 명맥을 유지하는 가장 오래된 정당이 되었다.

권위주의는 어떻게 국가를 망치는가?

한편 민주당에서 떨어져 나온 존 퀸시 애덤스와 켄터키 상원의원이며 훌륭한 중재자인 헨리 클레이의 국가공화당은 이합집산을 통해 휘그(Whig)당으로 남았으나 이후 새로 창당이 된 공화당에 흡수되었다.

┃ 링컨, 노예제 폐지에 찬성한 공화당 후보로 대통령에 당선

휘그당에 대해 조금 더 설명하면 이 정당은 '양심적인 휘그'와 '면화왕'들로 분열되었다. 북부 측은 남부에 대한 도전으로 공화당을 새롭게 결성했다. 그런데 이 공화당은 휘그의 일파와, 민주당원이면서도 반 남부의 성향을 지닌 사람들, 자유토지 당원으로 되어 있었으므로 북부와 서부의 자본가, 농민, 노동자로부터 지지를 받았다. 따라서 이 공화당은 무엇보다도 노예제 폐지에 적극적이었다. 링컨도 공화당의 창당에 기여했는데, 그는 16대 대통령이 되면서 공화당이라는 당명으로 선출된 최초의 대통령이 되었다.

그 전에 1858년 링컨은 일리노이주 상원의원 선거에서 스티븐 더글러스와 맞붙게 되었다. 특히 이 선거전에서 더글러스의 경쟁자인 링컨은 노예제에 대한 자기의 의견을 당당히 밝혔다. "정부는 반은 노예이고 반은 자유인인 현 체제를 영구히 지탱해나갈 수는 없다. 이제 선택의 때가 왔다. 모두 노예가 되느냐 아니면 자유인이 되느냐 둘 중 하나를 선택해야 한다."라고 천명했다. 비록 이 선거에서 링컨은 패했으나 그는 전국적인 주목과 명성을 얻게 되었고, 1860년의 대통령 후보로까지 거론되었다.

앞에서 이야기한 '캔자스와 네브래스카 법안'은 정당들에도 영향을 미쳐 링컨은 휘그(Whig)당의 당원들과 함께 새로 생긴 공화당에 입당했고, 실제로 1860년 대통령 선거에서 공화당 후보로 당선, 16대 미국 대통령이 되었다. 노예제를 둘러싸고 공화당과 민주당 간의 갈등은 더욱 심각해졌다. 민주당은 노예제 문제로 적전분열을 일으켜 북쪽과 남쪽이 대통령 후보를 따로 내는 황당한 일이 벌어졌기 때문에 링컨은 무난하게 당선될 수 있었다.

에이브러햄 링컨(Abraham Lincoln)은 1809년 켄터키의 호젠빌(Hodgenville) 인근에 있는 통나무로 지어진 오두막집에서 태어났다. 아버지는 빈농의 가장이었다. 그가 일곱 살 때 인디애나로 이사했고 어머니는 링컨이 아홉 살 되던 해에 죽었다. 링컨은 공식교육은 1년만 받았을 뿐 독학으로 글쓰기를 익혔고 변호사까지 되었다. 그는 사업도 실패하고 몇 번 낙선도 했지만, 도전을 거듭, 더 성숙한 정치가로 성장했다. 그는 네 번의 일리노이 주의원을 거쳐 1860년 공화당 후보로 지명받고 대통령에 당선된 흙수저 출신의 인물이었다.

그 당시 노예제에 대해 링컨은 완전히 폐지하자는 식의 입장을 취하지는 않았다. 그는 노예 문제로 인하여 미국이 분열되고, 한 국가로서의 기틀이 파괴되는 것을 결코 원하지 않았다. 그러므로 새롭게 만들어지는 주에는 일절 노예제도를 허용하지 않되, 이미 노예제도를 수용하고 있는 주는 얼마간 그대로 두자는 입장을 취하였다. 그 이유는 당시 노예제도를 취하느냐 취하지 않으냐 하는 문제는 헌법 해석상 연방 정부가 정할 수 없었기 때문이었다. 강력한 지방분권의 이런 전통은 오늘날에도 이어지고 있고 민감한 노예문제에 대해서는 말할 필요도 없다.

링컨이 대통령에 당선되었을 때는 노예 문제를 두고 남과 북 사이의 긴장이 절정에 달했던 시점이었다. 특히 링컨이 취임하기 전 대통령은 민주당의 뷰캐넌이었는데 그는 아무런 조치를 취하지 않았기 때문에 여러 주가 연방에서 탈퇴하기 시작했다. 사우스캐롤라이나를 비롯한 미시시피, 플로리다, 루이지애나, 앨라배마, 조지아, 이렇게 6개 주가 탈퇴했고 나중에 텍사스주도 합류했다. 이 주들은 링컨이 대통령에 취임하기 직전인 1861년 2월에 '남부연합'을 조직하고, 새 정부는 앨라배마의 몽고메리에 세웠다. 그리고 미시시피 출신의 제퍼슨 데이비스를 대통령으로 선출했다.

| 1861년 남부 측의 요새 점령으로 남·북 전쟁 발발

1861년 3월 4일 16대 대통령으로 취임한 링컨은 연방의 중요성을 강조하면서 남부 측에 타협을 호소했지만, 그들은 전쟁을 준비했다. 남부에 있던 연방의 재산이나 요새는 모조리 남부 측이 몰수해 버렸다. 링컨이 즉시 해결해야 할 당면 과제는 사우스캐롤라이나의 찰스턴 항구 안에 있던 섬터 요새를 지키는 일이었다. 링컨은 타협안을 제시했지만, 남부 측이 먼저 섬터 요새를 공격, 점령해 버리면서 4년간에 걸친 남북 전쟁은 시작되었다.

섬터 요새가 점령당하면서 남부 연합에는 수 개 주가 더 가담해서 모두 11개 주가 되었다. 그래도 북부는 23개 주에 인구도 남부보다 2.5배 정도 더 많았다.

그런데 로버트 리 장군이 남부군의 사령관이 되면서 초기의 남부군은 북군을 압도하는 듯했다. 유럽의 영국과 프랑스도 전세를 유리하게 이끌어가는 쪽을 지지한다는 입장을 취했다. 영국은 자국의 섬유산업을 위해 남쪽의 면화가 절대로 필요했기 때문에 남부를 지지하는 것처럼 보였다. 또 확실히 전쟁 초기의 모든 상황은 남측에 유리해 보였다. 아마도 링컨의 위대성은 이러한 난관을 하나하나 돌파해 나가는 데 있었을 것이다. 어렸을 때부터 역경을 헤쳐 나가면서 자신의 어려운 처지를 한탄하거나 부모, 혹은 사회를 탓하지 않는 것이 링컨에게는 하나의 습성이 되어 있었다. 링컨은 기본적으로 누구를 미워하고 경멸하기보다는 이해하고 인정하는 편이었다.

그는 노예제를 혐오했고 폐지해야 한다고 생각했지만, 남부 사람들을 탓하지는 않았다. 그는 분명 이상주의자였지만 냉철한 현실주의자여서 연방의 틀 안에서 합법적으로 노예제의 확산을 막고 장기적으로 근절시키려 했다. 그런데 전쟁이 터진 것이다. 링컨은 미국의 대통령으로서 헌법을 수호하고 연방을 지키겠다는 자신의 맹세를 어떻게 해서든지 이뤄내야겠다고 결심했다.

물론 전쟁 초기에 남부가 유리해 보이는 상황이 전개되었지만, 그는 실망하거나 좌절하지 않았다. 링컨은 전세를 역전시키기 위해서 또 남부를 지지하는 것 같은 영국과 프랑스의 태도를 변화시키기 위해서도 과감하게 노예 해방 선언과 같은 전환적 계기가 필요하다고 생각했다.

1863년 1월 1일 링컨은 드디어 노예 해방을 선언했다. 노예 해방의 선언은 미국 국내보다 유럽, 특히 영국과 프랑스에서 뜨거운 반응을 일으켜 북부를 지지하는 바람을 일으켰고 남부 독립을 승인하지 못하게 하는 효과를 가져왔다. 노예해방 선언은 신의 한 수였다고나 할까? 특히 면화산업을 중시하는 영국의 각 도시에서 링컨에게 지지를 보낸 노동자들의 열렬한 반응은 의외였다고 할 수 있다.

그래도 전세는 만만치가 않았다. 남부군은 처음부터 워싱턴을 점령하

권위주의는 어떻게 국가를 망치는가?

면 북군의 항복을 받을 수 있을 것으로 생각해서 워싱턴에서 100마일 떨어져 있는 리치몬드를 남부의 수도로 정했다. 전쟁은 주로 펜실베이니아, 메릴랜드, 버지니아, 웨스트버지니아에서 치열하게 전개되었다. 아마도 남부군은 남쪽 깊숙이 있는 여러 주에서 전개되지 않아 다행스럽게 생각했는지도 모른다. 해안선 일대의 전황은 동쪽부터 남쪽에 이르기까지 북군의 해군이 압도적이어서 남부군은 상대가 되지 못했다.

▌정면 돌파하는 링컨의 리더십은 전쟁 중에도 빛나

남북전쟁이 중반기에 접어들면서 웨스트버지니아에 있는 샤프스버그 일대에서 벌어진 앤티텀 전투가 있었다. 그런데 이 전투는 미국 역사상 하루 동안 양측에 가장 많은 사상자를 낸 전투로 기록되어 있으며 여기서 북군이 승리했다. 이 승리로 남군은 메릴랜드로의 진군이 좌절되고, 그 뒤에 이어질 수도 있는 워싱턴으로의 진격도 완전히 실패했다. 만약 남군이 앤티텀 전투에서 대승하고 워싱턴을 점령한 뒤 영국과 프랑스도 남부군을 지지하고 지원했다면 남북 간 갈등은 좀 더 오랫동안 계속되었을지도 모른다.

전쟁이 계속되는 동안 링컨은 전선의 장군들과도 언제나 의견의 일치를 본 것은 아니었다. 그런데도 그는 북부군을 총지휘하는 데에 있어 조금도 우유부단한 결정이 없었고, 언제나 원칙대로 정면 돌파함으로써 문제를 해결하였다.

그리고 드디어 전세를 결정짓는 게티즈버그 전쟁이 있었고 북군은 대승을 거두었다. 이 전쟁이 끝나고 전사자를 위로하는 위령제를 지내는 자리에서 링컨은 그 유명한 '국민의, 국민에 의한, 국민을 위한(of the people, by the people, for the people)'이라고 말한 '게티즈버그 연설'을 하였다. 그는 1863

년 11월 19일에 있었던 이 짧은 연설에서 민주주의의 핵심을 정의했다. 그는 민주주의의 진정한 리더였다.

남북전쟁이 종반기로 치달으면서 전선은 남부로 옮겨져 테네시강이 연방군의 수중에 들어가면서 남부 연합은 두 동강이 났다. 전선의 이런 변화는 남부군에게는 치명적이었다. 이후부터 남부군은 남부에 있는 수 개 주로부터 수송되는 보급품이 끊겨 지리멸렬 상태에 들어갔다. 이제 남부군이 수도로 정했던 리치몬드도 연방군이 점령하면서 '남부 연합'은 해체되었다. 이 전쟁에서 링컨이 보여준 탁월한 지도력은 북부 승리의 원동력이 되었다.

특히 항복조인식 때 남부군의 리 장군이 북부군의 그랜트 장군에게 특별히 요청해서 북부군 측에서 2만 오천 명분의 음식을 준비해서 긴급히 남부군을 먹였다. 이를 보면 보급품이 끊긴 그들이 당시 얼마나 헐벗고 굶주렸는지 짐작하고도 남는다. 항복조인식은 북군의 율리시스 그랜트(Ulysses S. Grant) 장군과 남군의 로버트 리(Robert E. Lee) 장군 사이에 있었다. 말끔한 정장 차림의 리 장군과 볼품없는 평상복차림으로 나타난 그랜트 장군은 멕시코 전쟁 때의 추억을 서로 회상하면서 이야기를 풀어나갔다. 어색하면서도 감동적인 이 장면을 어떻게 묘사할 수 있을까?

어느 갈등 상황에서나 패자와 승자 간에 괴로움과 즐거움이 있을 수 있겠지만, 두 장군의 마음속에서는 오직 비통함만이 있었을지도 모른다. 항복식을 마치고 리 장군이 자기 진영으로 돌아가자 북부군 진영에서는 큰 환호성이 터졌다. 병사들은 대열에서 뛰쳐나와 모자를 하늘로 던지고, 포병들은 대포를 쏘고, 악대들은 연주를 하자 그랜트 장군이 이를 중지시켰다고 한다. 아마도 그의 마음속에 잠겨 있는 내전이 초래한 비통함과 신중성, 그리고 안도감이 함께 마음속에서 뒤엉켜 일어났는지도 모른다.

여기서 패장인 로버트 E. 리(1807~1870) 남부군 사령관이 어떤 사람인지 알아볼 필요가 있다. 리 장군의 아버지는 미국 독립전쟁의 영웅이었고 버지니아주의 주지사까지 지냈다. 남부 명문가의 집안에서 태어난 리는 육사에 진학해서 차석으로 졸업했다. 졸업 후 그는 메리 랜돌프 커스티스(Mary A. Randolph Custis)와 결혼했는데, 그녀는 미국의 초대 대통령인 조지 워싱턴의 양자인 조지 워싱턴 파크 커스티스(George Washington Parke Custis)의 유일한 딸이었으니, 리는 자연히 조지 워싱턴의 법통을 이어받게 된 셈이다.

리가 군인으로서 두각을 나타낸 건 1846년 멕시코 전쟁이 일어났을 때였다. 리는 이 전쟁에서 탁월한 능력과 용기를 선보였고 특진을 거듭해 대령의 계급에 올랐다. 물론 스스로의 능력이 출중했지만 가문의 명성과 처가의 후광이 한몫했다. 전쟁이 터졌을 때 링컨이 북군 사령관으로 리 장군을 생각하지 않을 수 없었다. 그러나 리는 남부를 선택했다. 그가 사랑하는 모든 것이 버지니아에 있었는데 거기에다 총을 겨눌 수는 없었다. 남부가 모든 열세에도 불구하고 남북전쟁에서 4년 동안이라도 버틸 수 있었던 것은 리 같은 탁월한 장군들이 있었기 때문이었다.

| 보급망이 끊긴 남부군, 게티즈버그 혈전에서 패퇴

앞에서도 테네시강이 북부군의 손에 들어감으로써 보급망이 끊어졌다는 것을 지적했지만, 이런 사태는 남부군이 미시시피강에 대한 통제권을 확보하는 데 실패했기 때문이었다. 그랜트(Grant)와 셔먼(Sherman)이 지휘하는 북부군은 미시시피 유역의 요충지인 빅스버그(Vicksburg)로 진군하면서 텍사스, 루이지애나, 아칸소로부터 남부군으로 흘러들어오는 보급품을 차단하면서 전세는 남부군에게 훨씬 불리해졌다.

그동안 남북전쟁은 주로 남부지역에서만 전개되었다. 남부연합의 전쟁 목표는 북부의 정복이 아니라 북부로부터의 독립이었기 때문에 전쟁터는 주로 남부지역이었고 북부는 전쟁 내내 평화로웠다. 그러나 이번에는 남부군이 북부로 진격해서 북부지역에 전쟁 공포를 야기, 반전 여론을 일으키기 위해 리 장군은 북침을 제안했다. 북부군 역시 남부군을 추격해 북진했다. 북군과 남군은 남부지역에서 멀리 떨어져 있는 펜실베이니아 남쪽의 게티즈버그(Gettysburg)에서 조우, 3일 동안의 혈전 끝에 양측이 5만여 명의 사상자를 내면서 남부군은 패퇴했다. 리 장군은 비록 패전 장군이지만 지금도 게티즈버그의 한 곳에는 말 위에 올라타고서 저 멀리 전장을 바라보면서 지휘하는 그의 동상이 서 있다.

한편 북부군의 사령관인 그랜트 장군은 전쟁에서 이긴 뒤 국민의 존경을 한 몸에 받고 18대 대통령에 당선되었다. 그러나 그의 재임 중에 내각과 정계에 부패가 만연되어 정치인으로서의 그랜트 장군은 무능하였다는 평판을 면치 못했다. 대통령인 링컨 밑에서 부통령을 지낸 앤드루 존슨은 링컨이 암살되자 그의 임기를 채워 재직했고, 다시 재선되어 초등학교도 못 나온 그는 17대 대통령이 되었다. 그는 무학이라고 비판을 받자 예수님도 학교 다녔다는 기록이 없다고 응수했다. 재임 중 그의 가장 큰 업적은 소련으로부터 720만 달러에 지하자원이 풍부한 알래스카의 넓은 땅을 구입한 것이라 할 수 있다.

권위주의는 어떻게 국가를 망치는가?

여하튼 남북전쟁은 마침내 종결되었다. 그러나 이 내전은 미국 역사상 최악의 전쟁이었다. 인명피해도 컸지만 그 상흔은 오늘날까지도 남아 있기 때문일지도 모르기 때문이다. 특히 4년 동안 계속된 전쟁의 상처는 너무나 깊고 넓었다. 사망자 수만 남북부에 걸쳐 약 62만 명으로 추산되었다. 전사자는 북측이 약 11만 명, 남측이 약 10만 명이지만 전쟁 중 질병 등으로 사망한 사람이 많았다. 무엇보다도 국가가 입은 깊은 상처를 치유하는 것이 시급했고 미래에 대한 비전 제시가 필요했다. 그러나 운명의 신은 1865년 4월 9일 전쟁이 끝나자 링컨에게 더 이상 시간을 주지 않았다.

재선 후 국민통합을 강조한 링컨은 종전 직후 암살당해

1864년 선거에서 재선된 링컨은 취임 연설에서 국민통합을 강조했다. "누구에게나 악의를 품지 말고 자비심을 가지며, 신이 우리에게 보여주신 보다 정의로운 편에 굳건히 서서 우리가 지금 하고 있는 일을 완수하기 위해, 그리고 전쟁이 만들어 놓은 이 나라 국민의 아픈 상처를 아물게 하기 위해 모두 합심하여 노력해 나갑시다."라고 링컨은 국민에게 당부했다. 전쟁에서 승리를 확신한 대통령, 적의 생사여탈권을 쥔 북부군 총사령관이 국민에게 간절하게 요청한 것은 용서와 관용이었다. 링컨은 결코 군림하지 않았다. 국민은 이런 링컨을 조용히 보고 있었다.

워싱턴에는 링컨을 기리는 기념관이 있다. 링컨기념관 안의 동상을 바라보고 섰을 때 왼쪽 벽면에 게티즈버그 연설을, 오른쪽 벽면에 두 번째 취임사를 새겨 넣은 이유는 이 두 연설에 민주주의의 핵심을 정의한 내용과 관용의 정신과 통합, 미래에 대한 비전이 담겨 있기 때문이다. 특히 링컨은 더 나은 내일을 위해서는 정의보다 관용이 필요하다고 생각했고, 복수보다 용서가 위대하다고 믿었으며, 과거보다 미래가 중요하다는 비전을 그 누구보다도 확신했기 때문이었다. 이러한 링컨의 정신은 시공을 초월해서 모든 정치인들이 유념할 필요가 있다는 생각이 들었다.

그런데 세상에 아무도 이 두 번째 취임식 연설이 링컨의 마지막 연설이 될 줄은 몰랐고, 더구나 이 연설이 국민에게 간절히 당부하는 유언이 될 줄은 더더욱 몰랐다. 남북 전쟁의 상처가 어느 정도 아물기 위해서는 한 위대한 인간의 목숨이 더 희생되어야 하는 것이 미국의 운명인 것처럼 느껴진 것은 나뿐만이 아닐 것이다. 미국의 16대 대통령으로서 국민에게 가장 사랑을 많이 받고 있는 인간 에이브러햄 링컨, 그는 '시작은 미약하지만 끝은 창대하리라'는 성경 구절과 같은 일생을 보냈다.

전쟁이 끝난 지 일주일도 채 안 된 4월 14일 저녁 늦게 링컨은 부인과 두 친구와 함께 워싱턴 포드 극장에서 연극을 관람하고 있었다. 갑자기 날카로운 총성과 함께 링컨은 자리에 앉은 채 쓰러졌다. 암살자는 로열 박스 쪽에서 무대로 뛰어나와 피스톨을 흔들어 보이며 "폭군의 운명은 이런 것이다."라고 외쳤다. 암살자는 극장을 드나들던 낯익은 배우인 존 윌크스 부스였다. 누가 보아도 인도주의자인 링컨을 살해한 부스야말로 나중에 남부에서 권위주의적인 인성을 가진 인종차별주의자들이 결성한 KKK(Ku Klux Klan)와 같은 백인우월주의 비밀결사단체에나 걸맞을 법한 인물이었을 것이다.

링컨 대통령은 그 다음날, 1865년 4월 15일 아침 숨을 거두었다. 당시 그의 나이는 56세였다.

조선에 대해 유별나게 혹독했던
식민지 정책

$$\boxed{\text{일본}}$$

한반도가 일본 제국주의로부터 벗어 난 지 벌써 77년이 되어 두 세대가 넘었다. 하지만 한국과 일본의 관계가 원만하지 않은 것은 세계가 다 아는 사실이다. 먼 훗날에 한국과 일본의 역사가들은 2017년 이후 3년간을 어떻게 평가할 것인가? 모르면 몰라도 양국의 역사학자들은 1592년의 임진왜란과 1910년의 경술국치가 준 엄청난 충격에는 훨씬 못 미치지만 2017년 이후 3년 동안을 한국과 일본 간에 새로운 형태의 갈등이 발생한 시기로 이전과는 다르게 평가하리라고 본다.

┃ 위안부 문제 파기와 강제징용 판결로 한·일 간 긴장 조성

어떻게 2017년 이후 3년간을 21세기 초에 불거진 한국과 일본의 새로운 갈등의 시기로 볼 수 있을까? 갈등의 무대는 역시 한반도이지만 이전두 번의 갈등은 조선과 일본 사이에 일어났으며, 2017년 이후 3년 동안의 갈등 관계는 대한민국과 일본 사이에서 일어났기 때문이다. 1592년의 임진왜란과 1910년의 경술국치는 조선이 일본한테 일방적으로 처참하게당한 전쟁이었고, 강제적인 합병이었다. 그러나 2017년 이후의 양국의 갈등 관계는 서로 주고받는 식이어서 더욱 심화되었기 때문이었다. 긴장의 실타래를 풀 수 있는 방법이 좀처럼 보이지 않는 것도 큰 문제이다.

2019년의 전반부는 그런대로 지났지만 갈등은 잔잔한 수면 아래 잠복해 있을 뿐 일본 정부는 그 전 해인 2018년 강제징용 문제에 대한 한국 대법원의 판결에 잔뜩 불만을 품고 있었다. 한편 2019년 새해를 맞아 서울 거리에 태극기 숫자는 부쩍 늘었고 지하철역 등 공공장소에 붙어 있는 순국선열들의 사진들도 많아져서 금년이 여느 해와는 다르다는 것을 시민들은 금방 느낄 수 있었다. 임시정부가 중국에서 1919년 4월 11일 수립되었다고 보는 한국의 정권이 100주년이 되는 2019년을 그냥 지나칠 리가 없고, 이런 분위기가 한·일 간의 긴장 완화에 조금도 도움이 안 된다는 사실을 정권의 고위층과 여당은 누구보다도 잘 알고 있었다.

아마도 아베 정부는 2017년 5월 한국에 문재인 정권이 등장하면서부터 긴장했는지도 모른다. 왜냐하면 과거 한국의 민주화 운동을 이끌었던 주축 세력은 학생운동 집단이었고 문재인 정권의 핵심층은 바로 학생운동을 주도했던 집단이었기 때문이었다. 그들은 누구보다도 이승만 정권이 친일파를 청산하지 못한 데 대해서 무척 비판적이었고, 박정희 대통령 역시 일본군 출신이었다는 사실을 기회 있을 때마다 국민들에게 상기시켰던 사람들이었다.

2017년 5월 문재인 정권이 들어오면서 그해 말, 문 정권은 한국과 일본 정부가 위안부 문제에 대해 합의한 사항을 파기시켜 버렸다. 그 합의문은 박근혜 정부와 아베 정부 사이에 2015년 12월에 이루어졌는데, 그 내용은 한국 정부가 설립하는 위안부 피해자 지원재단에 일본 정부가 약 100억 원에 해당하는 10억 엔을 출연하는 것으로 되어 있었다. 이 합의문에서 더욱 문제가 된 것은 "한국과 일본은 이런 합의문을 발표함으로

권위주의는 어떻게 국가를 망치는가?

서 위안부 문제가 최종적 및 불가역적으로 해결될 것임을 확인한다."라는 문구였다. 이 문구가 포함되어 있어서 합의문은 위안부들의 불만과 반발을 일으켰다.

그 다음에 한국 정부는 일본 돈이 아닌 우리나라 돈으로 위안부 할머니들의 상처를 치유하겠다고 했으며, 위안부들의 명예, 존엄, 인권회복을 위해 10억 엔으로 세웠던 화해치유재단의 즉각적인 해산도 촉구했다. 2018년 신년 초의 기자 회견에서 문 대통령은 일본 측이 국제 보편 기준에 따라서 진실을 있는 그대로 인정하고, 피해자들의 명예와 존엄을 회복시키며 마음의 상처를 치유하기 위한 노력을 계속해 줄 것을 촉구했다. 문 정권은 한·일 간의 이런 합의를 구정권의 적폐(積弊)로까지 규정했다.

한국의 NGO들 중 '민주사회를 위한 변호사 모임'인 '민변'은 "박근혜 정부가 할머니들을 배제한 채 합의했기 때문에 이들의 재산권과 알 권리, 외교적 보호를 받을 권리 등 기본권을 침해했다."라며 공권력의 행사로 인해 기본권을 침해받은 자가 직접 헌법재판소에 그 권리를 구제해주도록 청구하는 헌법소원(憲法訴願)을 피해자 할머니들을 대리해 제기했다. 그러나 한국 외교부는 "위안부 문제 합의가 법적 효력을 지니는 조약이 아니라 외교적 합의에 불과하기 때문에 '국가기관의 공권력 행사'로 볼 수 없다."라고 주장했다. 위안부 문제에 대한 외교부의 설명은 맞지만, 합의 파기를 주장하는 청와대의 방침은 꺾을 수 없었다.

한국과 일본 양국 간에 오랫동안 갈등의 씨앗이 돼온 위안부 문제가 새롭게 또 다른 형태의 긴장감을 조성했다면 강제징용 문제에 대한 한국 대법원의 판결은 양국 간 폭발 직전의 분위기에 불씨를 댕기는 결과를 가져왔다. 이 문제를 둘러싼 양국 간의 새로운 갈등 관계는 2018년 한국 대법원이 강제징용 피해자에게 위자료 청구권이 있다고 판결함으로써 새삼스럽게 조명을 받기 시작했다. 이 판결은 위안부 문제로 반격을 잔뜩 벼르고 있던 일본에는 호재임이 틀림없었다. 일본은 기어코 이 판결에 트집을 잡고 2019년 8월 한국에 대한 수출규제를 발표했다.

▌일본의 수출규제와 경제보복 조치로 갈등 확대

일본의 입장은 1965년 청구권 협정으로 개인의 손해배상 청구권은 모두 소멸하였으므로 개인의 청구권을 인정한 한국 대법원판결은 청구권 협정에 반한다는 것이었다. 그 후 일본 정부는 "한국이 국가 간 약속을 지켜야한다."라고 수없이 되풀이했고, 아베 총리는 심지어 "한국 대법원의 강제징용 판결은 국제법을 명확하게 위반하고 있어 일·한 관계의 법적 기반을 근본으로부터 뒤집고 있다."라고까지 주장했다. 위안부 문제에 대한 양국의 외교적 합의가 깨졌을 때는 보이지 않았던 일본의 격렬한 반응이었다.

두 나라의 갈등 관계가 지속될 때 가장 눈여겨봐야 할 순간은 갈등이 언제 확대(escalate)되고 어느 시점에서 축소(deescalate)되었는가 하는 것이다. 일본이 반도체의 소재와 부품을 규제하겠다고 발표한 2019년 7월 1일은 한·일 갈등이 확대되는 시점이었다. 일본은 반도체·디스플레이 핵심 소재인 포토레지스트, 플루오린 폴리이미드, 반도체 세정에 사용하는 고순도 불화수소의 3개 품목을 한국에 수출할 때 각 품목을 일반포괄허가 대상에서 개별허가 대상으로 바꾸는 경제보복 조치를 발표했다.

일본의 보복은 여기에서 그치지 않았다. 이어서 수출무역관리령을 개정, 수출관리 우대 대상인 백색국가 명단(화이트국가 리스트)에서 한국을 제외해 버렸다. 한국 정부 역시 일본의 무역보복 조치를 비판하는 데만 그치지 않고, 9월에 일본을 WTO(World Trade Organization, 세계무역기구)에 제소하였으며 또한 화이트국가 지위에서 일본을 제외했다. 기존의 화이트국가인 '가' 지역을 '가의 1'과 '가의 2'로 세분화하고 일본을 비(非)화이트 국가 수준의 규제를 받는 '가의 2'로 분류해버렸다. 이때가 갈등이 정점을 향해 확대되던 시점이었다.

여하튼 일본은 1965년 6월 한국과 일본이 도쿄에서 맺은 한·일 기본조약 및 청구권 등에 관한 이른바 한·일 협정을 통해 일본이 과거 한국을 침략, 식민지로 삼아 오랫동안 피해를 준 데 대해 상당한 보상을 했다고 여기고 있었다. 실제로 한·일 협정 조인 후 한국은 해방 후 20년 만에 일본과 국교를 맺게 되었다. 안보적, 경제적 이유로 국교정상화가 시급했던 양국 정부는 협정서에서 절충을 택했다. 협정의 문구를 명확하게 단정하지 않고 해석은 각자에게 맡기는 식이었다.

국제관계에서 정리되지 않은 역사를 다룰 때 '의도적 모호성(intentional ambiguity)'은 흔히 이용되는데, 때로 양국의 입장에 따라서 해석 분쟁이 발생하는 경우가 있다. 한·일 갈등도 바로 그러한 예 중의 하나라고 할 수 있다. 그런 모호성에 쐐기를 박은 것이 강제 징용자에 대한 한국 대법원의 판결이었다. 말하자면 1965년 한·일 국교 정상화가 이루어졌을 때 청구권 자금 면에서 모든 게 해결되었다고 한 건 정치적 결정이었다. 그래서 그에 따라 한국 정부가 70년대부터 증명이 된 징용자들에게는 보상을 해왔고, 그러한 보상은 노무현 정부 때까지 이어져 왔다.

그런데 2018년 말 한국 대법원은 개인 청구권은 살아 있다는 취지에서 판결했으니까 '이미 해결'되었다고 하는 일본이 크게 반발한 것은 어느 정도 이해되는 면이 있다고 해도, 경제적 보복은 한국이 결코 예상한 바는 아니었다.

일본은 경제 대국이다. 이런 나라가 이웃 나라인 과거의 식민지에 경제적 타격을 가하는 까닭은 도대체 무엇일까? 한국과 일본의 경제적 격차가 점점 좁혀오는 것을 경계했던 것일까? 수치상으로 볼 때 그러한 추정이 아주 근거가 없는 것은 아니다.

2001년 한국과 일본의 GDP 격차는 8배였다. 그것이 2018년에는 3배로 좁혀졌다. 양국의 일인당 국민소득은 더 좁혀졌다. 그리고 여러 산업 가운데 반도체 시장을 혼란에 빠뜨린 이유는 무엇인가?

한국에서 반도체는 당시 전체 수출의 약 21%나 차지했기 때문에 일본은 반도체 시장을 한국경제 활력의 핵심 부분으로 보고 오랫동안 눈여겨봤는지도 모른다. 또한 일본은 한국이 반도체 분야에서 이룬 괄목할만한 발전에 위협을 느꼈는지도 모른다.

되돌아보면 한·일 협정으로 한국이 일본으로부터 받은 배상금은 무상 3억 달러, 재정 차관 2억 달러, 민간 상업차관 3억 달러, 총 8억 달러였다. 1964년과 1965년에 일어난 격렬한 한·일 협정 반대 데모에도 불구하고 박정희 대통령은 일본을 상대로 재산, 권리, 이익, 청구권에 관해 양국 간의 협정 조인을 서둘렀다. 결국 한반도 전쟁 처리는 전쟁 배상이 아닌 식민 통치 청산이었다. 한국 정부는 청구권 자금을 일본이 제시한 개인에 대한 직접 보상이 아닌 정부 간 일괄타결(lump-sum settlement)로 보고 그 돈을 온통 경제개발에 쏟아 부었다.

그 대신 한국 정부는 1975년과 2007년 2회의 특별법을 제정해서 피해자들에게 보상하였다. 그리고 2005년 민관합동위원회가 구성되어 강제징용 문제는 1965년 한·일 협정으로 해결되었다고 판단하였고, 2018년 대법원판결 이전까지 한국 정부는 이 입장을 유지하였다.

그런데 2018년 대법원판결은 우리 헌법에 따라 식민통치는 불법이라는 전제에 따랐기 때문에 1965년 청구권협정에 관한 기존 해석과의 충돌을 피할 수 없었다.

이처럼 강제징용 문제는 일본이 주장하는 국제법과 한국 국내법의 충돌에서 비롯되었다. 1965년 협정에 대한 해석을 따르면 국제법의 문제인 반면에 식민지배가 불법이라는 한국 헌법에 따른 대법원판결의 시각에서는 국내법의 문제라고 할 수 있다. 이런 난제를 해결할 수 있는 방법은 무엇이 있는가? 한국에서는 이른바 문희상 국회의장의 안이라고 하는 '1+1+α' 방안이 제일 먼저 논의되었다. 이 안은 경제성장으로 혜택을 본 한국기업들과 징용으로 이득을 본 일본기업들로부터 나온 출연금, 그리고 국민 성금을 합쳐 징용 피해자들을 배상해 준다는 것이다.

일본은 '1+1+α'안을 즉각 외면했다. 일본기업을 끌어들이는 것에 대한 반대였다. 법적 구속력을 앞세워 일본기업의 참여를 촉구하는 대신 '자발적 참여'를 권장하는 등 몇 가지 안이 그 후 논의되었지만 일본은 언제나 외면했다.

이처럼 한국과 일본의 관계가 삐걱거릴 때마다 거론되는 것이 두 나라의 과거사이다. 돌이켜보면 1965년 한 · 미 · 일 3국 간의 반공동맹을 맺기 위해 한 · 일 두 나라 간의 갈등의 역사는 크게 고려하지 않고 미국역시 양국 간의 협정체결을 촉구했다. 따라서 2019년 양국 간의 갈등과한 · 미 동맹 균열의 근본 원인은 1965년까지, 아니 1945년까지 거슬러올라간다. "최량(最良)의 예언자는 과거"라는 말이 있다.

▌일본의 수출규제에 맞서 한국은 지소미아 파기 경고

아주 오래전서부터 있었던 한국과 일본의 불행한 역사는 접어두고1945년에 끝난 2차 세계대전 이후의 상황만 놓고 보면 한국 · 미국 · 일본이 삼각 동맹을 맺지 않을 수 없는 계기가 있었다. 미국의 국무장관인애치슨은 1950년 1월 12일 미국의 극동군사방위선을 선언했는데, 이른바 애치슨 라인(Acheson line)이라고 불리는 이 방위선은 알류샨열도에서부터 일본의 오키나와섬을 거쳐 필리핀으로 연결되기 때문에 한국, 대만,인도차이나반도는 제외되었다. 그리고 이 선언이 절대적인 이유는 아니지만 한반도에서 6 · 25 전쟁이 일어나는데 한 요인이 되었다는 주장은자주 있었다.

결국 1950년 6월 25일, 일요일 새벽에 북한군이 242대의 소련제 탱크를 앞세우고 남침, 3일 만인 6월 28일에 서울을 점령해서 1953년 7월 27일에 전쟁이 끝날 때까지 한반도는 자유민주주의와 공산주의가 대결하는격전장이 되면서 쌍방 간에 수많은 인명피해가 있었다. 6 · 25 전쟁 후 최대 피해자인 한국은 전후 복구에 온 국력을 집중했으며 한국 다음으로 많은 사상자를 낸 미국은 구소련과 신생 사회주의 국가인 중국의 세력 확산을 한반도에서 차단하기 위해 한국, 미국, 일본의 삼각 동맹을 촉구했다.

제2차 세계대전 이후 전개된 냉전시대 최대의 화두(話頭)는 반공(反共)이었음은 말할 필요도 없다. 이때 사회주의의 확산을 저지해야 한다는 익명으로 낸 조지 케난의(George Kenan)의 봉쇄이론(containment theory)이 여기저기서 암묵적으로 지지를 받고 있었다. 따라서 동북아에서 공산주의의 위협을 받고 있었던 한국과 일본은 미국이 펼친 핵우산의 보호를 받으면서 공산주의 국가들을 공동의 적으로 상대하게 되었다. 마르크스는 사람들이 모든 것을 서로 나누는 공산주의 국가를 역사발전의 마지막 단계로 묘사했고 그 이전 단계를 사회주의로 명명했지만, 현실 세계에서 이 둘은 혼용되어 왔다.

한국과 일본은 식민지와 식민국이라는 과거의 악연(惡緣)에서 벗어나 자본주의 경제체제를 유지하고 자유민주주의 국가로 각각 발전해 왔다. 하지만 안보 때문에 과거의 관계에서 벗어나 군사정보를 공유하게 되었는데, 그것이 바로 한 · 일 군사정보보호협정인 지소미아(GSOMIA, General Security of Military Information Agreement)이다.

지소미아는 우리가 생각한 것과는 다르게 역사가 아주 짧다. 한 · 미 · 일 3국은 2014년 체결한 군사정보공유 약정을 통해 북한의 핵과 미사일 등에 관한 정보를 교환하고 있었다. 다만 정보 공유범위가 북핵과 미사일에 국한되며 법적 구속력이 없다는 점 등을 들어 군사정보보호협정이 추진되어서 2016년 드디어 발효되었는데 그것이 바로 지소미아이다.

한국은 일본의 경제보복 조치에 대항해서 지소미아 종료계획을 발표했다. 일본은 한국이 분단국가로서 경제 못지않게 안보를 중요하게 여기기 때문에 지소미아 종료 같은 조치는 취하지 않으리라고 예상했던 것 같다. 아니면 최악의 경우 한국이 지소미아 종료계획을 발표한다고 하더라도 일본을 대신해 미국이 나서서 한국의 계획을 중지시킬 것으로 기대했는지도 모른다. 일본이 수출규제를 풀지 않으려고 하자 정말로 한국은 지소미아 종료계획을 발표했다. 중국과 일본을 대하는 문 정권의 태도에는 많은 차이가 있음은 잘 알려져 있다. 특히 과거의 양국 관계에도 불구하고 일본과의 관계 개선을 촉구하는 요구가 많은 것도 사실이다.

지소미아에 대한 일본의 생각은 두 번째 예상이 더 정확했다. 한국이 지소미아 종료계획을 발표하자 일본은 뒤로 빠지고 미국의 국방 · 외교 등 안보팀이 대거 한국을 방문해서 한국 정부를 설득했다. 한국 정부는 티사(TISA, Trilateral Information Sharing Arrangement)가 지소미아를 대체할 수 있다는 입장을 취했다. 티사는 한국과 일본이 미국을 매개로 북한의 핵미사일 정보를 공유하는 3국 간 정보 공유 약정인데, 광범위한 군사정보를 공유할 수 있는 지소미아와 달리 공유범위가 제한적이므로 미국의 고위 관리들은 한국의 입장에 전혀 동의하지 않았다.

마크 에스퍼 미 국방장관, 데이비드 스틸웰 국무부 동아시아태평양 차관보, 마크 밀리 합참의장, 미 해군 태평양함대 사령관을 역임한 해리 해리스 주한 미 대사와 로버트 에이브럼스 주한미군사령관에 이르기까지 지소미아에 대한 미국 관료들의 입장은 한국 정부의 정책 방향과는 많은 차이가 있었다. 한국 정부는 "지소미아는 한국과 일본 간의 문제이지

한 · 미 동맹과는 무관하다."라고 강조하였지만, 미국 측은 시종일관 '지소미아는 한 · 일 관계의 문제라기보다는 지역안보의 문제'로 본다는 입장을 고수하였다.

▎미국의 설득으로 한국은 지소미아 연장과 WTO제소 정지

한국 정부는 지소미아 파기 위협에 대해 한국 측의 많은 노력에도 불구하고 일본이 반응하지 않은 데 따른 조치라고 해도 미국은 귀를 기울이지 않았다. 양국 간의 갈등을 미국이 중재해 주었으면 하는 한국 정부의 바람도 이루어지지 않았다. 심지어 미국이 지소미아 파기는 한 · 미 · 일의 안보협력 관계에서 한국이 이탈하려는 모습으로 간주된다고 압박을 가하자 한국은 당황하지 않을 수 없었다. 삼자관계에서 제일 약자인 한국의 입장이 점점 난처해지자 일본의 수출규제 문제를 대화로 푼다는 조건으로 한국 정부는 11월 말에 결국 지소미아 연장과 WTO 제소 정지를 발표했다.

한 · 일 간의 갈등과 한 · 미 간의 긴장감 고조는 미국을 정점으로 한 한 · 미 · 일 삼각 동맹에서 양 날개의 한 축을 각각 담당하고 있는 두 나라의 관계가 심하게 흔들리는 순간이었다. 이제 한국과 일본, 두 나라의 과거 역사를 되돌아볼 필요가 있다. 한 · 일 관계 악화의 뿌리를 수 세기 전으로 거슬러 올라가서 찾아보는 것이 한 · 미 · 일이 동맹관계를 맺고 있는 21세기 현재에 무슨 소용이 있을까 하는 비판이 있을 수 있다. 하지만 역사 연구에서 과거를 좀 더 명확하게 알아야 그 후의 일을 더 잘 파악할 수 있다고 생각하기에 짧게나마 짚고 넘어가겠다.

한·일 간의 갈등이 불거질 때마다 한국인들은 두 나라의 과거 역사를 결코 잊을 수가 없다. 일본은 1592년 정명가도(征明假道), 다시 말하면 "명나라를 치러 가는데 길을 빌려 달라"는 요구를 내걸었고, 조선이 이에 응하지 않자 일본의 통치자인 도요토미 히데요시는 이런 거부를 빌미로 조선 침략을 시작했다. 7년 동안 계속된 이 전쟁으로 조선 반도는 전국이 유린당했지만, 위로는 유성룡(柳成龍)과 이순신(李舜臣) 장군 같은 지도자와 수없이 많이 일어난 의병들, 그리고 선비와 농민들이 힘을 합쳐 이 국란을 극복해 낼 수 있었다. 조선 사람들의 후손인 한국인들이 어찌 이 임진왜란(壬辰倭亂)을 잊을 수 있을까?

임진왜란이 일어난 후 310여 년이 지난 1905년 이토 히로부미와 을사오적만이 참석한 가운데 조선의 외교권이 박탈당하고 조선의 내정을 일본이 장악하려는 야욕이 담긴 조약이 체결되었다. 5년 뒤 드디어 일본의 지도자들이 오랫동안 원하고 바랐던 조선의 정복이 성공적으로 실현되었다. 조선 국왕이 가지고 있는 일체의 통치권을 일본 천황에게 양도하는 1910년의 한·일 합방이 불법적으로 이루어졌기 때문이다.

이처럼 조선에 대한 일본의 침략은 두 번째는 성공적으로 이루어져서 36년 동안 지속되었다.

그럼 같은 식민지 상태였는데 대만과 일본의 관계는 어떠했을까?

2018년 8월 말 어느 날, 아내가 대만(臺灣)의 고궁(故宮) 박물관을 이틀만 보고 싶다고 해서 우리 가족은 3박 4일을 넘지 않은 짧은 여행을 떠났다. 아내가 박물관을 구경하는 동안 나와 딸은 바닷가를 구경하기 위해 기차를 탔다. 그런데 옆에 앉은 젊은이와 많은 이야기를 나누는 중에 대만과 일본의 관계가 화제에 올랐다. 그런데 그 친구 하는 말이 자기의 할아버지와 할머니는 일본이 대만을 지배했던 때를 좋아한다고 해서 속으로 깜짝 놀란 일이 있었다.

　반면에 일본이 침략했던 동남아 다른 나라들에 비해 한국에 대한 일본의 식민지 정책은 혹독했다. 인접국 때문이어서 그랬을까? 일제에 의한 식민지 지배 형태는 권위주의 속성 중에서 특히 약자에 대한 억압과 자원의 수탈을 중심으로 구축되었다고 할 수 있다. 일본의 한국 침략에 왜 마르크시즘까지 끌어들이느냐고 할지 모른다. 하지만 제국주의에 대한 마르크스의 이론적 관점은 자본주의 발전과정에 있어서 식민지 정복을 시장과 자원 등의 확보를 위해 반드시 필요한 단계로 여겼다.

　반면에 비마르크스적 관점 중에는 제국주의는 자본주의에만 국한된 것이 아니고, 고대의 제국으로부터 근대에 이르기까지 통시적으로 나타나는 체제라고 해석하는 논리도 있다. 또한 일부 사례의 경우는 민족중심주의나 국제적인 열강으로 부상하려는 열망, 또는 국내적인 이유로 인해 제국주의 정책으로 나가는 등 식민지론을 뒷받침하는 이론의 유형은 다양하다. 특히 일본의 경우는 서구와 비교해서 나타나는 열등한 지위를 극복하고 국제적인 열강에 끼려는 열망이 중요한 이유 중의 하나이었다는 사실은 자주 논의되었다.

▍일본은 구미 열강과 조선에 대해 권위주의적 이중성 보여

　청일전쟁과 러일전쟁의 승리로 강국의 대열에 끼려고 하는 일본 지도층의 욕망은 더욱 불타올랐으며 그 대표적인 예가 탈아입구론(脫亞入歐論)

이다. "아시아를 벗어나서 유럽 속으로 들어간다."라는 탈아입구론은 일본의 지도자들 사이에서 입버릇처럼 자주 되풀이되었다. 일본 제국주의의 경우는 국내적으로는 천황을 정점으로 봉건적, 군사적 체제를 유지한 채 구미 열강에는 한없이 굴종의 태도를 견지했다. 그러면서 인근 약소국인 한국 등에 대해서는 무자비한 침략을 자행하는 등 권위주의적 이중성을 그대로 보여주는 성격을 지니고 있었다. 여하튼 한국에 대한 일본의 억압과 수탈은 아주 잔혹해서 좀 더 자세하게 볼 필요가 있다.

식민지 지배형태의 통제조직

1905년 을사늑약에 의해서 조선에는 일본의 통감부가 설치되었다. 통감부는 무단 통치로 항일세력을 억압하는 데 주력하였으며, 조선 정부의 자문에 응한다는 형식으로 내정에도 간섭하였다.

그러나 1910년 경술국치와 동시에 일제는 통감부를 총독부로 바꾸고 총독이 조선을 관할하였다. 일제는 식민지 시기 초기부터 헌병경찰 제도를 통하여 의병과 항일 독립운동을 탄압하고 일반문관 및 각 급 학교의 교원까지도 제복과 제모에 칼을 차게 하여 공포 분위기를 조성했다.

일본은 헌병경찰제를 실시함으로써 한반도 점령이 합방이 아니라 강압적, 군사적 점령이라는 것을 스스로 증명했다. 헌병경찰의 임무는 무제한적 권한을 행사하여 첩보의 수집, 의병 토벌, 노동자 단속, 범죄인의 즉결 처분, 민사소송 조정, 산림 감시, 어업 단속, 징세사무 협조 등에 이르기까지 광범위하게 걸쳐있었으며, 실로 행정·사법권을 마음대로 행사하였다.

한편 1919년 삼일 운동 이후에 일제는 소위 '문화 정치'를 내세우면서

권위주의는 어떻게 국가를 망치는가?

총독 임명을 육해군 대장으로 제한한 규정을 폐지하고 내무, 재무, 식산, 법무, 학무, 경찰의 6부로 기구 개편도 하였으나 그 후에도 군인이 총독에 임명되는 경우가 많았다.

악명 높던 헌병경찰제도가 폐지되고 일반경찰제도가 들어섰으나 대신에 경찰병력이 크게 증강되었다. 1918년에 경찰 관서는 751개소였으나 1919년 삼일 운동을 거치면서 1920년에는 2,761개소로 늘어나 3년 동안에 3배 이상 증가하였다. 중앙직제의 학무부 신설은 문화 정치의 표방에 합치되는 것이긴 하지만, 학교를 통해 동화 교육을 강화하고 민족 독립사상과 민족 문화를 왜곡하고 말살하려는 의도가 깔려 있었다. 따라서 일제의 식민지 영속화 작업은 더욱 정교해졌다고 할 수 있다.

일제는 통치과정에서 조선인을 이용하여 조선인을 탄압하는 이른바 분할과 통치(divide and rule) 기법을 사용하였다. 일제 총독부의 중추원은 조선의 황족이나 고관으로 구성되었으나 이들은 소위 '합방'을 성사시킨 후 식민지 통치의 들러리 노릇을 하면서 귀족 칭호와 은사금을 받고 일신의 부귀를 누렸다. 또 일제는 중추원 이외에 약간의 조선인을 관리로 등용하여 직업적인 친일파를 양성하여 친일 여론 조성, 친일 단체 조직, 독립운동 적발, 정보수집 등에 이용하였다.

여론조작은 언제나 통치방법으로 잘 이용된다. 친일 여론을 조성하기 위한 것으로는 교풍회, 국민협회, 대동동지회 등이 있고, 지주 계급과 예속 자본가들의 친일 단체로는 대정친목회, 유민회 등이 있었다. 또 유생들의 친일단체로는 대동사문회와 유도진흥회가 활동하였고 조선인 소작회 상조회도 농민 운동을 분열시키기 위한 친일 어용단체였다. 문화 정치 이후에는 조선인을 경찰관으로 등용하여 조선인을 감시하게 하여 일반 국민들은 일인 경찰보다 조선인 경찰을 더욱 무서운 적으로 생각하였다. 말하자면 조선인에 의한 조선인 통치가 시작되었던 것이다.

경제자원의 수탈

일제는 조선에 대한 식민지적 경제체제를 강화하기 위한 방법으로 토지조사사업을 실시하였다. 이것은 일제가 식민지의 경제적 수탈에 있어서 토지를 가장 중요하게 생각했기 때문이다. 8년간의 토지조사 사업으로 방대한 토지가 조선총독부 및 동양척식회사와 일본인 지주에게 넘어갔고, 결국 조선인은 많은 토지를 상실하게 되었다.

토지조사사업을 끝내고 일제는 1920년대에 쌀 생산증식 계획을 실시함으로써 지주와 소작지는 점점 증가함에 따라 소작지 면적은 1920년에 2,195,145정보에서 1930년에는 2,439,736정보로 늘어나 토지의 집중화와 농민의 빈궁화가 심화되었다. 쌀 생산증식 계획이 실시되면서 쌀 생산량은 크게 증가했지만, 이보다도 일본으로의 수출비율이 더욱 증가하여 조선인의 쌀 소비량은 점차 감소하고 쌀 대신 잡곡을 더 많이 먹게 되었다. 이처럼 식량 증산을 둘러싼 일본의 통치전략은 정교하게 진행되었다.

만주사변 이후 일제는 중·일 전쟁을 일으키고 2차대전에 개입, 침략전쟁은 더욱 확대되면서 농업 부문에서의 수탈은 더 한층 강화되어 농산물의 공출제도가 시행되었다. 일제의 공출제도는 농촌의 최소한 식량도 빼앗아 갔으며 쌀 뿐만 아니라 잡곡도 수탈하여 농업 부문의 전체 생산량

가운데 40~60% 이상이 강제 공출되었다.

일제의 산업자본에 대한 억압과 수탈도 같은 맥락에서 이해할 수 있다. 일제는 경술국치 이후 회사령을 공포하여 조선 내의 회사 설립은 총독부의 허가를 받도록 만들었다.

이 회사령은 조선인의 회사 설립과 경영을 억제하여 민족 산업 부르주아의 성장을 크게 저지하기 위한 것이었다. 실제로 통감부 시절에는 조선의 회사 설립을 허가하지 않아 20년대 초까지 일본에서는 매년 1,880개의 회사가 설립되었으나 조선인의 회사는 단 1개 사가 늘었을 뿐이다.

아울러 만주사변 이후에는 대륙진출을 준비하는 병참기지를 위한 군수공업이 중추가 되어 화학공업과 철강업이 발달하게 된다. 그러나 선철 생산량의 약 90%는 일본공업의 원자료로 일본에 이송되고 그 일부가 기계로서 상품화되어 재수입되었을 뿐이다.

언론의 탄압

일제는 통감부 시기에 이미 신문지법, 신문지 규칙 등을 만들어 언론을 통제했고, 합방 후에는 총독부가 황성신문, 대한매일신보 등을 폐간시킨 후 어용신문인 경성일보와 매일신보만을 두었다. 그러나 삼일운동 이후 문화 정치의 표방에 따라 민간신문으로 조선, 동아가 창간되고 개벽, 조선지광, 신천지, 신생활 등의 잡지가 발간되었다. 하지만 신문지법, 출판법, 보안법, 법령 제7호 치안유지법 등에 의해 편집인, 발행인들이 징역 혹은 금고에 처해지거나 압수, 발행정지의 처분을 당했다.

일제의 언론, 출판에 대한 단속의 기준은 황실의 존엄 모독, 신궁과 신사의 모독, 국체관념 및 국가모독, 군주제 부인, 공산주의나 무정부주의 지지, 조선독립의 선동, 민족의식의 앙양 등에 관한 것이었다. 1920년대 신문, 잡지에 대한 탄압상황을 보면 조선일보가 차압 318회, 발행정지 4회, 동아일보가 차압 288회, 발행정지가 2회 등이었으며 그밖에 중외신보, 조선중앙일보, 개벽, 신생활 등이 수많은 탄압을 받았다. 1930년대에 들어서면서 민간신문들은 일제의 탄압에 점차 굴복하였고, 1936년 일장기 말소사건 이후에는 공식적으로 일제에 협조를 서약하고 굴종의 뜻을 표하였다. 이처럼 일제의 강압 통치는 계속되었다.

1939년 총독부는 편집에 대한 주의사항을 지시했는데 그 내용은 황실에 대한 기사를 신중히 다룰 것, 조선통치 정신을 반대하는 기사의 금지, 내선일체(內鮮一體) 기사의 강화, 일본어 장려, 사회주의 출판금지 등에 관한 것이었다. 일제는 결국 1940년 8월, 조선, 동아 등의 일간지들을 폐간하고 한글판인 매일신보 하나로 내선일체, 황도, 미·영 격멸 등을 주장하면서 여론을 조성하였다. 조선의 잡지도 모두 사라져, 1940년대는 그야말로 민족 언론의 암흑기라고 할 수 있다.

위에서 언급한 지배를 위한 통제조직, 경제적 수탈, 언론 탄압은 구체적이고, 정교하며, 조직적이었다. 그리고 일제의 권위주의적인 통제는 사회의 각 분야에 팽배해 있었으며 일본 민족의 우월주의와 파시즘 같은 요소를 두루 갖추고 있었다. 더구나 구미 열강에는 순종하며 약소국을 괴롭히는 권위주의의 이중성은 일제 강점기 내내 지속되었다. 한국 사회가 일제의 이러한 권위주의에 영향을 받은 것은 말할 필요도 없다. 물론 해방 후 잇달아 들어선 독재정권과 군부통치 시대에 권위주

권위주의는 어떻게 국가를 망치는가?

의의 속성이 강화되고 군사문화가 지배적일 때 권위주의가 심화된 것도 사실이다.

2019년 한·일 간의 갈등을 겪으면서 느끼게 된 또 하나의 사실은 일본 기업을 감싸고 보호하려는 일본 정부의 모습이었다. 갈등 관계가 진행되는 동안 일본기업에 대해서는 털끝만큼이라도 건드려서는 안 된다는 느낌을 주는 것은 부럽기까지 하였다. 따라서 정부와 기업 간의 이러한 관계와 기업을 싸고도는 일본 정부의 기업 친화적 분위기가 2차 대전 이후 오랫동안 일본이 경제 대국의 지위를 유지해오는 데 버팀목이 되지 않았을까 하는 생각이 들었다.

▎강제징용에 대한 배상 문제로 한·일 간 갈등 계속

여하튼 두 나라의 관계는 2020년 여름 내내 코로나가 극성을 부리는 가운데서도 긴장과 갈등이 지속되었다. 한국 대법원의 징용 피해자 배상 판결과 관련해서 주한 일본기업의 자산을 압류하기 위해 대구지법 포항지원이 내놓은 공시송달의 효력이 8월 4일부터 발생했다. 그런데 일본제철과 포스코의 한국 내 합작회사인 일본제철의 PNR의 압류재산을 현금화할 경우 일본 정부는 한국에 대해 추가제재를 하겠다고 강력히 시사했다. 강제징용 피해자들은 일본기업이 2018년 내려진 1인당 1억 원을 배상하라는 판결을 이행하지 않자 2019년 5월 주한 일본기업의 자산을 압류하는 신청을 냈다.

결국 주한 일본제철 PNR의 압류자산은 약4억537만 원 상당의 주식 형태로 되어 있는데 법원 결정이 났으니까 주식을 매각, 처분하는 절차로 들어가게 된 것이다. 이런 식으로 전국 법원에 압류 및 현금화 명령이 신청된 일본기업의 한국 내 자산은 2020년 상반기 기준으로 치면 약 52억

7,000만 원가량 된다. 문제는 원고단이 900명이나 되며 손해배상금 지급을 위해서는 최소한도 3,000억 원의 재원이 필요하다는 사실이다.

또한 일본제철을 포함한 3건의 확정판결 이외에도 대법원에만 9건의 소송이 계류 중이고 20여 건이 서울과 광주지법에서 진행되고 있는 데다 변호인단이 추가 소송을 진행하면서 원고는 점점 불어나고 있는 것이 문제이다. 또 소송을 제기하고 있지 않은 피해자와 그 가족도 수만 명에 이른다. 2005~2008년 노무현 정부가 특별법 제정으로 피해를 인정한 강제징용 피해자는 21만8,639명이었다. 이 중 7만2,631명에게만 현금 보상이 이뤄졌을 뿐이다.

앞에서도 잠시 언급했지만 강제징용 피해보상 문제를 둘러싸고 한·일 간에 갈등이 확대되면서 경제 강대국인 일본이 먼저 칼을 빼 들었을 때 한국에서 가장 당황한 집단은 두 나라의 경제 실상을 잘 알고 있는 한국의 기업과 경제인들이었던 반면에 속으로 쾌재를 불렀던 집단은 일본의 경제 관료들이었다고 할 수 있다. 그들은 일본의 경제보복 조치가 한국의 경제, 좀 더 구체적으로 말하면 한국의 반도체 산업에 심대한 타격을 가할 수 있으리라고 믿었다.

| 일본의 경제적 압박은 소재·부품·장비 산업발전에 기여

이러한 사태가 터지기 전에도 대일 무역 역조의 큰 요인 중 하나는 일명 '소부장'이라고 불리는 소재·부품·장비 관련 산업이었다. 그런데 한국에 대한 일본의 강경한 경제보복 조치는 오히려 한국 정부와 기업들에게는 기술독립을 위한 큰 자극제가 되었다.

그동안 소부장 산업이 국산화를 이룩하지 못한 원인은,

첫째, 기존 시장이 안정되어 있는데 돈과 시간을 투자해 국산화를 이룬들 실익이 없다고 생각했기 때문이다.

둘째, 한국은 해외무역으로 성장 발전한 나라인데 다른 나라와 해외기업들과의 협력관계를 무너뜨리기가 쉽지 않았기 때문이었다.

그런데 일본의 경제보복 조치는 이런 생각과 관계에 변화를 일으키는 계기가 되었다. 일본 입장에서는 참으로 '의도하지 않은 결과'가 일어난 셈이다.

물론 반도체 관련 산업의 국산화를 이룩하기에는 아직도 갈 길이 멀지만, 과거 20년 동안 소부장 관련 산업을 육성시키려고 했던 정부의 정책보다 지난 1년 동안 정부가 쏟았던 노력의 결과가 더 효과적이었다.

반도체에 대한 국민의 인식도 높아졌다. 물론 정부의 노력보다 열악한 상황에서 소부장 산업의 근간을 지키기 위해 노력한 현장의 기술진과 경영진의 수고가 많았음은 당연하다. 또한 국산화와 기술독립을 한 단계 더 높이기 위해서는 정부, 대학, 국책연구소, 대기업과 중·소기업 간에 협업과 분업이 필요하다는 인식도 더욱 절실해졌다. 생각지도 못한 소득이다.

이처럼 일본의 경제보복 조치가 한국의 반도체 관련 소부장 산업의 발전이라는 '의도하지 않은 결과'를 가져왔을 뿐만 아니라 한국에 대한 경제적 타격도 생각보다 크지 않았다. 오히려 그동안 한국과 거래했던 일본 기업들의 불만만 높아졌다.

게다가 아베가 직면한 문제는 한·일 간의 갈등만이 아니었다. 더 큰 문제는 코로나19 바이러스의 확산으로 당초 2020년 7월에 열 예정이었던 도쿄 올림픽이 1년 연기되었다.

결국 아베 일본 총리는 궤양성 대장염 재발을 이유로 전격 사임할 것이라고 8월 28일 발표했다. 그리고 아베 정권에서 관방장관을 지낸 스가 요시히데가 아베의 전폭적인 지지를 받으면서 국회에서 제99대 일본 총리로 선출되었다. 한국에 대해 강경책을 쓰면서 한 · 일 관계를 그어느 때보다도 긴장상태로 몰아넣은 데 대해 작지 않은 책임이 있다고 여겨진 아베가 물러나자 한국에서는 일시적이나마 약간 안도의 분위기가 있었다. 하지만 "아베의 대외 정책을 그대로 따르겠다"라는 스가 신임 총리의 언급은 한 · 일 관계 변화에 대한 기대에 찬물을 끼얹은 모양새가 되었다.

▎ 한·일 간의 긴장은 양국의 과거사를 되돌아보는 계기가 돼

그럼에도 불구하고 한 · 일 간의 갈등 관계가 확대와 소강상태를 반복하는 와중에서 두 나라의 지도층에서 나온 문제해결을 위한 여러 가지 제안과 발언들을 다시 한 번 상기해 보는 것도 의미 있는 일이다.

가장 많이 나온 제안은 시민사회의 접촉과 민간 교류는 지속하면서 긴장을 완화하자는 것이다. 다른 제안은 가능하면 정치와 경제를 분리해서 접근하자는 의견이다. 특히 정치에 관심이 많은 한국인에 비해서 비교적 정치에 무관심한 일본인들을 염두에 둔다면 한국이 일본에 정치적으로만 접근하는 것은 바람직하지 않다는 의견도 있었다.

또 하나 한국인들은 민주화를 이룩하는 데 많은 노력을 했고 일본인들은 평화를 기원하는 마음이 그 누구보다도 강하기 때문에 역사 화해 프로

그램을 통해 갈등을 완화하자는 제안도 있었다. 이렇게 두 나라의 관계를 정상적으로 돌려놓자는 의견들 중에는 1998년 김대중과 오부치의 화해 성명에는 일본 측의 통절한 반성과 사죄에는 진정성이 배어 있다는 지적도 있었다. 또한 한국의 한 논객은 1965년 박정희의 한·일협정 비준과 1998년 김대중이 일본문화 수입의 길을 튼 것은 '적극적인 자유'의 의미가 있다고 주장했다. 고착된 상황을 변화시키기 위해 스스로 선택하고 결정해서 목적을 설정하고 그것을 실현하고자 노력했다는 것이다.

일본은 지금도 가깝고도 먼 나라로 대부분의 한국인들이 생각하고 있다면 잘못 생각하고 있는 것일까? 한·일 관계는 언제 좋아질까? 왜 일본의 지도자들은 독일의 지도자들만큼 진정성 있는 사죄나 사과를 하지 않을까? 물론 관동대지진(關東大地震) 때처럼 조선인에 대한 무차별 살육도 있었지만, 일제가 히틀러와 나치가 유대인들을 대량 학살한 것처럼 조선인을 멸종시키려고 하지는 않았다. 그러나 우리의 언어와 문화를 말살시켜 일본에 동화시키거나 그것이 여의치 아니하면 오랫동안 지배하려고 했던 것은 분명하다.

일본이 한때 식민지를 삼았던 동남아의 다른 나라들에 대한 지배정책에 비해 한국에 대한 통치정책은 눈에 띄게 가혹하고 잔인했다. 한국인들이 왜 일본에 대해 분노하고 있는지 일본의 지도자들은 이점을 깊이 살펴보기를 바랄 뿐이다.

그렇다면 이런 식민지 차별화 정책의 뿌리는 어디에서 나온 것일까? 1592년 도요토미 히데요시가 일으킨 임진왜란은 그렇다 치고, 정한론(征

韓論)에 있다고 하면 잘못 짚은 것일까? 그런데 메이지유신을 계기로 일본에서 일어난 정한론(征韓論)이란 도대체 무엇인가? 왜, 누가, 어느 세력이, 무슨 이유로 조선 정벌을 획책했는가?

일설에 의하면 일본이 유럽 열강과 맺은 불평등한 조약 때문에 조선을 정벌, 좀 더 우월한 국제적인 지위를 인정받기 위해서 정한론이 나왔다고 하고, 또 다른 일설에 따르면 조선이 개화되면 정벌이 어려우니 빨리 정복해서 조선에 있는 풍부한 곡물과 지하자원의 반출을 위해 정벌을 제기한 무리가 있었다고 한다. 심지어는 국내 개혁에 불만을 품은 집단을 무마하기 위해서, 또는 국외로 관심을 돌리기 위해서 조선을 식민지로 만들자는 주장도 있었다는 것이다. 다만 그 시기에 대해서는 조선 정벌에 빨리 착수하자는 파와 시기상조를 주장하는 파가 맞섰다고 한다.

이때 신속한 정벌을 주장한 사이고 다카모리 측이 반역을 도모하다 패함으로써 그 시기가 늦춰졌을 뿐 당시 일본 지도자들 중의 상당수가 정한론자라는 주장도 있다. 또 다른 이야기는 나의 지인이 일본인한테 직접 들었다고 하는데 "일본 자체가 섬나라로 육지와 접해 있는 면이 한 곳도 없어서 자신들의 나라가 좁다고 생각하는 강박관념이 일본인들의 머릿속에 언제나 자리 잡은 채 대대로 내려왔다."라고 한다. 그래서 "이의 돌파구로 몇 백 년을 계속 한국을 침략하는 버릇이 그들의 머리와 몸에 배었기 때문이다"라고 했다니 정말 소름 끼치는 이야기가 아닐 수 없다.

한국인들은 과거의 이런 역사를 결코 잊을 수가 없다. 2019년 한국과 일본 간의 갈등 관계도 과거의 역사에서 결코 자유로울 수가 없다. 그러

권위주의는 어떻게 국가를 망치는가?

나 2019년의 갈등에서 먼저 칼을 빼든 측은 일본이었다. 물론 한국에 문재인 정권이 등장하자마자 양국 간에 합의를 본 위안부 문제를 파기시켜 일본에 대한 여론을 국내 정치에 이용한 측면도 있다. 하지만 또한 거기에는 아베 정권의 오만함이 한몫했다. 일본을 '잃어버린 20년'으로부터 밖으로 끌어내서 특유의 추진력으로 다시 일본 경제를 살려낸 아베의 리더십에서도 한·일 간 긴장의 한 요인을 찾을 수 있을 것이다.

한·일 간의 정치적 갈등이 커질수록 민간 교류가 중요해져

이처럼 한국과 일본의 갈등은 양국의 국내정치 상황과 맞물려서 언제나 새롭게 터져 나올 수 있음을 우리는 솔직히 인정하지 않을 수 없다. 따라서 두 나라의 갈등 관계가 활화산처럼 언제나 타오를 수 있기 때문에 우리는 "두 나라의 갈등 관계가 세대에서 세대로 대물림되어서는 안 된다."라는 유끼오 라마또 전 일본 총리의 호소에 귀를 기울일 필요가 있다. 그러므로 한국과 일본의 민간차원에서의 교류는 아무리 강조해도 지나침이 없는 느낌이다.

장거리 스케이팅 선수인 일본의 고다이라와 한국의 이상화의 우정을 보는 것은 얼마나 아름다운 광경인가? 또 남한과 북한의 위안부 피해자의 사진전을 연 일본의 사진작가인 이토 다카시가 "과거사를 직시하고 청산할 것은 청산해야 한다."라는 말에 감사하면서 동의하는 한국인들이 얼마나 많을지는 말할 필요조차 없다. 2021년 초에는 1,200명의 일본 대학생들이 방한해서 강제 징집과 위안부 할머니들에게 사죄했다는 이야기도 들렸다. 양국 간의 긴장 관계에도 불구하고 이런 훈훈한 광경은 끊임없이 이어졌다.

이토 다카시와 일본 대학생들뿐만 아니라 일본 군국주의자들이 저지른 죄과를 대신해서 사과한 일본의 양심적인 지식인들을 한국인들은 많이 보아 왔고 기억하고 있다. 이런 사죄에 대해 한국인들은 언제나 용서하고 화해의 손길을 내밀곤 했다. 다만 간헐적으로 나타나는 일본 지도자들의 과거사에 대한 망언과 잘못된 행태, 더 나아가서 자라나는 일본 세대에게 역사의 진실을 은폐하기 위해 교과서의 내용까지 왜곡시키는 일본 공직자들의 언행은 독일의 예와는 달라도 너무 다른 모습이다.

이런 지도자의 행태는 비단 일본 지도자들에게만 경종을 울릴 것이 아님은 물론이다. 대통령을 비롯한 한국의 지도자들에게도 해당되는 말이다. 한국의 국가 안보를 위해 한·미·일 동맹을 훼손하는 일은 결코 있어서는 안 되며, 국민들의 결집을 위해 대일 경각심을 새삼스럽게 상기시키는 일 등은 결코 있어서는 안 될 것이다. '가깝지만 먼 나라'라는 생각이 들지 않게 한·일 관계가 개선되려면 양국 지도자들의 신중한 태도와 책임이 중요함은 아무리 강조해도 지나침이 없다.

대통령의 언행이 한·일 관계에 영향을 미친다는 것은 2021년 위안부 문제에서도 곧 나타날 수 있다는 사실에서도 볼 수 있었다. 2021년 1월 일부 위안부 피해자가 제기한 소송에서 '일본 국가'의 배상 책임을 처음으로 인정해 논란이 되었다. 그런데 불과 3개월 만에 또 다른 일부 위안부 피해자와 유족 20명이 일본 국가를 상대로 낸 손해배상청구 소송에서 "국제법상의 '국가 면제'에 따라 일본국의 주관적 행위에 대해 손해배상을 청구하는 건 허용될 수 없다."라며 각하결정을 내렸다.

똑같은 위안부 사건을 두고 같은 법원의 다른 재판부에서 그것도 3개월 만에 상반된 판결이 나온 데 대해 당시 양국에서 큰 반향을 일으켰다. 첫 번째 판결이 나온 후 그것이 한·일 관계에 미치는 영향을 거론하면서 문 대통령이 "곤혹스럽다"는 논평을 한 것이 두 번째 판결에 영향을 미친 게 아니었나 하는 관측통도 있었기 때문이다. 문 정권도 임기의 마지막 1년을 앞두고 있었고, 일본과 미국에서 새로운 정권의 등장으로 한·일 관계의 개선이 필요한 시점이었다는 점도 작용했을 수 있을 것이다.

이제 시간이 더 흘러서 문재인 정권의 임기가 얼마 안 남아서 그동안 지지부진했던 한·일 관계에 획기적인 진전이 있을 가능성에 대해서는 회의가 든다. 그나마 도쿄 올림픽이라는 자연스러운 이벤트를 치르면서 실무진 간의 협상이 잘만 되었으면 도쿄에서 양국 정상 간의 짧은 만남이라도 이루어졌을 것이다. 그런데 일본 측이 강제징용 및 위안부 문제의 실마리를 풀 수 있는 새 해법을 한국 측에 계속 요구함으로써 회담이 무산된 것이 안타까웠다. 올림픽을 끝으로 스가 요시히데 총리는 퇴진을 하고, 기시다 후미오가 100대 총리로 들어섰지만 스가 때와 똑같은 요구를 했다. 다만 6월 말 마드리드의 NATO 회의에서 있었던 한미일 정상회담을 계기로 앞으로 3국 동맹관계에 얼마만 한 진전이 있을지 주목된다.

강대국의 억압에서
풀려나고 싶은 자유의 도시

$$\boxed{\text{홍콩}}$$

홍콩과 중국 간의 갈등이 극명하게 드러난 2019년 홍콩사태를 구체적으로 보기 전에 세계가 놀랄 정도로 어떻게 그렇게 대규모 시위가 일어날 수 있는가에 우선 의문을 갖지 않을 수 없었다. 이 의문에 대답하기 위해서는 홍콩의 역사, 그리고 국가의 모습을 띠고 있는 현재의 홍콩에 깊은 영향을 주었다고 생각되는 유럽의 정치 · 사회사상을 일별한 후 홍콩의 구체적인 저항을 통해 중국과의 긴장과 갈등 상황을 분석해 볼 것이다.

▎2047년까지 홍콩은 일국양제로 운영하기로 되어 있어

홍콩은 분명 국가가 아닌 도시일 뿐이다. 8년 전에 나온 졸저 『지구촌 문화의 빛과 그림자』(2014년)의 서문에서 사회와 국가를 구분하면서 홍콩과 중국 간의 갈등을 설명했다. 홍콩은 장기간 영국령으로 남아 있으면서 주민들은 자유와 민주주의에 익숙해졌다. 하지만 홍콩은 오랫동안 시민사회를 이룩한 도시국가 형태임에 반해 중국은 사회주의 국가인데다 무소불위의 국가권력만 비대한 체제이다. 두 곳의 갈등을 이러한 관점에서 이해할 수 있다고 했다.

홍콩의 면적은 1,067㎢로 북쪽에서 남쪽으로는 43㎞, 동쪽에서 서쪽으로는 56㎞밖에 안 되는 섬이며 북쪽으로 인접한 나라는 중국뿐이다. 남

권위주의는 어떻게 국가를 망치는가?

쪽으로는 남중국해가 뻗어 있을 뿐이다. 인구는 2018년 현재 약 7백 40만 명 정도이고, 2019년에는 잦은 시위 때문에 대만 등지로 인구가 빠져나가 지난 5년 동안의 인구증가 추세는 기대할 수 없게 되었다. 홍콩의 영토는 가오룽(九龍)반도, 홍콩섬, 신제(新界)로 되어 있다. 가오룽 반도에는 해발 957m가 되는 다마오산(大帽山)이 있고, 홍콩섬에는 해발 551m의 빅토리아 정상(Victoria peak)이 있다.

중국 정부 당국자들은 홍콩의 반중국 현상을 개탄하면서 그 반대의 예로 평온을 유지하고 있는 마카오를 들고 있지만, 마카오의 인구는 약 64만에 불과해 세계적인 도시인 홍콩과는 비교할 처지가 못 된다.

다만 두 도시는 중국의 특별행정구로 1999년 12월 20일 포르투갈과 중국은 마카오에 관한 행정권한을 중국에 반환하는 협정을 체결했으며, 홍콩의 경우는 1997년에 홍콩의 주권을 영국에서 중국으로 이전하는 조약에 양국이 서명하였다.

물론 홍콩과 마카오는 또 하나의 중요한 비슷한 점이 있다. 마카오는 2049년까지 현재의 자본주의 사회·경제체제를 지속하는 것이 보장되고, 홍콩 역시 2047년까지 50년 동안 법과 자치권을 유지하는 특별행정구역으로 명시되어 있어 현재의 두 도시는 말하자면 일국양제(一國兩制, one country two systems)로 운영되고 있는 점에서 비슷하다. 홍콩으로부터 60㎞ 떨어져 있는 마카오는 강주아오(港珠澳) 대교를 통해 홍콩과 연결되어 있다. 10년 전에 둘러본 두 도시에 대한 기억이 아직도 생생하다.

2013년 여름, 처음 홍콩을 며칠간 둘러본 후 가졌던 의문, '세월이 갈수록 중국의 영향력은 더욱 커질 터인데 이런 장래에 대해 홍콩의 젊은이들은 어떻게 생각할까'라는 물음표를 던지고 홍콩을 떠났는데, 그때는 홍콩이 범인 송환법 반대를 계기로 그렇게 폭발할 줄은 정말 몰랐다. 이런 의문은 앞에서 언급한 졸저 안에 있는 여러 편의 여행기 중 '홍콩과 마카오의 재발견'이라는 글에 담겨 있다. 홍콩의 역사는 한 개인으로 치면 파란만장의 인생역정을 겪은 사람의 과거와 같다.

▌영국령이 된 후 홍콩에는 시민사회의 뿌리가 내려

오늘의 사태까지 일으킨 홍콩의 과거는 청나라와 대영제국 사이에 있었던 1839년의 제1차 아편전쟁에까지 거슬러 올라간다. 무역 불균형을 바로 잡는다고 영국은 불법적인 아편 무역을 시작했다. 1839년 광동성의 중국 정부는 그곳에서 가동 중인 영국의 아편 공장을 포위한 후 20,000상자 이상의 아편을 몰수했다. 영국은 자국 식민지인 인도에서 아편을 재배한 후 중국에 수출했다. 이에 따라 중국인 아편 중독자가 늘어나자 청나라가 아편 수입을 금지시키면서 전쟁이 발발, 제1차 아편전쟁(1839~1842)이 일어났다.

결국 영국이 승리한 후 1842년 난징조약을 체결 후 홍콩을 청으로부터 넘겨받았다. 영국은 계속해서 빅토리아 시티를 건립하고 홍콩총독부를 만들었다. 1860년 2차 아편전쟁에서도 승리한 영국은 가오룽(九龍)반도를 차지했고, 1898년에는 드디어 홍콩과 인접한 북부 섬과 신제(新界)를 99년 동안, 그러니까 1997년까지 청으로부터 빌려 통치하기로 양국 간에 합의를 보았다. 홍콩이 영국에 완전히 귀속된 당시는 청의 국력이 쇠퇴한 19세기 말이었다.

권위주의는 어떻게 국가를 망치는가?

홍콩이 영국령이 된 후 대부분 광동성 출신의 중국인이 이민으로 들어왔고 특히 손문(孫文)이 무능한 청 왕조를 몰아내고 한족의 나라를 다시 세우기 위한 1911년의 신해(辛亥)혁명 이후와 2차 대전이 끝나고 수년간의 일본 점령이 끝나고 영국이 다시 들어온 1945년 이후 중국의 이민자는 급격히 증가했다. 중국인 이외에 영연방국, 미국, 일본 등지에서 온 이민자들은 극소수였다. 그리고 홍콩은 세계적인 금융과 물류도시로 오랫동안 번창했다. 국제도시로서 홍콩의 이러한 위치는 2010년경 상해가 경쟁 도시로 부상할 때까지는 아시아에서 타의 추종을 불허했다.

영국령 아래서의 홍콩문화는 서구의 영향력이 가미되기는 했지만 중국문화의 분위기가 압도적으로 지배했음은 말할 필요도 없다. 초기에 대부분의 학교 교육은 중국어로 이루어지고 제2외국어로 영어가 통용되었으나 홍콩이 국제도시로 자리 잡으면서 영어와 중국어가 동시에 자유롭게 사용되었다. 초등학교는 의무교육으로 실시되었고, 홍콩과기대(Hong Kong Politechnic) 등 수 개의 대학들도 세계적인 명성을 얻었다.

사회복지제도는 실업자, 장애자, 노인들에게 여러 가지 혜택을 제공했고 대규모의 공중보건정책으로 홍콩주민들의 건강 상태는 크게 개선되었다. 다만 높은 인구 밀도와 과밀 때문에 결핵의 확산은 홍콩에서 한때 문제가 되었다.

그러나 홍콩의 최대 문제는 무엇보다도 주택문제일 것이다. 앞에서 본 것처럼 홍콩의 인구는 꾸준히 증가하는데 제한된 면적 때문에 저소득층은 산 중턱이나 언덕으로 올라가서 공유지 무단거주자(squatters)가 되지 않을 수 없었다. 말하자면 달동네 거주자가 되는 셈이다. 특히 주택문제는 젊은이들에게는 큰 고민이 아닐 수 없었다.

이러한 생활 조건의 악화에도 불구하고 홍콩이 120년 동안 영국령으로 있으면서 시민사회는 뿌리를 내렸고, 개인들은 자유와 민주주의의 가치가 몸에 밴 코스모폴리탄이 되었으리라고 추측해본다. 개인의 경험이지만 미국 유학 시절 엘리베이터 안에서 중국인들끼리 영어로 어색함 없이 자유롭게 대화하는 광경을 흔히 볼 수 있었는데, 그들은 모두 홍콩에서 온 중국인들이었다. 그들이 평소 보여주는 습관, 태도, 언행과 정치문화와 사회의식은 유럽 사상의 영향이 크다고 보지 않을 수 없다.

▌현대 시민사회 성립에 기여한 사상적 배경

120년 전에 영국령이 된 홍콩을 염두에 두고 개인과 공동체의 삶을 소중히 여기는 현대 시민사회의 성립에 기여한 두 사람을 꼽자면 아무래도 로크(1632~1704)와 루소(1712~1778)를 들 수 있다. 로크는 영국의 명예혁명, 루소는 프랑스 혁명을 각각 이론적으로 뒷받침하고 그에 심대한 영향을 끼쳤다. 이 두 사상가의 이론에는 국가에 대항할 수 있는 저항권의 논리가 담겨 있다.

로크는 자연의 질서는 이성에 의해서 지배되며 개인이 누려야 할 자유, 평등, 재산의 보전은 법을 관장하는 통치기관이 마련되어야 그것들을 보전할 수 있다고 하였다. 그런데 만일 통치기관이 국민의 복지를 떠나 신탁(信託)에 위배되는 경우 거기에 저항할 수 있는 권한이 국민에게 있다고 주장하였다. 로크는 국가가 시민의 재산권을 보호하는 의무를 이행하지 않을 때에는 언제라도 국가를 해체할 수 있는 존재로 규정하였으며 국가권력에

권위주의는 어떻게 국가를 망치는가?

제동을 걸 수 있는 시민 세력의 존재 가능성을 강력하게 표시했다.

로크 사상의 이러한 흐름은 인민주권을 주장한 루소에게서도 볼 수 있는데, 그는 인간이 인간답게 살 수 있는 권리는 포기할 수 없다는 불양도성(不讓渡性)을 강조하였다. 그러나 루소는 각 개인이 스스로의 힘에 의해 생명, 재산, 자유 등이 포함되는 인권을 보전하려는 노력보다 단체에 의해 옹호되는 것이 바람직하며 거기에서 사회가 성립되고 계약이 이루어지게 된다고 하였다.

개인의 인권을 위해 국가가 나서야 한다는 루소의 이러한 보편의지의 근원은 어디까지나 개개인 권리의 위임에 의한 것이며 만일 개개인의 의지와 이해가 반영되지 않은 보편의지는 개폐(改廢)될 수 있다고 주장함으로써 그의 인민주권설도 저항권을 인정하고 있다. 그러므로 로크와 루소의 이론은 국가의 횡포가 지나칠 경우 시민사회의 일원으로서 국민 각자는 하나의 시민 세력을 형성해서 그에 저항할 수 있음을 명시하였다.

시진핑(習近平)은 2012년 중국의 국가주석이 되었다. 2018년에는 마오쩌둥(毛澤東)에 이어 '시진핑 사상'을 국가지도이념으로 헌법 서문에 포함시키고 국가주석의 연임 제한을 삭제시킨 5차 개헌안을 통과시킴으로써 장기집권의 토대를 마련하였다. 시진핑은 중국의 국력이 우뚝 솟아난다는 의미의 굴기(崛起)나 중국의 번영을 꿈꾼다는 뜻의 중국몽(中國夢)의 실현을 앞당기기 위한 건지, 아니면 2049년엔 미국을 추월할 수 있다는 자신감에 찼는지는 모르지만, 홍콩에 대해 점점 더 영향력을 뻗치기 시작했다.

┃홍콩에 대한 중국의 영향력과 간섭은 갈수록 심해져

물론 중국은 처음에는 홍콩에 약속을 했다. 중국은 1997년 영국으로부터 홍콩을 돌려받으면서 고도의 자치권을 홍콩에게 부여한다고 약속했다. 그러나 2012년 시진핑 정권이 출범한 후에는 시위의 자유에 대한 정치적 억압이 노골화되면서 홍콩에 대한 내정간섭은 갈수록 심해졌다. 중국은 2014년 행정장관직의 직선제를 요구하는 홍콩인들의 시위를 강경하게 진압했다. 또한 입법회 선거에서 당선된 민주파 진영의 의원들을 각종 명목을 붙여 당선 무효화를 시켰다.

언론자유에 대한 억압도 강화되었다. 2015년에는 중국 공산당을 비판하는 서적을 판매한 서적상과 출판업에 종사하는 5명을 납치해서 조사하는 등 언론에도 재갈을 물렸다. 중국 국가나 국기를 존중하지 않는 행위를 처벌하는 국가법도 도입했다. 2018년에는 안보를 이유로 홍콩 독립을 주장하는 홍콩 민족당의 활동을 금지시켰다. 시간이 지날수록 중국은 반중국적인 행위에 대해서는 엄격하게 단속했다. 각종 처벌법이 이를 증명하고 있다.

홍콩이 반환되면서 중국이 홍콩에 고도의 자치권을 부여하기로 약속한 50년 동안의 일국양제(一國兩制)에 대한 기대는 현실의 벽 앞에서 무너져가고 있었다. 아니 애당초 '한 나라 두 체제'의 실현은 동상이몽(同床異夢)이었는지도 모른다. 중국의 지도자들은 1997년 영국령에서 반환 즉시 홍콩을 중국에 편입시키는 것은 커다란 위험이 따르는 모험이라고 여겼을 것이다. 오히려 중국은 50년이 지난 2047년이면 홍콩이 사회주의 체제에 점점 길들여져 '하나의 중국이란 정책(One China Policy)'에 자연스럽게 녹아들 것이라고 기대했는지도 모른다.

　　　　　　　　　　　　권위주의는 어떻게 국가를 망치는가?

위와 같은 추측은 중국몽의 일환인 시진핑의 야심찬 '일대일로(一帶一路, One belt One road)' 프로젝트를 좀 더 들여다보면 이해가 될지도 모른다. '일대 (一帶)'는 중국의 시안(西安)에서 출발해서 중앙아시아와 터키를 거쳐 유럽의 네덜란드에 이르는 육상 실크로드이다. '일로(一路)'는 중국의 푸젠성(福建省)에 있는 취안저우(泉州)에서 출발해서 말레이시아와 미얀마를 거쳐 케냐와 이탈리아, 그리스를 경유, 네덜란드에 이르는 해상 실크로드이다.

시진핑의 '일대일로'는 이 지역과 해역에 걸쳐있는 20여 개 국가를 중국 권(中國圈)에 편입시키려는 의도도 있지만, 중국을 중심으로 세계의 무역 과 교통망을 연결하는 경제블록도 형성하고, 중동에서 생산되는 원유의 안전한 수송을 위해 호르무즈 해협 이외에 육상과 해상에 안전한 수송로 를 확보하려는 다목적의 시도도 포함하고 있었다.

실크로드는 옛 중국의 강력한 한(漢)나라와 융성한 당(唐)나라를 통칭하 는 강한성당(强漢盛唐) 시대의 교역전략인데, 시진핑은 21세기에 이 전략 을 부활시켜 실크로드가 지나가는 수십 개국에 도로, 철도, 항만 등을 건 설 중이다.

'일대일로' 이외에 2049년에는 중국이 미국을 제치고 세계 최대의 강 대국이 된다는 일부 전문가들의 전망은 미국의 지도자들로 하여금 중국 을 견제해야 한다는 경각심을 불러일으켰다. 2049년 중국의 미래에 대한 경계와 우려는 비단 미국에만 있는 게 아니었다. 홍콩의 젊은이들에게는 2047년이 더 두려운 것이다. 왜냐하면 홍콩은 '일국양제'에 따라서 2047 년까지만 자본주의 제도를 유지하게 되어 있기 때문이다.

홍콩인들이 '일국양제'에 대해 당초에 가졌던 생각은 이제까지 경험했던 홍콩의 모든 것이 앞으로 50년 동안 그대로 지속되리라는 기대와 크게 다르지 않았다. 그런데 현실은 20년도 채 안 돼 홍콩 내정에 대한 중국의 간섭은 갈수록 심해졌고, 자유민주주의 체제는 조금씩 허물어져 가고 있었다. 사실 홍콩인들 중에는 50년이 지나면 중국의 사회주의 체제도 자본주의 체제로 상당히 많이 근접하리라고 생각하는 사람도 있었을 것이다.

심지어 감히 바랄 수는 없지만 홍콩인들 중에는 그 쯤 되면 홍콩의 독립 가능성에 대한 은근한 기대감을 품은 사람도 있었을 것이다. 그러나 2019년 6월, 일명 송환법이라고 알려진 범죄인 인도법안에 대한 반대로 시작된 시위가 3개월째 계속되자 캐리 람 홍콩 행정장관은 "시민의 의견을 듣겠다."라며 시민 150명과 대화하는 자리를 마련했다. 이 자리에서 젊은이들은 미래에 대한 불안을 토로했다. 그러나 람 장관은 "홍콩의 미래는 젊은이들의 손에 달렸지만, 최종적 기준(bottom line)이 있다. 홍콩의 자치와 독립은 실현 가능하지 않다."라고 못 박았다.

▎송환법 반대를 계기로 폭발한 홍콩의 시위

당초 범죄인 인도법안을 추진하게 된 계기는 2018년 초에 대만에서 일어난 홍콩인 남녀 치정 살인사건에서 비롯되었다. 20대의 홍콩인 남자는 임신한 여자 친구를 살해, 시체를 유기한 후 홀로 귀국했다. 홍콩 경찰은 범인을 체포하고도 대만과는 범죄인 인도조약을 맺지 않고 있었기 때문에 그를 대만에 보낼 수도 없고 처벌할 수도 없는 난관에 봉착했다. 그래서 홍콩 정부는 범죄인 인도조약을 체결하지 않은 나라에도 범죄인을 보낼 수 있도록 하는 범죄인 인도법안 개정을 추진하기로 했는데 여기에는 대만뿐만 아니라 중국 본토 등이 포함된 것이 문제가 되었다.

홍콩인들이 가장 우려하는 점은 범죄인 인도법안이 통과되면 중국은 홍콩에서 형사법을 위반한 범죄자를 중국으로 송환해서 처벌할 수 있게 되는데, 그렇게 되면 이 법안이 악용될 소지가 있다는 것이었다. 홍콩에서 반중 정치활동을 한 사람이나 체제를 비판한 사람들이 중국으로 소환될 경우 고문이나 자백을 강요받는 등 인권이 크게 탄압될 것을 홍콩인들은 무척 두려워했다. 심지어 홍콩에서는 "범죄인들이 본토로 소환되면 홍콩은 어두운 감옥이 된다."라고 생각하면서 사람들은 꿈틀거리기 시작했다.

홍콩 시위는 범죄인 인도법안의 제정 반대를 이유로 2019년 3월 31일 첫 시위가 있었다. 시민인권전선(CHRF, Civil Human Rights Front)이란 단체를 앞세우고 시작한 이 시위대는 시민광장에 도달했다. 주최 측은 1만2천 명이라고 주장했지만, 홍콩 경무처는 5천2백 명으로 추산했다. 6월 9일에는 시위가 확대되어 주최 측은 100만 명이 평화적으로 시위에 참여했다고 주장했다. 홍콩 공산당 정부는 이 시위를 폭동이라고 규정, 과잉 진압하면서 74명의 부상자가 발생했다. 이 시위가 있은 후 홍콩 정부는 법안 추진을 잠정 중단한다고 발표하였다.

시위는 계속되었고 6월 14일에는 6천 명의 어머니들이 검은 옷을 입고 캐리 람의 사퇴와 송환법의 철회를 요구했다. 6월 15일 홍콩 정부는 법안 추진의 무기한 연기를 발표했으나, 다음날 16일에는 약 200만 명이 시위에 참가했다. 주최 측 추산이기는 하지만 역대 최고의 시위였음은 분명했다. 7월과 8월에도 시위는 계속되었고 특히 8월 시위에서는 시위대가 공항을 점거하기도 했다. 9월에 들어서면서 드디어 홍콩 정부는 송환법 철회를 발표했으나 람 장관의 사퇴 등 다른 요구조건이 관철되지 않아서 홍콩에서 시위는 계속되었다.

| 홍콩인들의 시위가 격화되면서 사망자까지 발생

시위는 10월에도 격화되면서 부상자가 속출되자 캐리 람 장관은 시위대의 복면을 금지시키는 긴급법을 시행했다. 11월이 되면서 결국 사망자가 발생하는 사태에까지 이르렀다. 점점 시위는 반중국 성향으로 확산되었다. 그동안 중국의 내정간섭으로 홍콩의 민주주의 체제가 위협받는 것에 대한 홍콩인들의 불만이 한꺼번에 터져 나오는 것으로 보는 관측이 지배적이었다. 한마디로 중국 중앙정부와 홍콩 시민사회 간의 대결로 사태가 확전되는 분위기였다.

쟁점마다 밀고 당기는 싸움이 벌어졌다. 람 장관이 비상대권을 통해 실시한 복면 금지법은 고등법원에서 위헌이라고 결정이 내렸으나 친중파의 반발과 정부의 상고로 대법원의 결정이 나올 때까지 판결효력이 발효되지 않았다. 홍콩 경제의 소비행태에도 친중과 홍콩 정부를 지지하는 측은 파란색으로, 반중과 송환법 철회를 찬성하는 측은 노란색으로 갈려서 음식점과 상점도 파란색과 노란색으로 구분되었다. 어느 곳이나 체제를 둘러싸고 벌어지는 분열은 그 갈등이 심하다는 것을 보여주는 예라고 하겠다.

앞에서 언급한 람 장관과 150명의 시민들과의 대화에서도 여러 가지 쟁점이 논의되었다. 시위대는 그동안 송환법 철회, 행정장관 직선제, 시위에 대한 경찰의 진압과정을 조사할 독립적 위원회 설치를 요구하는 독립조사위 구성, 시위대에 대한 '폭도' 규정 철회, 구속자에 대한 불기소와 사면 등 5대 사항을 요구해 왔다. 홍콩 정부와 람 장관은 이 가운데 송환법

권위주의는 어떻게 국가를 망치는가?

철회만 받아들였다. 아마 이때쯤 중국의 지도부는 예상외의 대규모 시위에 놀라서 송환법 철회를 결정, 람 장관에게 이를 전달했는지도 모른다.

2019년 홍콩사태가 중요한 까닭은 중국과 홍콩의 관계가 주변국뿐만 아니라 미국과 영국 등 국제사회에 영향을 미쳤기 때문이다. 대만에서는 그동안 인기가 떨어져 있었던 차이잉원(蔡英文) 총통이 대선에서 압도적인 승리를 거두면서 중국의 지도자들이 대만을 염두에 두고 강조했던 '한 국가 두 체제'인 일국양제(一國兩制)를 통한 통일은 점점 멀어지는 듯했다. 이제 송환법에 반대하는 홍콩의 시위는 국제적으로 영향을 끼치기 시작했다.

미·중 무역 전쟁으로 가뜩이나 서로 경계를 하고 있던 차에 미국은 마르코 루비오 상원의원이 발의한 홍콩 인권법안을 초당적으로 통과시켰다. 홍콩 시위대 중 일부가 시위 중에 미국기와 영국기를 들고 시위를 한 것은 국제사회의 지원을 요청하는 것이나 다름없었다. 홍콩사태는 또한 주변에 있는 민주주의 국가들에게 중국을 견제하지 않고 굴종적인 자세를 가질 경우 향후 내정간섭 등을 통해 압박을 받으리라는 점도 시사했다.

▎홍콩인들의 최종 목적은 자유민주주의에 대한 수호

홍콩 시민들은 자신들의 권리를 지키기 위해 개인적인 위험도 기꺼이 감수하면서 시위대에 참여했다. 젊은이들은 자유를 수호하기 위해 투쟁의 선봉에 서서 시위대를 이끌었다. 그러나 홍콩 시위대의 시민세력은 일사불란하게 움직였던 단일 세력은 아니었다. 일국양제 하에서 제도 개선을 추구하자는 제도 건설파(建制派)는 아무래도 소극적이었고 시민사회를 주도하는 범민주파(泛民主派)의 지도력은 때로는 효율적이지 못했다. 과격 시위를 주도하는 행동파 청년들은 1997년 홍콩반환 이후의 세대들이다.

이처럼 홍콩 시민 세력을 구성하고 있는 집단의 성향이 다양하기 때문에 홍콩 정부가 그들을 회유하는 데에도 어려움이 있다는 이야기도 있지만 그런 다양성에도 불구하고 시위에 참여한 모든 사람들의 궁극적인 목적은 자유주의와 민주주의를 위해 투쟁한 점은 의심의 여지가 없다. 그 결과가 11월 24일 홍콩 구의원 선거에서 그대로 나타났다.

민주건항협진연맹(민건련)은 친중파 세력 중 제일 큰 정당으로 구의원 선거에서 181명의 후보를 냈지만 겨우 21명이 당선되는 데 그쳤다. 따라서 민건련의 의석은 현재 119석에서 21석으로 줄어들었다. 한마디로 참패였다. 반면에 범민주 진영은 구의원 전체 452석 중 400석 가까이 차지해 압승을 거두었다. 2019년 3월에 시작된 시위가 연말까지 계속되면서 홍콩의 민심은 구의원 선거 결과에 고스란히 반영되었다.

홍콩 시위 중 11월에 발생한 사망자의 예에서 보듯 홍콩 경찰은 시위 때마다 시위대와 충돌했고 시위가 격렬해지자 중국의 지도층은 한 때 중국 군대의 동원까지 고려했으나 군대를 개입시키지는 않았다. 결국 홍콩 시민 세력과 중국 간의 충돌은 2019년 12월 말과 2020년 1월 초에 연이어 중국 후베이성(湖北省)에 있는 우한(武汉)에서 발생한 코로나19 때문에 중단되었지만, 홍콩사태의 근본적인 원인은 해결되지 못했다.

홍콩인들의 시위는 분명한 목표와 변화지향적인 이념을 가지고 전개되는 사회운동이라고 볼 수도 있지만 특정한 시간에 한곳에 모여 있는 군중(

권위주의는 어떻게 국가를 망치는가?

群衆)들에 의해서 일어나는 집합행동이라고 볼 수 있다. 이때 사람들은 익명성(anonymity), 전염성(contagion), 암시감응성(suggestibility) 등의 특성을 가진 군중 심리에 휩쓸릴 가능성이 있지만 홍콩인들의 시위는 그 어떤 나라의 시위나 데모보다도 응집력이 강하고 대규모로 전개된 것이 특색이었다.

| 스멜서의 이론을 통해서 본 홍콩인들의 시위

홍콩인들의 집합행동은 스멜서(Smelser)의 이론으로도 적절하게 설명할 수 있는데, 이 이론에 따르면 집합행동은 여섯 단계를 거쳐 발전한다고 보고 있다. 스멜서에 의하면 이 이론은 각 단계가 진전됨에 따라 최종 결과를 추측하기가 점점 용이해진다. 그러나 이 이론은 일단 일어난 사태를 분석하기에는 유용하지만 집합행동이 정확히 언제 일어날 것인지 예측하기에는 미흡하다는 점이 지적되고 있다.

① 구조적 유발성
② 구조적 긴장
③ 일반화된 신념
④ 촉발 요인
⑤ 행동을 위한 참여자의 동원
⑥ 사회통제의 작용

① 구조적 유발성 : 특정한 집합행동이 일어날 수 있게끔 형성되어 있는 사회적 조건을 의미하는데 홍콩의 경우는 오랫동안 자유민주주의라는 서구의 가치와 개인의 기본권 및 공동체의 삶을 소중히 여기는 시민사회가 성숙되어 있었다.

② 구조적 긴장 : 위와 같은 구조적 요인들이 사람들에게 갈등과 불만을 일으켜 긴장을 일으키는 상태이다. 그런데 중국의 사회주의 독재체제는 시민사회에 살고 있는 홍콩인들의 기본권과 정치적 자유뿐만 아니라 언론에 대한 탄압도 계속되어 구조적 긴장이 점증되고 있었다. 한 마디로 중국은 일국양제(一國兩制)에 따라 홍콩에 고도의 자치권을 부여한다는 당초의 약속과는 다르게 시간이 갈수록 홍콩 내정에 대한 간섭을 증가시켜 오면서 구조적 긴장 상태가 지속되어 왔다.

③ 일반화된 신념 : 사람들이 어떤 문제에 대한 해답을 구하기 위해서 상황을 의식하고 규정하면서 어떤 대응책이 마련되어야 한다는 생각이 의식 속에 자리 잡기 시작하는 단계를 말한다. 따라서 홍콩인의 기본권에 대한 억압과 언론탄압, 날로 증가하는 중국의 홍콩 내정의 간섭은 홍콩인들, 특히 젊은이들로 하여금 미래에 대한 불안감을 점증시켜 중국에 대한 어떤 대응이 이루어져야 한다는 의식이 홍콩 사람들의 의식 속에 자리 잡기 시작했다.

④ 촉발 요인 : 촉발 요인은 집합행동을 직접 일으키는 요인이다. 시위의 자유에 대한 억압, 중국 공산당에 대한 비판 금지 등 홍콩과 중국 간의 갈등이 간헐적으로 생기다가 범죄인 송환법 개정을 둘러싸고 홍콩인들의 두려움은 가두시위로 돌변했다. 직접적인 계기는 홍콩의 한 젊은이가 여자 친구와 함께 대만을 여행 중 그녀를 살해하고 홍콩으로 돌아온 데서 촉발되었다. 그녀는 임신 중이었다. 홍콩 정부는 대만과 범죄인을 인도할 수 있는 송환법이 체결 안 돼 젊은이를 대만으로 돌려보내 재판을 받게 할 수 없었다. 따라서 범죄인 송환법을 개정하는 과정

에서 대만과 함께 중국을 포함시키자 홍콩인들은 수많은 반체제 인사들이 중국으로 끌려가 고문 등을 통해 강압적인 조사에 시달릴 것을 두려워했던 것이다.

⑤ 행동을 위한 참여자의 동원 : 이 단계에서는 행동을 위해 많은 사람들이 동원되는데 이때에는 지도자의 역할이 중요하다. 홍콩인들의 시위는 2019년 3월 31일 처음 일어났는데, 여러 면에서 특이했다. 우선 홍콩의 상황은 대규모의 인원이 자발적으로 또 적극적으로 시위에 참여하고 있었다는 인상을 주었다. 특히 6월 중순에 시위 참여 군중이 100만이나 200만에 이른 것은 놀라운 점이다. 특이한 지도자가 없었던 것도, 또한 시위 기간이 장기적으로 지속된 점도 특이하다. 대부분의 시위나 데모가 2주 정도 되면 중단되는 경우와 크게 구별된다.

⑥ 사회통제의 작용 : 시위나 폭동과 같은 사태가 일어나면 이것을 억제하기 위한 통제기제가 동원되는데, 이와 같은 역할은 경찰, 법원과 같은 통제기구와 신문, 텔레비전 등과 같은 대중매체, 그리고 사회지도자들이 수행하고 있다. 홍콩의 경우는 경찰이 시위가 있을 때마다 진압에 나섰으며 경찰은 캐리 람 홍콩 행정장관의 지휘하에 있었다. 시위가 극렬해지자 시진핑의 지시만 기다리던 중국 인민군의 투입 여부가 주목을 받았지만, 홍콩 접경지역에 집결했을 뿐 진압군으로 투입되지는 않았다.

시위가 뜸해지면서 2019년 12월 말 중국 우한에서 발생한 코로나19가 결과적으로 사회통제의 한 요인으로 작용한 것도 홍콩 시위의 특징이었다. 코로나19는 WHO(세계보건기구, World Health Organization)에 의해서 2020년 3월 12일 전 세계적 유행병(pandemic)으로 선포되었다. 코로나19는 중국에서 발생하여 아시아 각국으로 확산되다가 유럽에서는 이탈리아에서 가장 많이 번져서 수천 명의 사망자가 발생하면서 유럽 각국으로 확산되었다. 그리고 세기의 전염병이 미국으로 침투했을 때에는 여러 나라가 국경을 서로 폐쇄하거나 입국 제한 조치를 취하고 있었다.

▌중국의 권위주의 통치는 계속되고 저항도 만만하지 않아

그런데 코로나19가 홍콩사태를 가라앉게 하는 통제요인으로 작용하는 단계를 넘어 중국은 시위가 잠잠한 틈을 타서 2020년 5월 28일 전국인민대표대회(전인대)에서 2,885명의 대표단이 참석한 가운데 찬성 2,878명, 반대 1명, 기권 6명의 압도적 다수로 '홍콩 국가보안법'(홍콩 보안법) 초안을 의결했다. 이 초안은 1) 홍콩과 관련한 국가 분열, 2) 국가 정권 전복, 3) 테러활동 처벌, 4) 외국의 내정간섭 금지, 5) 보안법 집행기관 설치 등을 담고 있으며 홍콩 정부가 관련 절차를 거쳐 공표하게 되면 시행될 수 있게 되었다.

여기서 어떤 행위가 국가 분열이고 전복 행위인가에 대한 해석 권한을 중국 정부가 가지고 있는 것은 논란의 여지가 될 수 있다. 독재국가나 권위주의 체제에서는 이런 법을 보통 넓게 해석함으로써 아주 경미한 행위마저 모두 처벌함으로써 반대 세력이나 언론을 쉽게 통제할 수 있기 때문이다. 따라서 홍콩보안법이 민주화 시위를 전면 차단하는 도구로 활용될 수 있음은 말할 필요도 없다. 중국은 위구르와 티베트에 대해서는 무자비한 탄압과 억압을 통해 통제했는데, 홍콩은 이제 시작에 불과할 뿐이다.

홍콩보안법 제정으로 "홍콩은 홍콩인이 다스린다"라는 '항인치항(港人治港)'의 원칙은 사실상 폐기된 것으로 여겨지고 있다. 홍콩보안법은 홍콩입법회가 만들어야 하는데, 중국이 직접 손을 댔기 때문이다. 그동안 중국과 홍콩의 관계를 규정한 '일국양제(一國兩制: 중국의 사회주의와 홍콩의 자본주의 두 체제(兩制)가 공존한다.)'의 근간이 흔들린 것이다.

또한 1997년 영국으로부터 홍콩을 반환받고 중국은 50년 동안 홍콩에 높은 수준의 자치를 약속했는데, 반환 23년 만에 '고도자치(高度自治)' 역시 종말을 고했다고 해도 과언이 아니다.

코로나19 때문에 일어난 이런 반전은 중국이 '하나의 중국 정책(One China Policy)'을 더욱 과격하게 내세우면서 대만의 독립 움직임까지 대응하려고 하는 것이 아닌가 하는 전망도 나오고 있다. 그러나 앞에서도 잠시 언급했지만 반중친미 성향의 대만 차이잉원(蔡英文) 정권은 중국의 이러한 전략을 간파한 듯 '일국양제(一國兩制)' 정책을 무시하면서 미국으로부터 무기를 구입하는 등 국방력 강화에 힘쓰고 있다. '하나의 중국' 정책 때문에 UN에서까지 밀려난 대만의 기개가 대단하다는 생각이 든다.

대만의 이러한 움직임에 비해 지난 3년 동안 중국의 권위주의 정권은 자유와 민주주의를 오랫동안 만끽해 왔던 홍콩의 내정에 끊임없이 간섭했고, 그에 격렬하게 저항했던 홍콩의 민주화 세력에 대해서는 암울한 소식만 들려올 뿐이었다. 홍콩의 국가보안법이 2020년 7월 시행된 후 5개월이 지나서는 전직 의원 두 명이 영국 등 서방세계로 망명하는가 하면

한 언론 사주는 불법집회에 참여 혐의로 체포된 후 홍콩 독립 성향 단체를 지원한 혐의로 수사를 받기도 하였다.

더구나 홍콩 정부가 국가보안법을 위반한 혐의로 현직의원 4명에 대해 의원 자격을 박탈하자 야당 의원 15명이 그에 항의하면서 동반 사퇴했다. 코로나 팬데믹이 중국과 홍콩 정부에게는 기회로, 홍콩의 자유와 민주주의를 지키려는 민주화 세력에게는 위기로 다가왔던 것이다. 전 세계의 독재국가와 권위주의 국가에서는 코로나를 정치에 이용하려는 성향이 증가하는 추세에 있는데, 그 어느 정권보다도 중국의 권위주의 통치자들에게는 이 감염병의 확산이 절호의 기회로 작용했음은 분명하다.

해가 바뀌어도 코로나 감염병이 좀처럼 수그러들지 않는 가운데 2021년 3월 초에 중국의 국회격인 전인대(전국인민대표대회)는 홍콩의 민주화 운동을 원천적으로 차단하고자 했다. 이를 위해 홍콩 행정장관과 홍콩의 의회인 입법회 의원들을 뽑는 선거제 개편안에 대해 본격적인 심의에 착수했다. 한마디로 홍콩 선출직 공무원을 친중인사들로 채워서 홍콩사태를 마무리 짓겠다는 의도였다. 전인대 부회장은 "현행 홍콩 선거제는 중국에 반대하고 홍콩을 혼란스럽게 하려는 세력이 홍콩의 관리권을 탈취할 여지가 있다"라고 했는데 그가 지목한 '세력'이 범민주진영임은 말할 필요도 없다.

전인대의 선거제 개편안 초안에는 홍콩 행정장관 선거인단 수를 친중인사들로 채우기 위해 1,200명에서 1,500명으로 늘리는 것으로 되어 있

권위주의는 어떻게 국가를 망치는가?

었다. 또한 현재 범민주파가 장악하고 있는 홍콩 구(區)의회의 영향력을 차단하기 위해 각 지역구 의회가 총 117명의 행정장관 선거인단을 추천하는 권리를 박탈하는 방안도 담겨 있었다. 홍콩 보안당국은 범민주진영 인사 47명을 홍콩 보안법 위반 혐의로 기소했는데, 이들이 유죄를 받으면 피선거권이 박탈된다. 시진핑을 비롯한 중국 지도부는 최근 '애국자치항 (愛國自治港: 애국자가 홍콩을 다스린다)' 원칙을 강조해 왔는데 그들이 말하는 애국자가 친중국 인사들임은 물론이다.

트럼프는 미국 대통령에서 물러나면서 홍콩 정부에 좀 더 압박을 가했는데, 홍콩보안법과 관련해 미국의 제재 대상에 오른 중국과 홍콩의 전·현직 관리는 최소 35명에 달했다. 제재명단에 포함된 사람들은 미국 내 자산이 동결되고 미국 금융기관과의 거래가 제한된다. 트럼프 행정부에서 국무장관을 지낸 폼페이오는 "중국 공산당이 홍콩인들에 대한 약속을 깼기 때문에 홍콩인들의 자유를 부인하는 이들에게 실제 대가를 치르게 했다"라고 밝혔다. 그런데 이런 정책이 바이든 정권에서 어떤 모양으로 계속될지 주목되지만, 민주당 정권은 공화당 정부보다 인권을 더 중요하게 여기기 때문에 흐지부지되지는 않을 것으로 보인다.

그런데 홍콩은 아무래도 중국이라는 거대한 권위주의 국가의 손아귀에서 벗어나기가 쉽지 않은 것 같다. 비록 창간한 지 26년밖에 안 됐지만 2002년부터 베이징 정부의 각종 정책과 행태를 비판하고 홍콩의 민주화를 일관되게 지지해 온 빈과일보(蘋果日報)가 2021년 6월 24일 드디어 폐간된 것이다. 홍콩당국은 경찰 500명을 투입해 빈과일보 편집국을 압수수색하고 창업주, 주필, 편집국장을 체포한 후 신문의 자산인 1,800만 홍콩

달러(약 26억 원)도 동결시켜서 신문사 스스로 문을 닫지 않을 수 없게 만들어 버렸다. 한마디로 자유세계에서는 있을 수 없는 일이었다.

빈과일보가 폐간된 날 홍콩 시민들은 3시간 이상씩 줄을 서서 한 사람당 2~10부씩 신문을 사서 그들이 이 반중(反中) 신문을 얼마나 아끼고 사랑하는지를 베이징 정부와 홍콩당국에 보여주었다. 빈과일보는 신문이 폐간된 날 평소 발행부수의 10배인 100만 부를 찍었다고 한다. 유럽연합(EU)은 "보안법을 통해 뉴스와 표현의 자유를 말살하는 행위"라고 비난하고, 바이든 미국 대통령도 "미국의 홍콩 사람들에 대한 지원은 흔들림이 없다"라고 강조했지만, 홍콩의 언론탄압은 중국이 정말 권위주의 국가라는 사실을 전 세계에 다시 한 번 확인해 준 것이나 다름없다.

2022년에는 세계의 코로나 상황은 많이 가라앉아서 미국과 유럽을 비롯한 여러 나라에서는 사람들이 마스크를 벗으면서 경제활동이 서서히 기지개를 켜는 형편이 되었다. 그러나 중국의 상황은 달랐다. 중국 내에 코로나가 확산된다는 이유로 상해(上海)를 비롯해 수 개 도시 자체를 봉쇄하는 조치를 취하기도 했다. 또한 홍콩에는 캐리 람의 후임으로 경찰 출신이며 친중 강경파였던 리자차오가 행정장관직에 취임함으로써 홍콩이 경찰국가가 되기까지에는 시간문제라는 우려가 커지고 있었다. 6월 30일 홍콩을 방문한 시진핑은 '一國兩制(한 나라 두 체제)', '港人治港(홍콩은 홍콩인이 다스린다)', '高度自治(높은 수준의 자치)'와 같은 원칙들은 그대로 계속된다고 주장했지만, 영국을 비롯한 서방 국가들은 중국이 국가보안법과 선거법을 개정해서 그런 원칙들에 대한 약속은 이미 어겼다고 격렬하게 비난했다.

권위주의는 어떻게 국가를 망치는가?

세계에 울려 퍼진
1968년 5월 혁명의 외침

$$\boxed{\text{프랑스}}$$

50년대 말, 내가 고등학생이었을 때 나는 프랑스를 이상한 나라라고 생각했다. 당시만 해도 해외 소식은 오직 신문과 라디오를 통해서만 알던 시절이었다. 그런데 프랑스 정계의 혼란 상황은 언제나 해외뉴스에서 톱기사를 차지했기 때문이다. 뉴스의 내용이 좋은 소식이라면 프랑스는 그당시 미국이나 영국을 제치고 최고로 인기 있는 나라로 인식되었을 것이다. 하지만 당시 프랑스의 정치 상황은 혼란에 혼란을 거듭하고 있었다. 당시 강대국 중 선두를 달리던 나라 중 하나가 프랑스였음을 고려할 때 독자들이 이상한 느낌을 받았던 것은 당연한 일이었다.

| 68혁명은 한 대학에서 시작되어 노·학연대로 이어져

50년대는 유럽과 미국의 자본주의 역사에서 가장 번영을 구가하던 시절이었다. 그로부터 10년 후 프랑스에서 이른바 68혁명이 일어난 것을 생각해 보면 프랑스는 그 어느 나라보다도 미래사회에 대한 적응을 위해 심한 진통을 겪느라고 그랬는지도 모른다는 생각을 해 본다. 물론 50년대 말과 60년대 초에 터키와 한국에서 학생운동이 제일 먼저 일어난 것은 맞다. 독재국가와 권위주의 국가에 저항해서 학생들이 봉기한 것이다. 그러나 프랑스에서 일어난 68혁명은 그동안 사회에 누적된 여러 가지 갈등에 대한 반작용으로 터져 나왔던 것이다. 개발도상국에서 일어난 독재정권에 대한 저항운동과는 성격이 많이 달랐다.

5월 혁명은 1968년 봄, 프랑스 파리에 있는 낭테르 대학에서 있었던 분규에서 남학생들이 자유롭게 여학생 기숙사를 방문할 수 있도록 허용해 달라는 아주 사소한 문제에서 시작되었다. 낭테르 대학은 파리 교외의 저소득층 지역에 있었던 대학으로, 시설도 낡았고 북아프리카로부터 이민 온 학생들이 많이 다니고 있었다. 그러나 당시 프랑스에서는 전국 대학생연맹에서 도서관 시설 개선 등 시설 확충, 교육 분위기 개선, 교수 충원의 향상, 기숙사에서 남녀학생의 왕래 등 교육여건과 교육의 질 향상을 요구하고 있었다.

학생지도자가 체포되고 학내분규가 심화되자 대학 당국이 학교를 폐쇄했다. 그러자 시위는 파리 중심부로 옮겨지고 5월 3일에는 소르본에서 학생들이 집회와 시위를 하면서 10일에는 시내 곳곳에 바리케이드가 쳐지고 학생들과 경찰들 사이에 유혈 충돌까지 일어났다. 이후 학생 시위가 전국적으로 일어나기 시작했고, 이에 동조해서 파리 노동자의 ⅔가 참가하는 총파업으로 이어졌다. 학생들보다 2주 정도 늦은 13일 총파업으로 노동자들이 시위에 가담하고 공장을 점거했다. 게다가 총파업이 본격화되자 나중에는 천만 명의 노동자가 파업하는 등 사회가 마비되는 상황에 이르렀다.

어떻게 사소한 학내문제로 인한 대학의 분규가 전국적인 규모의 노·학 연대로 이어져 대규모 시위와 파업으로 사회가 흔들릴 수가 있었을까? 5월 혁명은 한마디로 기존의 가치와 질서에 저항한 사건이었다. 물론 이러한 운동을 촉발한 데에는 드골 정부의 실정과 사회의 모순이 있었지만, 운동의 궁극적 목표는 사회 전반에 퍼져 있던 권위주의적 사회구조를

권위주의는 어떻게 국가를 망치는가?

혁파하는 데 있었다. 앞에서도 말한 바와 같이 프랑스도 다른 자본주의 국가들과 마찬가지로 1950년대 중반 이후와 60년대에 걸쳐 자본주의의 번영과 호황기를 거치면서 경제적으로는 비교적 안정된 상태에 있었다.

| 후기산업사회가 등장하면서 새로운 삶의 양식을 추구

자본주의를 번성하게 한 산업화는 서구사회에 물질적 풍요와 자유민주주의를 꽃피게 한 것은 사실이다. 그러나 선진 각국에서는 산업화에 이어 후기산업사회(post industrial society)로 접어들면서 교육, 복지, 건강, 레저, 금융, 사무직 등 서비스 직종의 종사자들 비율이 지속적으로 증가하였다. 또한 기술, 지식과 정보의 중요성이 커지면서 전통적인 정치, 경제, 이념적 조직들은 더 이상 유용하지 않다고 여겨졌다. 사람들은 풍요가 가져온 물질로부터의 해방을 원하였고, 새롭고 참다운 자유를 희구하게 되면서 꿈틀거리기 시작했다.

집합행동을 설명하는 종전의 이론들은 전염성이나 감응성을 강조하거나, 기대에 못 미치는 현실을 경험하면서 좌절했을 때, 또는 상대적 박탈감에서 주로 그 원인을 찾으려고 했지만, 유럽의 새로운 운동은 구조적이며 이념적인 특징을 가지고 있었다. 사회 자체가 후기산업사회의 다원적인 구조를 띠고 있었고, 급진적인 노동운동은 더 이상 사회변화의 필수요소가 되지 못했다. 또한 서구 부르주아 사회의 전통을 그대로 인정함으로써 '자기 제한적 급진주의(self-limiting radicalism)'의 성격을 보이고 있었다.

프랑스의 68운동의 또 다른 중요성은 범세계적 영향력에 있다.
운동 초기에는 학생들과 노동자들로부터 시작되었지만, 점차 사람들이 새로운 삶의 스타일(new life style)을 추구하고 집합적 정체성을 확립하는 문화운동으로 확대되었다. 이 과정에서 참여자 역시 신중산층을 필두로 그동안 음지에서 빛을 못 보았던 소수인종 집단 등이 사회 전면으로 나오면서 시민사회의 성격에까지 변화를 일으켰다. 따라서 이때부터 새로운 사회운동 또는 신사회운동은 유럽사회에서 각광을 받기 시작했고 새로운 정치의 패러다임으로 사회구조의 한 측면을 이루었다.

과거 성(gender), 인종, 빈곤, 장애, 직업, 학력, 문화 등으로, 좀 더 구체적으로 말하면 여성, 소수인종 집단, 동성애자, 빈민, 장애인, 노동자, 저학력자, 다문화 가족 등 사회에서 그동안 차별과 배제를 당해왔던 이들의 억압된 분노가 한꺼번에 폭발한 것이 당시 68혁명의 내용이었다고 해도 과언이 아니다. 특히 권위주의가 사회적 억압체제의 근간을 이루고 있었는데, 이에 대한 전면적인 저항이 68혁명 또는 5월 혁명의 본질이었다. 그리고 이 저항의 물결이 전 세계로 퍼져 나간 것이 68혁명의 가장 큰 특징이었고, 그 영향력이 오늘날의 세계의 모습을 모양 짓는데 크게 기여하였다.

프랑스에서 시작된 새로운 운동의 물결은 미국에까지 영향을 미쳐 베트남전쟁을 반대하는 반전운동은 더욱 치열해졌다. 사회운동은 유럽의 신사회운동과는 다르게 미국 사회의 특성을 반영하는 자원동원론과 정치과정론으로 그 모습을 드러냈다. 자원동원론에서 가장 중요한 요건은 조직이다. 따라서 이 관점은 특정한 가치에 대한 신념을 가지고 조직을 기반으로 전개되는 합리적 행동인 동시에 이익과 전략에 따라 갈등집단이 동원되는 과정이라고 여겨진다. 한편 정치과정론은 정치과정에의 개입을 통해 운동단체들이 추구하는 목적을 가장 효과적으로 달성하는 데

권위주의는 어떻게 국가를 망치는가?

초점을 두는 관점으로, 사회운동과 정치과정 간의 밀접성을 강조한다.

다시 프랑스의 이야기로 돌아가면 앞에서도 잠시 언급했지만 현대사에서 최초의 학생운동은 50년대 말과 60년대 초에 일어난 터키의 학생운동과 한국의 4.19 학생운동이다. 하지만 이 두 운동은 개발도상국에서 일어났기 때문에 그 여파가 국내에만 한정되어 있었고, 세계적인 주목을 받지 못했다. 반면에 1968년 봄에 일어나 5월까지 계속된 프랑스의 학생운동은 그 영향력이 프랑스뿐만 아니라 전 세계로까지 확산되었으며, 오늘날의 세계의 모습으로까지 이어져 세계의 민주화에 크게 기여했다는 평가도 받고 있다.

▎소수집단들이 정체성을 추구하면서 문화혁명으로 변해

당시의 개발도상국 두 나라(한국, 터키)와 프랑스 간의 큰 차이는 국가와 개인, 국가와 학생집단 사이에 있는 중간집단(中間集團) 또는 중간결사체인 전국학생총연맹과 노조 집단, 그리고 약간의 사회운동 집단이 그 당시 개도국에는 없었고 프랑스에는 있었기 때문에 그 영향력과 파급력이 달랐기 때문이라고 할 수 있다. 좀 더 부연하면 학생운동에서 점화된 불꽃이 프랑스에서는 노동자 집단으로 옮겨 붙어서 프랑스 사회의 모든 분야로 퍼졌고, 더 나아가 전 세계로 확산되어 각 나라에 뿌리박고 있었던 기존의 권위주의에 심대한 타격을 가했던 것이다. 자본주의 경제가 가져다 준 번영과 안정, 물질주의와 사치에 사람들이 탐닉해 있었던 것은 사실이다.

그럼에도 불구하고 사람들은 물질적 행복의 추구를 넘어서 자아의 실현이라는 질적 가치를 추구한 것도 사실이다. 다시 말해서 새로운 삶의 양식과 새로운 자기 정체성을 추구하는 움직임이 나타났다. 좀 더 구체적으로 말하면 자본주의가 가져온 여러 가지 현상들, 물질주의, 물신숭배, 소비지향적인 삶, 인간 소외, 공장에서 기계에 끌려가는 인간의 삶, 인간의 황폐화에 의문을 던지기 시작한 것이다. 그리고 사람들은 전통적이고 권위주의적인 인간관계보다 평등한 인간관계를 희구하고 있었다.

사람들은 또한 사회적 성공이나 물질적 소유 여부가 아닌 인간적인 측면에 따라 삶이 평가되어야 한다고 믿었고, 나아가 투쟁을 통해 자본주의 사회에서 소외된 인간을 되찾고자 했다. 따라서 기존의 권위에 대한 복종이나 사회적인 위계질서, 전통적인 문화 등 모든 것에 도전한 것이다. 이런 이유로 '68혁명'이란 명칭 이외에 '5월 혁명' 또는 1968년 5월의 학생 봉기를 '문화혁명'이라고도 불렀고, 프랑스 현대사회를 1968년 이전과 이후로 나눌 수 있는 역사적인 사건이라고 하는 까닭은 바로 여기에 있는 것이다.

68년은 또한 산업사회로서 계급 갈등에서 비롯되는 노동운동과 후기 산업사회의 탈계급적인 사회운동이 함께 일어난 해이기도 하다. 왜냐하면 서구에는 이후 노동운동 이외에 환경운동, 여성운동, 인권운동, 반핵운동, 언론·정보의 자유화 운동, 인종차별 폐지 운동, 평화운동 등 다양한 운동이 나타나기 시작했기 때문이다.

이 운동들은 사람들의 일상생활과 밀접하게 관련된 경우가 많으며, 특히 차별과 배제를 없애려는 운동도 눈에 띈다. 따라서 68년 이후에 서구 사회에 성, 마약, 동성애 등에 대해 관용하는 분위기가 있었던 것도 결코 우연이 아니다.

권위주의는 어떻게 국가를 망치는가?

당시 세계의 이런 흐름과는 반대로 왜 한국에서는 이런 운동이 일어나지 않았는가? 68혁명은 당시 대규모로 확대되고 있었던 반전운동과 겹쳐서 일어났는데, 한국은 베트남 전쟁에 파병을 하고 있었고, 이승만의 독재정권은 종말을 고했으나 군부가 주도하는 또 다른 성격의 권위주의 정권이 그 기틀을 잡아나가기 시작했던 시기였기 때문이었다. 어떻게 보면 당시 한국은 사람들이 삶의 질(quality of life)을 새롭게 추구하기보다는 일인당 국민소득 80달러 시대를 마감하고 '빈곤으로부터의 탈출'이라는 시대적 과제에 전 국민이 온통 매달려 있던 시기였기 때문이기도 하다.

▌신좌파세력이 등장해서 신사회운동을 이끌어

한편 68년 5월 혁명과 함께 새로 등장한 집단이 이른바 신좌파(New Left) 세력이다. 신좌파는 마르크스주의와 함께 인간을 억압에서 해방시키고 사회를 평등하게 하려는 궁극적인 목적에서는 같지만 여러 면에서 다르다. 신좌파가 마르크스주의자들과 근본적으로 다른 점은 다음과 같이 요약해볼 수 있다.

첫째, 마르크스주의자들은 무력 혁명을 통해서 자본주의 체제를 전복하는 데 목적이 있다면 신좌파는 의회를 인정하고 자본주의 기존 질서를 변혁하는 데 목적이 있었다.

둘째, 마르크스주의자들은 부르주아의 기득권을 혁파해서 전 세계 노동자의 해방을 궁극적인 목표로 삼았다면 신좌파는 억압과 착취의 개념을 더 넓게 해석해서 문화적, 관료적 기존 체제의 개혁은 물론 성적, 인종적 해방을 쟁취하는데 목표가 있었다.

셋째, 마르크스주의자들은 오직 정치, 경제적 억압에만 관심이 있었는데 반하여 신좌파는 여성 억압, 아동 학대, 인종적 착취 등 일상생활에서 벌어지는 차별 행위를 비판했다.

넷째, 마르크스주의자들은 노동자를 혁명의 주체 세력으로 부각시키려고 했으나 신좌파의 중추세력은 학생들과 청년, 소수인종 집단과 여성들이었다. 또한 저항의 방법도 농성, 집회, 공공장소의 점거 등을 통해서 저항의 소리를 높였다. 말하자면 그들은 사회에서 힘없고 가진 것이 없는 사람들, 이른바 민중의 소리에 주목했다.

이 밖에도 신좌파는 집단과 조직 속의 권위주의와 관료주의도 비판의 대상으로 삼았을 뿐만 아니라 권위주의적 기존체제가 여론의 조작과 조정을 통해 인간을 지배하는 상황을 비판했다.

어떠한 사회운동도, 특히 학생운동은 장기간 지속될 수 없는 것이 보통이다. 드골 정부는 마침내 군사력을 동원하고 의회를 해산시켰으며 6월 23일에는 총선을 실시했다. 정부의 위세는 크게 실추되었고 드골까지 피신하는 사태가 벌어졌으나 좌파 연합체인 노동자 연맹과 공산당이 계속 실책을 연발하면서 혁명적인 상황은 지속되지 못했다.

이후 6월 총선이 실시되어 드골이 승리한 후 프랑스 정부는 약간 권위를 회복했으며 사회는 다시 안정을 찾기 시작했다. 결국 5월 혁명은 실패로 끝났으나 사회적 영향력은 엄청난 변화를 가져왔다. 그리고 그것은 애국심이나 권위에 대한 복종 같은 보수적인 가치는 퇴조하고 평등, 성해방, 인권, 공동체의 강조, 생태주의 등 진보적인 가치들이 새롭게 자리 잡으면서 오늘날 프랑스의 모습으로 이어져 왔다. 사회운동의 시각에서는 새로운 운동이라는 의미의 '신사회운동'이 세계적으로 확산되어 주류를 이루었다.

좀 더 구체적으로 보면 68혁명 이후 새로운 가치, 새로운 사고방식, 새로운 삶의 방식이 프랑스 사회에 모습을 드러내기 시작했다. 공장에서든 정치에서든 교육에서든 방송에서든 수직적 커뮤니케이션은 무너지고 민주적이고 수평적인 대화에 근거한 새로운 커뮤니케이션 양식이 자리 잡게 되었다. 특히 5월 혁명 이후 프랑스에서는 여성의 지위 상승과 여성운동이 괄목할만한 발전을 보였다. 천주교 국가이지만 낙태와 피임도 합법화되었다. 오늘날 프랑스 내각에 여성들이 대거 참여하고 있는 것도 68년 5월 혁명의 영향임은 말할 것도 없다.

▎68혁명 이후 신사회운동은 세계적인 추세가 돼

비단 프랑스에만 변화가 온 게 아니었다. 프랑스의 학생과 노동자의 시위는 6월까지 계속되어 독일의 베를린과 프랑크푸르트, 이탈리아의 로마까지 확산되었고, 영국, 미국, 칠레, 우루과이, 아르헨티나, 멕시코, 일본의 오사카에까지 영향을 미쳤다. 특히 미국 캘리포니아 대학 버클리 캠퍼스의 학생운동은 세계적으로 큰 주목을 받았다.

더욱 중요한 것은 프랑스의 68 문화혁명이 몰고 온 신사회운동이 세계로 확산되면서 가져온 결과였다. 급속한 산업화로 인해 사회구조의 변화 속에서 자유를 원하는 사람들의 의식은 깨어났지만, 권위주의적인 기존체제는 그에 상응하지 못했다. 그리고 그것을 바꿔보려고 시작된 68혁명은 전 세계의 민주화를 이루는 실제적인 밑거름이 되었다. 또한 신사회운동은 거의 대부분의 자유민주주의 체제에서 세계적인 추세가 되었다.

한국 사회는 미완의 혁명으로 끝났지만 4.19라는 전국적인 학생운동을 1960년에 경험했다. 그러나 군사 쿠데타와 권위주의 정권의 출현으로 새로운 사회운동은 20여 년 늦게 우리사회에 나타났다. 빠르게는 1987년 6월 민주화운동 이후에, 특히 1992년 문민정부 이후에 시민사회가 등장하면서 신사회운동은 각광을 받았다. 오늘날 우리가 사회에서 일상적으로 접하는 노동, 여성, 환경, 언론, 인권, 반핵, 평화, 생태운동 등은 그것이 민주화 운동과 함께 왔기 때문에 더욱 소중하고 가치가 있어 보인다. 그럼에도 불구하고 서구의 신사회운동에 비하면 갈 길이 먼 것임은 말할 필요도 없다.

이렇게 신사회운동은 서구사회에서, 아니 자유민주주의 체제에서 보편적인 가치를 바탕으로 굳게 뿌리를 내리고 있지만, 세계가 동일한 가치를 향해 움직이고 있는 것은 아니다. 자유민주주의 체제에서는 인간의 기본권과 인권은 신사회운동에서 버팀목의 역할을 하는 핵심적인 가치이다. 미국, 유럽, 캐나다, 오스트레일리아와 뉴질랜드와 중·남미 아메리카, 아세아, 중동, 아프리카의 소수 자유민주주의 국가에서는 신사회운동이 펼쳐지고 있다.

반면에 중국과 러시아와 같은 권위주의 국가와 중앙 아세아의 몇 나라들, 그리고 아세아, 아프리카, 중동의 아직도 많은 개발도상국가에서는 신사회운동이 거론조차 되지 못하고 있다. 미국과 중국의 경쟁 시대에, 바꾸어 말하면 자유민주주의 대 권위주의 또는 전체주의가 경쟁하는 상황에서 가치관의 문제를 놓고 냉전시대와 마찬가지로 또다시 세계는 갈등에 휘말릴지도 모른다.

권위주의는 어떻게 국가를 망치는가?

세계화는 아직도 유효해서 권위주의 체제 대신에 자유민주주의 체제가 대륙에서 대륙으로 확산되기를 바랄 뿐이다. 미국이 중국의 지배하에 있는 신장 위구르, 티베트, 그리고 이제는 홍콩 사람들의 인권까지 계속 거론하고 있다. 또 러시아 반체제 인사들의 인권보장을 요구하는 것을 세계의 자유인들이 지지하는 까닭은 바로 이러한 전염성 때문이다.

　그런데 2019년 12월 코로나가 전 세계로 확산되면서 세계화의 속도가 느려지고 지역 내의 교류가 활발해지는 지역화의 추세가 눈에 띄고 있다. 또한 적지 않은 곳에서 민주주의 체제가 위기에 빠지면서 자유민주주의 대 권위주의 체제 간의 갈등이 새로운 세계적 이슈로 떠오르는 현상도 주목된다.

　그 본격적인 쟁투가 현재 우크라이나에서 벌어지고 있다. 다만 권위주의 체제인 러시아와 자유민주주의 체제인 우크라이나가 그 역사적 근원은 한 뿌리라고 하는데, 너무 참혹한 전쟁을 벌이고 있는 것은 아이러니라고 아니할 수 없다. 그 두 체제 간의 차이는 무엇인가? 바로 자유가 있느냐 없느냐의 문제라는 것은 전 세계인이 이미 알고 있는 사실이다.

　아울러 이번에 또 한 가지 알게 된 새로운 사실은 자유를 지키기 위해서는 약소국조차도 핵무기로 무장한 강대국을 물리칠 수 있다는 것이 가능하다는 사실이었다.

러시아의 침공을 받은
해바라기의 나라

$$\boxed{\text{우크라이나}}$$

어릴 때의 기억은 일생 동안 잊어버리지 않는다는 이야기는 나의 경우에도 마찬가지다. 그것은 1950년 초여름에 일어난 6·25전쟁 때문이었다. 그로부터 오랜 세월이 지나 2014년 6월 16일 오후 나는 불가피하게도 모스크바의 페테르부르크 공항에 도착하게 되었다. 북유럽의 복지국가를 가보기 위한 여정을 짜면서 소련을 경유하지 않으면 안 되는 여행이었다. 그때 러시아를 보고 난 후의 감상은 그 후 나의 졸저인 『지구촌 문화의 빛과 그림자』에 수록되었는데, 그 여행기는 다음과 같은 글로 시작되었다.

> "러시아는 내가 지구상에서 북한 다음으로 가장 가기 싫은 나라였다. 더 정확하게 말해서 러시아의 옛 이름인 소련(USSR, Union of Soviet Socialist Republics)을 싫어했던 이유는 순전히 6·25 전쟁에 관한 어릴 때의 기억 때문이었다. 그 기억은 1950년 6월 25일 북한 인민군이 물밀 듯이 서울로 밀고 들어와, 전쟁이 난 지 3일 만인 6월 28일부터 서울 곳곳에 스탈린과 김일성의 대형 초상화가 나붙기 시작한 이후로 거슬러 올라간다."

권위주의는 어떻게 국가를 망치는가?

| 우크라이나 전쟁이 옛 기억을 되살려

러시아가 관련된 그런 끔찍한 전쟁에 대한 생각을 70여 년 만에 다시 일깨워 준 것은 2022년 2월 24일 자정이 훨씬 지난 새벽 5시경, 블라디미르 푸틴 대통령이 이끌고 있는 러시아가 우크라이나를 침공하면서부터이다.

우선 푸틴이 우크라이나를 침공한 이유가 무엇인지 궁금했다. 도대체 왜 우크라이나인가? 푸틴이 표면상 내걸고 있었던 이유는 "우크라이나는 언제나 러시아의 일부였는데 NATO에 가입하려는 움직임을 저지하기 위해서였다"라는 것이다. 푸틴의 주장은 과연 정당한 것인가?

또 다른 의문은 러시아의 침공에 대해 우크라이나는 어떻게 반응할 것인지에 대해서다. 우크라이나인들은 수 세기 동안 러시아의 지배하에 있다가 독립된 민주주의 국가로서 자유를 맛본 지 겨우 30년을 막 넘긴 이때 이전의 지배자가 또다시 무자비한 포격을 가하면서 전쟁 상황에 휘말렸다. 막강한 전력을 가진 지배자에게 우크라이나인들은 스스로 쉽게 무너질 것인가? 아니면 엄청난 전력 차이를 알고 있음에도 불구하고 끝까지 저항할 것인가? 그리고 전쟁의 승패와는 관계없이 우크라이나 전쟁은 어떠한 결과와 영향을 미칠 것인가? 이러한 의문들에 답하기 위해서는 우크라이나의 복잡한 과거 역사들을 우선 알 필요가 있다.

한국에 있는 우크라이나 대사관의 설명을 듣고 그 나라의 역사를 되돌아보기로 하자. 주한 우크라이나 대사관은 금년 3월 1일 페이스북에 "침략국인 러시아는 우크라이나의 민간인을 학살하고 도시를 폭격하며 우크라이나의 문화유산을 파괴하는 만행을 저지르고 있다. 또한 우크라이나의 언어, 역사, 문화를 왜곡하면서 우크라이나의 국권을 빼앗으려고 한다"라며 러시아를 비난했다. 이어서 대사관은 "지명 표기를 러시아 발음이 아닌 우크라이나식 발음으로 표기해달라"고 요청했다. "예컨대, 현재 언론에서 '키예프'라고 하는 우크라이나 수도 이름은 러시아식 발음이고, '키이우'가 우크라이나 발음"이라고 했다. 우리나라 신문에서 외국 지명은 원칙적으로 현지 발음으로 쓰고 있다.

우크라이나와 러시아는 역사적 뿌리를 공유

오늘날 우크라이나의 현재 위치에 9세기경부터 키이우 루스(Kyiv Rus)라는 나라가 있었는데 이 나라가 바로 러시아, 우크라이나, 벨라루스의 뿌리가 되는 셈이다. 루스는 우크라이나의 수도인 키이우를 중심으로 위치해 있었기 때문에 우크라이나야말로 3국 중 중심 국가라는 주장도 나온다.

그런데 우크라이나인들은 러시아인들과 마찬가지로 키이우 공국에서 나왔지만 두 나라가 구성 민족도 다르고 종교도 다르다고 한다. 특히 올레나 쉐겔 한국외대 교수는 옛날부터 키릴 문자를 읽는 방식이 달랐다고 한다. 종교도 키이우 공국이 국교로 삼았던 정교와 가톨릭을 접목한 이른바 우니아트라고 하는 통합교회 교인들도 400만 명에 이른다고 한다.

키이우 공국에 이어 그 자리에는 몇 나라가 번갈아 있다가 1569년부터는 폴란드 · 리투아니아 연방이 우크라이나 지역을 지배했다. 그런데 이 시기에 드니프로 강변을 따라서 또는 동유럽의 광활한 초원을 떠돌면서 준 군사공동체 또는 군사자치제라고 할 수 있는 코사크(Cossacks)가 생겨났는데 보흐단 흐멜니츠키(1596~1657)가 그 리더로 등장했다. 그는 지방의 폴란드 관리로부터 핍박을 받다가 1647년 지하로 잠적, 일 년 뒤 코사크의 사령관이 되어 폴란드에 대항해서 무장봉기를 일으켰다.

권위주의는 어떻게 국가를 망치는가?

흐멜니츠키는 폴란드의 요새를 파괴하고 한때는 폴란드의 수도 바르샤바 인근까지 진군하면서 폴란드의 왕으로부터 자치권을 부여받고 1649년 해방자로 키이우로 개선한다. 그는 지금도 우크라이나에서 독립영웅의 한 사람으로 존경받고 있다.

그러나 흐멜니츠키의 승리는 짧은 기간에 그쳤다. 폴란드는 반격을 시작했고 흐멜니츠키의 군대는 1651년 베레스테츠코 전투에서 패하면서 우크라이나는 다시 위기에 처했다. 그래서 통합교회의 교도인 이른바 우니아트인 흐멜니츠키는 루스인이자 정교회를 신봉하고 있던 러시아에 원조를 요청했다. 이때 페레야슬라프(Pereyaslav)협정이 이루어지고 우크라이나의 운명이 갈리게 되었다.

결국 러시아는 흐멜니츠키의 요구를 받아들여 1654년 페레야슬라프에서 협정을 맺고 폴란드에 선전포고를 했다. 이 협정을 계기로 우크라이나가 운명의 갈림길에 섰다는 의미는 협정의 내용에 대한 해석의 차이에 있다. 문제를 더욱 복잡하게 만든 건 원본이 분실되었기 때문이다. 구소련과 러시아는 이 조약에 "우크라이나인은 러시아의 황제 명칭인 차르에게 충성을 맹세한다"라는 내용이 담겨 있다고 주장하면서 우크라이나를 러시아에 복속시키려는 노력을 해왔다.

반면에 우크라이나는 그 조약에는 단기적 군사동맹에 대한 내용만 담겨 있을 뿐이라고 하면서 러시아에 편입되기를 거부해 왔다. 러시아가 모호한 협정문안을 빙자해서 우크라이나를 복속시키려고 했던 점은 분명해 보인다.

이러한 차이 때문인지 10여 년 후인 1667년에 우크라이나는 드니프로

강을 따라서 좌측은 폴란드, 우측은 러시아가 점령해왔다. 특히 러시아에 의해 두 세기 넘게 오랫동안 지배를 당하면서 우크라이나의 정체성은 크게 타격을 받아 휘청거렸다. 그러나 인구구성에서 70% 이상이 우크라이나인데 비해 러시아 인은 17~20%에 불과해 제일차 대전 중인 1917년 민족주의가 싹터서 독립선언을 했지만, 러시아군의 진압으로 무위에 그쳤다. 다만 1917년이 러시아 혁명 기간으로 전통 왕조국가에서 사회주의 국가로 혼란스런 체제 이행 기간이었음을 눈여겨볼 필요가 있다.

| 1922년에 소련에 편입한 후 1991년에 독립

비록 우크라이나는 독립국가로 태어나는 데 실패했지만 1918년 푸른색과 노란색으로 된 우크라이나의 국기가 채택된 것을 보면 우크라이나인들은 더욱 단결했고 그들의 정체성은 한층 더 강고해졌는지도 모른다. 그러나 러시아 혁명 기간을 거쳐 우크라이나는 1922년에 소련(USSR)에 편입, 그로부터 70년이 지나 1991년 구소련이 해체되면서 러시아를 포함한 13개국이 독립할 때 우크라이나도 마침내 독립을 달성했다. 참으로 오랜만에 우크라이나는 러시아의 속박을 벗어나 자유를 만끽하는 나라가 되었다.

한편 1917년 혁명 이후 러시아는 오랫동안 두꺼운 벽에 갇혀있었던 나라나 다름없었다. 1985년 미하일 고르바초프가 소련 공산당 서기장으로 선출되면서 정치, 경제, 사회, 문화의 개혁(Perestroika)을 통해서 이 벽들을 깨부수어서 소련 사회의 구조를 개방(Glasnost)사회의 구조와 맞게끔 변혁을 시도했다. 고르바초프의 시도는 자유민주주의 국가 시민들의 관점에서는 올바른 길이었지만 국가 수준에서는 국력의 쇠퇴로 이어져 결국 소련은 해체되었다. 그리고 그동안 소련에 매여 있던 나라들은 독립을 이룩하게 되었다. 약소국들의 독립이 소련의 힘이 빠졌을 때 시작된 것은 당연한 결과이었다.

우크라이나는 오랫동안 국가를 이루지 못한 상태로 살아왔다. 1991년부터는 이제 처음으로 독립국가로서의 모습을 제대로 전 세계에 알렸다. 2021년 현재 우크라이나의 인구는 약 4천 3백 46만 명이며, 국토의 면적은 대략 한반도의 2.7배에 달한다. 이 정도의 인구와 국토의 크기는 유럽에서는 결코 작은 나라에 속하지 않는다. 영국과 독일보다는 훨씬 크고 한반도의 2.3배가 되는 스페인보다도 크다. 필사적인 저항 때문이기도 하지만 러시아가 우크라이나 수도인 키이우 근처로 진격하는데 20여 일 이상이 소요된 원인 중의 하나는 광활한 영토 때문이기도 한 것 같다.

우크라이나 바로 북쪽에는 친러 정권의 벨라루스가 있고 서쪽으로는 슬로바키아와 헝가리에 접해 있다. 북서쪽으로는 폴란드와 접경을 이루고 있어서 이번 전쟁에서 가장 많은 피난민들이 국경선을 넘어 몸을 피했다. 동쪽과 북동쪽은 우크라이나가 접한 국경 중 가장 긴 면적에 걸쳐서 러시아와 접해 있다. 우크라이나의 인구구성을 보면 우크라이나인이 77.3%, 러시아계 인구가 17.8%, 기타 4.9%가 벨라루스, 불가리아, 헝가리, 몰도바, 리투아니아 등의 사람들로 이루어져 있다. 따라서 우크라이나 북동쪽에는 러시아인들이 많이 몰려 살고 있다. 또한 서남쪽은 몰도바와 루마니아에 접해 있다. 그리고 동남쪽은 크림(Crimea)반도로 흑해와 아조프해(Sea of Azov)에 둘러싸여 있다.

동쪽의 돈바스 지역에는 러시아인들이 많이 거주

지정학적인 관점에서 보면 북동쪽과 동남쪽은 러시아가 쉽게 접근할 수 있는 곳이다. 2014년 러시아는 제2차 대전 중 미·영·소련의 연합국 회담이 열렸던 얄타가 있는 크림반도를 병합, 크림 공화국을 신설했다. 우크라이나인들은 특히 크림 병합 이후 러시아를 더 이상 형제가 아닌 적으로 여겼다고 한다. 세계는 푸틴의 이런 영토 병합을 비난했고 대부분의 국제사회는 이 지역을 우크라이나의 일부로 인정하고 있다. 또한 우크라이나의 동쪽에는 루한스크(Luhansk)와 도네츠크(Donetsk)라는 두 자치구가 있는 돈바스(Donbas)라고 불리는 지역이 있다. 그런데 이곳은 러시아계 인구가 많으며 반군이 장악하고 있었기 때문에 이번 전쟁의 전초전에서 러시아는 쉽게 침공해서 친러공화국을 세웠다.

어떻게 이런 일이 일어날 수 있을까? 전쟁이 발발한 지 넉 달이 넘은 현재 우크라이나의 수도 키이우는 아직 함락이 안 된 채 전쟁은 교착 상태에 빠졌다. 푸틴은 2014년에는 크림반도를, 2022년에는 돈바스 지역에 친러 공화국을 세우고, 우크라이나를 점진적으로 분할 통치해 왔다. 그런데 궁극적으로 우크라이나를 정복하려는 이유는 무엇인가? 앞에서 언급한 대로 푸틴은 우크라이나의 NATO 가입을 저지하는 데 목적이 있다고 했다. 폴란드계 미국인으로 정치 외교학의 석학인 즈비그뉴 브레진스키는 일찍이 "우크라이나 없는 러시아는 제국으로 부상할 수 없다"라고 했다.

브레진스키가 우크라이나의 중요성을 그렇게 강조한 근거는 어디에 있는 것일까? 우선 우크라이나의 날씨는 온대기후권에 속하면서 여름에는 동쪽이, 겨울에는 서쪽이 따뜻하고 크림반도의 남쪽은 온화한 지중해성

기후를 가지고 있다. 한 나라가 주목을 받을 때 가장 자주 거론되는 이유는 여러 가지가 있지만, 그중에서도 지하자원이 풍부할 경우인데 우크라이나가 바로 그런 예이다. 우크라이나는 90여 종의 광물이 풍부하게 매장되어 있는데, 그중에서도 철광석, 망간, 티타늄, 흑연 등은 세계적인 매장량을 가지고 있으며 우라늄도 매장되어 있다.

우크라이나의 자원을 이야기할 때 빼놓을 수 없는 것이 농산물로 유럽의 빵 바구니로 알려져 있다. 우크라이나의 체르노젬은 북미의 프레리, 남미의 팜파스와 함께 세계 3대 곡창지대의 하나이며, 세계에서 가장 비옥한 흑토의 30%를 보유하고 있다. 흑토는 땅이 비옥해 씨앗만 뿌려두면 그대로 잘 자란다고 한다. 하늘과 땅을 상징하는 국기에서 노란 부분은 황금빛 농지에서 나는 노란 밀을 의미한다. 특히 우크라이나는 2020년 기준 세계 밀 수출의 10%, 해바라기씨 기름 수출의 54%를 차지함으로 광활한 노란 들판은 장관이 아닐 수 없다. 또한 옥수수, 설탕, 꿀, 견과류 등 많은 곡물을 생산하고 있는 먹거리가 풍부한 나라이다.

한 뿌리에서 나왔지만 두 개의 나라로 쪼개진 나라는 세계에 많다. 분단된 한반도는 차치하고라도 인도와 파키스탄이 그렇고 체코와 슬로바키아 등 여러 나라의 예가 있다. 만일 우크라이나가 위에서 설명한 것과는 반대로 자원도 없는 불모의 땅이라고 가정할 경우에도 그렇게 수십만 병력을 동원해서 침공했을 것인가 의문을 제기하지 않을 수 없다. 단도직입적으로 말하면 러시아는 지하자원이 풍부하고 광활한 곡창지대를 가진데다가 풍부한 노동력을 가진 우크라이나를 주위의 그 어떤 나라보다도 탐냈을지도 모른다.

이와 관련해서 1981년 내가 워싱턴에서 만난 한 러시아인의 말이 생각난다. 그는 러시아로부터 망명해 한동안 나와 같이 연구소에 있었다. 그에 의하면 만일 미국과 소련이 전쟁을 하면 게임이 안 된다는 것이다. 소련은 그 당시 미국보다 두 배나 큰 나라지만 미국은 동서남북이 균형 발전되어 있는 반면에 소련은 그렇지 못하기 때문이라는 것이다. 전쟁이 발발하는 즉시 그 당시 인구 약 822만 명의 모스크바와 상트페테르부르크의 두 도시만 두드리면 전쟁은 미국의 승리로 끝날 수 있다고 했다. 전에 레닌그라드로 불렸던 상트페테르부르크는 모스크바에서 비행기로 1시간 20분 걸리는 서북쪽에 있는 인구 468만의 도시이다. 푸틴은 상트페테르부르크 대학에서 법학을 전공하였다.

유엔의 추정에 의하면 2022년 현재, 모스크바의 인구는 약 1,264만으로 늘었고 상트페테르부르크 인구도 약 553만 명으로 증가했다. 나머지는 60여 개의 도시가 적게는 30만 많게는 1백60만의 인구를 가지고 있다. 러시아의 인구는 약 1억 4,600만에 이른다. 이중 4,000만은 시베리아 남쪽에, 대부분은 서유럽 쪽에 몰려 살고 있다.

반면에 2020년 현재, 미국 인구는 약 3억 3천 100만에 이른다. 이런 러시아의 지정학적 인구 현황을 보면 러시아 서남쪽에 있는 우크라이나는 러시아에 가장 필요한 나라일지도 모른다. 만에 하나라도 우크라이나에 친러 정권이 수립되면 인구만도 러시아는 약 2억에 이르게 된다.

▌푸틴은 구소련 영토를 다시 통제하려고 침공

우크라이나가 러시아의 일부였다는 주장이나 지하자원과 농산물이 풍부하다는 경제·산업적 요인 이외에 우크라이나의 위치 자체가 요충지

권위주의는 어떻게 국가를 망치는가?

에 자리 잡고 있다는 지정학적 요인이 침공의 원인이라는 주장이 제기되는 까닭은 바로 이러한 이유 때문이다. 브레진스키와 마찬가지로 이양구 전 우크라이나 대사도 우크라이나를 '지정학적 중추국(pivot state)' 또는 '중심축 국가'라고 부르는 것도 똑같은 이유이다.

푸틴은 1990년대 말부터 알렉산드르 두긴의 영향력을 많이 받아왔다. 두긴은 지정학적 영향력 확대론자이다. 그는 그 방법론으로 동맹세력을 확장하고 일부 지역은 병합할 것을 제안했다.

이제 푸틴의 침공 이유를 정리해보면 첫째, 우크라이나는 러시아의 일부였기 때문에 NATO 가입을 방지하기 위해서였고, 둘째, 우크라이나의 풍부한 지하자원과 농산물도 침공 요인의 하나였으며, 셋째, 우크라이나는 지정학적 중추국으로 결코 서방 쪽으로 기우는 것을 막을 수밖에 없었던 것처럼 보인다. 이것은 제2차 대전 후 스탈린이 지정학적 안보를 위해 동구권을 완충지대(buffer zone)로 삼아서 몇 십 년을 이끌고 온 것과 마찬가지라는 생각이 든다.

러시아 문제 전문가이며 '푸틴 독트린'을 분석한 조지타운 대학 명예교수인 앤젤라 스텐트 교수에 의하면 "푸틴이 우크라이나의 NATO 가입의사를 저지시키려고 침공했다는 말은 하나의 핑계일 뿐"이라고 주장했다.

스텐트 교수는 "냉전 이후 유럽연합, 미국과 일본이 촉진해 온 자유롭고 규범에 기반한 국제질서를 폐기하고 러시아가 통제하기 쉬운 체제로 바꾸는 것이 푸틴의 궁극적인 목적"이라고 주장했다. 따라서 푸틴이 침공한 네 번째 이유는 구소련 영토에 대한 통제권 회복이며 구체적으로는 우크라이나의 통제권이라고 할 수 있다.

인간의 이성은 지금도 끊임없이 합리성을 추구하고 있고, 300여 년 넘은 러시아의 속박을 벗어나 이제 겨우 30년을 막 넘어서 자유를 만끽하고 있는 나라를 다시 통제하려는 이 시도는 얼마나 비현실적인 일인가? 오직 자기 세계에만 갇혀있는 사람만이 할 수 있는 발상이라고밖에 단정할 수가 없다.

▌푸틴은 그의 권위주의 체제를 끊임없이 강화시켜

그런데 이게 전부일까? 그것은 다름 아닌 침공을 자행한 국가의 성격과 그 지도자의 정체가 무엇인지 따져보지 않을 수 없다. 결국 다섯 번째로 생각해 볼 수 있는 이유는, '러시아는 권위주의 국가이고 푸틴은 권위주의적 독재자이기 때문'에 침공을 자행했다고 본다. 우리가 다 알다시피 푸틴은 2000년에 대통령에 당선, 2004년에는 재선에 성공해서 이미 2008년까지 대통령직을 수행했다. 그는 3선 연임을 금지하는 헌법 때문에 더 이상 권좌에 오르는 것이 불가능해지자 대통령직을 측근인 메드데베프에게 물려주고 그 밑에서 4년 동안 총리도 지냈다. 그리고 다시 2012년에 대통령이 되어 오늘에 이르렀다. 그는 오랫동안 권력을 쥐고 러시아의 위대성을 외치면서 민족주의를 북돋웠지만, 그 모두가 그의 권위주의 체제를 지속시키고 강화하는 데 이용되었다.

러시아 국민은 푸틴의 장기 집권에 염증을 내기 시작했고 국내 경제도 악화하면서 눈을 밖으로 돌리기 시작했을지도 모른다. 그는 집권 이후 체첸, 2008년 흑해 동쪽에 있는 옛 그루지아인 조지아를 침공했고, 2014년에는 크림반도를 병합했다. 그때마다 국내 지지율은 상승, 그의 권위주의적 체제는 더욱 강화되었지만, 이번의 우크라이나 침공은 러시아 국내의 반전운동과 국제여론의 엄청난 반대에 직면했다. 유엔 회원국 193개국 중 181개국이 표결에 참여해 141개국이 압도적으로 러시아군의 즉각 철군을 요구했고, 북한 등 5개국만 러시아의 침공에 찬성했다.

우크라이나에 대한 러시아의 침공이 임박했다는 뉴스는 미국 쪽에서 끊임없이 흘러나왔지만, 사람들은 제발 전쟁만은 일어나지 말기를 바랐다. 2월 24일 오전 5시에 전쟁이 터졌을 때 어찌 21세기에 이렇게 명분 없는 전쟁이 일어날 수 있을까 반신반의했다. 그래도 곧 자유민주주의 대 권위주의 체제의 대결이란 생각이 들었다. 그러나 러시아 쪽에서 전쟁은 4~5일 만에 끝낼 수 있다는 소식이 들리자 우크라이나의 비극적인 종말이 머리에 그려지기도 했다. 이 긴박한 3~4일 동안에 텔레비전에서 보았던 가장 인상 깊었던 장면은 백발의 할머니가 목표물을 향해 소총을 겨누는 모습이었다.

남자들이 총을 다루는 것을 보고 호기심에서 할머니까지 사격 자세를 취했을 것이라는 나의 추측은 반팔의 티셔츠를 입고 수도 키이우를 떠나지 않을 것이라는 젤렌스키 대통령의 모습을 보고서야 완전히 빗나갔음을 알 수 있었다. 여기서 절대로 간과해서는 안 될 문제의 핵심은 자유민주주의를 수호해야겠다는 우크라이나인들의 결연한 자세이다. 비록 수 세기 동안 러시아의 속국으로 지내왔지만 지난 1991년부터 제대로 향유하기 시작한 자유민주주의야말로 자신들의 생명을 바치면서까지 지킬만한 가치임을 우크라이나인들은 이제 확신한 것 같았다. 그리고 우크라이나인들의 용감한 모습에 전 세계 사람들은 완전히 감동했다.

민주주의는 비록 형식적이지만 사회주의 체제에서도 주장하고 있다. 그러나 진정한 민주주의는 오직 자유민주주의 체제에서만 가능하다. 왜냐하면 자유가 없는 민주주의는 허울뿐인 민주주의이기 때문이다. "나에게 자유를 다오, 그렇지 않으면 죽음을 다오!"라는 패트릭 헨리의 말이나 "신은 우리에게 생명을 줌과 동시에 자유를 주었다. 그것은 폭력의 손에 의해 파괴될지는 몰라도 분열되지는 않는다"라는 토머스 제퍼슨의 말은 참으로 진실이라는 것이 우크라이나의 전쟁에서 증명되었다.

| 젤렌스키 대통령의 리더십은 전쟁 중 크게 빛나

젤렌스키 대통령부터 백발의 할머니에 이르기까지 그들에게 자유는 생명을 바칠 만큼 귀중한 가치인 반면에 얼마 전 탈레반이 쳐들어오자 재빨리 가재도구를 싸 들고 도망친 아프카니스탄의 대통령은 자유보다는 목숨을 택했다. 우크라이나의 자유는 폭력을 휘두르는 푸틴의 손에 의해 파괴될지는 몰라도 자유의 땅인 우크라이나는 영원히 똘똘 뭉칠 것이며 푸틴의 손이 도리어 잘리어 나갈 수도 있다. 이번 전쟁은 젊은 대통령인 40대의 젤렌스키와 70대의 푸틴 대통령을 전 세계에 클로즈업시켰다. 특히 젊은 대통령의 용감한 리더십은 이 전쟁에서 찬란하게 빛났으며 한 나라를 단결시키는 접착제의 역할을 톡톡히 해냈다.

미국은 젤렌스키 대통령에게 탈출을 권했지만 "나에게 필요한 것은 탄환"이라고 외쳤다. 그는 부모가 모두 학자 출신인 유대인 가정에서 태어났다. 전공은 법학이지만 고교생인 17세부터 연극단에 가입한 후 코미디언과 프로듀서를 해온 연예인이었다. 2018년 대통령에 당선, 그 이듬해 우크라이나의 6대 대통령으로 취임했다. 정치 신인인데다 인기도 저조했지만, 전쟁이 터지자 주저하지 않고 수도 키이우에 남아 시민들의 항전을

권위주의는 어떻게 국가를 망치는가?

독려하면서 그의 인기는 90%대로 치솟았다. 40대 중반의 정치인으로 그는 최소한도 대통령으로서의 책임만은 잊어버리지 않았다. 대통령 부인의 군복을 입은 모습까지 젤렌스키 인기 상승에 한몫했다.

반면에 푸틴에 쏟아진 관심은 그의 정신건강에 관한 문제였다. 웃통을 벗어젖힌 모습이며 이십 수 년 동안에 걸친 권위주의적 독재자로서의 그의 면모는 이미 전 세계에 모두 알려진 탓도 있다. 하지만 체첸과 조지아 침공, 크림반도 병합을 위한 전쟁, 돈바스의 두 지역 친러 정권의 수립 등 끊임없이 표출돼온 그의 호전성이 심상치 않았기 때문이었다.

우선 뉴욕 타임스는 푸틴의 정신건강에 이상이 있음을 제기했고 영국의 더 타임스는 더 나아가 푸틴이 '오만 증후군(hubris syndrome)'에 빠졌다는 것이다.

오만 증후군이라는 병은 오랫동안 무소불위의 권력을 휘두르면서 생길 수 있는 질병으로 자기도취, 과대망상, 판단력 저하 등의 증상을 보인다는 것이다. 푸틴의 정신건강의 이상 증세를 증언하는 소식은 또 있다. 미국의 국가정보국 국장을 역임한 한 인사는 CNN에 나와서 "푸틴은 미쳤다"라고 했고, 러시아 주재 미국 대사를 지낸 한 인사도 "30년 넘게 푸틴을 지켜봤는데, 요즘 그는 현실과 완전히 동떨어져 있다"라고 말했다. 푸틴은 러시아군이 우크라이나로 진격해 들어가면 각처에서 환영받을 것으로 예상했다고 하니 얼마나 현실과 동떨어진 착각인가? 그런 의견을 수용한 푸틴의 판단력은 아무래도 평균보다 훨씬 떨어진다고 할 수 있다.

러시아의 침공에 대한 우크라이나의 저항은 치열하고 격렬하다 못해 처절했다. 전쟁에 대한 러시아의 판단은 처음부터 빗나갔다. 시간이 지날수록 전쟁에 대한 여러 가지 평가가 세계 언론에 떠돌기 시작했다.

첫째, 우크라이나 국민의 저항을 너무 과소평가했다.

둘째, 정치신인인 젤렌스키의 리더십도 얕잡아 본 면이 있다.

셋째, 미국과 NATO의 적극적인 대응을 고려하지 않았다.

넷째, 미국, 유럽 EU 등 세계여론이 러시아에 등을 돌릴 것이라는 사실도 무시했다.

다섯째, 전쟁에 참여한 러시아 군인들과 국민에게 전쟁의 목적을 분명하게 알리지 않은 점도 실책이었다.

여섯째, 러시아 군인에 대한 보급 상태는 시원찮으며 전쟁은 오래갈 수도 있고 심지어는 교착상태에 빠질 수도 있다고 하였다.

▌전쟁의 참혹함은 대기근 때의 참사를 일깨워

러시아는 개전 초기에는 군사시설이 있는 곳을 골라서 우선 포격을 가했지만, 전쟁이 길어질수록 원전 등을 비롯해 무차별 폭격이나 포격을 가해 많은 민간인 사상자가 발생했다. 어린이들까지 포함된 민간인 사상자가 늘면 늘수록 우크라이나인들 사이에서는 1930년대 초에 일어난 대량 참사에 대한 기억을 떠올렸을 것이다. 홀로도모르(Голодомор)!

전쟁이 없었다면 러시아와 우크라이나 두 당사국을 제외하고 미국과 유럽에서만 알고 있는 비극적 사태가 전 세계에 알려질 까닭이 없었을 것이다. 이런 과거의 아픈 기억은 우크라이나의 민족주의로 연결되었을 것으로 충분히 짐작이 간다.

현재 우크라이나의 풍요한 농촌만 보면 어떻게 수백만의 농민이 굶주림에 지쳐서 죽은 슬픈 과거가 있었는지 이해가 되지 않는다. 비극의 씨앗은 스탈린 치하에서 1928년 1차 경제개발 5개년 계획을 시행, 농민들을 강제로 집단농장에 편입시키면서 비롯되었다. 밭이나 가축이 누구의 소유도 아닌 상태에서 일할 의욕이 나지 않고 가축 돌봄도 느슨해져 곡물은 약 20%, 가축은 40%나 감소되었다. 거기에다 수차례 기근이 덮쳤는데도 불구하고 스탈린 독재국가는 곡물을 계속 공출해서 외국에 팔아넘겼다.

굶주린 농민들이 곡물을 감추기 시작하자 공산당 관리들은 스탈린의 지시를 받아서 공출에 저항하는 농민들을 색출해서 처벌하고 1932년에는 5만 명이나 체포했다. 심지어는 마을 주민 전체를 시베리아로 유배형을 보내기도 했다. 결국 1932~1933년에 250~350만 명의 우크라이나인이 굶어 죽었다. 우크라이나는 지금도 매년 11월 넷째 주 토요일을 홀로도모르(Holodomor) 추모일로 정해 희생자들을 기리고 있다고 한다. 홀로도모르는 우크라이나어로 '굶주림 때문에 생긴 탈진에 의한 죽음' 또는 의도적인 죽음의 뜻이 내포된 '기아로 인한 치사(致死)'를 의미한다.

미국, 바티칸 등 24개국은 홀로도모르는 스탈린 당국이 대기근으로 인한 식량 부족으로 인해 많은 사람의 생명에 위협이 될 줄을 알면서도 곡물 공출을 강행해 외국으로 수출한 것은 유대인 학살과 같은 인종의 대량 학살을 의미하는 제노사이드(genocide)라고 규정했다. 그리고 유엔과 유럽의회는 비인도적 범죄라고 결정했다.

반면에 러시아 당국과 학계는 우크라이나의 기근 사태는 그 당시 소련의 여러 지역을 덮친 지역적 사례일 뿐이라며 제노사이드를 부정하고 있다. 우크라이나인들은 스탈린 시대의 이런 굶주림과 350만 명에 이르는 동포의 죽음, 민족주의를 말살하려는 러시아의 무자비한 박해를 어찌 잊을 수가 있겠는가?

│ 우크라이나 전쟁은 장기전으로 지속될 것인가?

우크라이나 전쟁은 결국 어떻게 끝날 것인가? 이양구 전 우크라이나 대사는 국제전문가들이 거론하고 있는 다섯 가지 시나리오를 소개한다.

첫째, 단기전으로 러시아가 결국 수도 키이우를 점령해 친러 괴뢰정권을 수립하는 경우이다.

둘째, 장기전으로 러시아군은 보급에 차질을 겪고 우크라이나군의 결사항전으로 전쟁이 수년간 지속되는 경우이다.

셋째, 확전의 경우로 러시아가 몰도바, 조지아 등 비 NATO 회원국이나 발트 3국 등 NATO 회원국을 침공함으로써 NATO가 참전하고 유럽 각국으로 전쟁이 비화하는 시나리오다.

넷째, 외교적 해결의 경우이다. 러시아군의 피해가 커지고 반전 여론이 높아지면서 중국이 중재에 나선다는 시나리오다.

다섯째, 푸틴 정권의 축출이라는 꿈같은 시나리오다. 러시아군의 사상자가 증가하고 경제제재로 러시아의 엘리트층이 등을 돌려 민중봉기나 쿠데타가 일어나는 시나리오다.

국제문제 전문가들은 대체로 장기전 시나리오 가능성을 가장 높게 본다고 하는데 실제로 전쟁이 발발한 지 넉 달이 가까워옴에도 불구하고 전황은 교착상태로 빠지고 있다. 우크라이나는 해마다 3월 하순이 되면 '라스푸티차(Rasputitsa)'라는 기상변화로 흑토지대 평야가 늪지로 변해 탱크의 이동이 어렵다는 상황도 장기전을 예측케 하는 한 요인이 될지도 모른다.

권위주의는 어떻게 국가를 망치는가?

이런 시나리오에 영향을 미칠 또 다른 변수들은 마지막 가느다란 희망이지만 푸틴이 합리적인 결정을 내릴 수 있는가의 여부와 함께 우크라이나의 저항능력의 지속 여부와 미국과 NATO의 군사지원 강도 여부도 중요한 변수가 될 것이다. 또한 전쟁에 대한 중국의 태도도 무시 못 할 변수라고 한다.

그런데 더욱 놀라운 사실은 전쟁이 한 달 열흘이 지난 시점에서 우크라이나 국경에서 북동쪽으로 35㎞ 되는 지역에 있는 러시아 석유저장 시설을 우크라이나 헬기 2대가 공격, 저장고 8곳에서 화재가 났다는 보도였다. 이 화재는 러시아 측의 자작극일 가능성이 있다는 보도도 있었지만 만일 이것이 우크라이나에 의한 공격인 게 사실이라면 전쟁 발발 이후 우크라이나가 러시아 영토에 대한 공격을 감행한 첫 사례가 되는 셈이다.

이런 전황의 진전에도 불구하고 우크라이나의 상처가 가장 깊게 드러난 부분은 드니프로 강 동쪽의 루한스크와 도네츠의 두 지역 인민공화국, 그리고 키이우를 포함한 서쪽의 친서방 영향력이 큰 지역 간의 갈등일 것이다. 지역갈등으로 끝나면 그나마 다행이지만 러시아 군사 당국이 전쟁을 장기전으로 이끌면서 동쪽의 돈바스 지역 확보에 주력한다고 발표했을 때 또 다른 갈등 상황의 도래를 우크라이나에게 안겨주는 셈이었다. 이런 발표는 더 큰 전쟁 준비를 감추기 위한 위장전략 또는 기만전술이라고 본 견해도 있지만, 러시아의 전략변경은 우크라이나를 남·북한의 분단 상황처럼 만들려고 하는 것이 아니냐는 의견도 나오기 시작했다.

러시아 침공은 권위주의 체제 국가에 부정적인 영향

러시아의 침공으로 시작된 우크라이나 전쟁은 당사국인 두 나라를 넘어서 많은 나라에 영향을 미칠 것으로 본다. 특히 권위주의 체제의 국가에 대해서는 대체로 부정적인 영향을 끼칠 것으로 본다. 나는 당초 러시아의 우크라이나 침공은 생각조차 못해봤기 때문에 중국의 권위주의 체제에 먼저 변화의 바람이 불 것으로 예상했었다. 중국에 대한 저항세력으로서 신장 위구르와 티베트의 변수와 함께, 코로나 사태 이전에 홍콩에서 격렬하게 벌였던 반중 시위, 또한 대만의 노골적인 친미 정책과 남중국해를 둘러싸고 벌어지는 미국과 일본의 반중국 갈등이 시진핑의 권위주의 체제에 부정적인 영향을 미칠 것으로 봤다.

무엇보다도 시진핑(習近平)이 권위주의 체제를 공고히 하는 과정에 있음을 눈여겨볼 필요가 있다. 러시아, 중국, 북한의 권위주의 체제는 상호 영향을 주고받는 관계에 있다. 시진핑이 국가주석이 되어 권력을 틀어쥐기 시작한 시기는 꼭 10년 전인 2012년이었고 2018년에는 국가주석의 연임 제한을 삭제시킨 개헌을 단행, 장기집권의 토대를 마련했다. 또한 시진핑은 중국의 번영을 꿈꾼다는 의미의 중국몽(中國夢)을 내세워 중국인들의 기대를 높여 놓았다. 기대상승설이라는 사회운동의 이론에 따르면 계속 발전이나 성장은 하지만 그 발전의 폭이나 속도가 부진함으로써 성원들의 기대감과 맞지 않을 때 사회성원들은 불만을 증폭시켜 혁명, 폭동, 사회운동에 참여한다는 것이다.

중국은 지난 삼십 수 년 동안 10% 안팎의 초고속성장 시대를 경험하면서 획기적인 경제 발전을 이루었다. 그런데 최근 수년 동안 발전을 하고는 있지만 초고속성장의 끝자락에 도달하면서 경제 성장은 부진을 거듭

권위주의는 어떻게 국가를 망치는가?

해서 중국 인민들의 기대에는 훨씬 못 미치고 있다. 금년에 중국 당국은 5.5%의 성장률을 제시했으나 글로벌 투자은행들은 4% 정도로 전망하고 있다. 이러한 수치는 중국 인민들의 기대를 충족시키지 못하면서 사회적 불만으로 쌓이지 않을 수 없다. 더구나 고속성장 동안에 상대적 박탈감을 느끼는 층이 엄청나게 증가해서 시진핑은 작년에 불평등을 완화시키기 위해 공동부유(common prosperity)정책을 발표하기도 했다.

또한 비교적 오랫동안 사회 · 경제적 발전을 지속해오다가 급작스럽게 그 성장이나 발전이 좌절 내지 퇴보할 때 계속 상승하는 기대감과 하강하는 현실 사이의 괴리로 사람들이 폭동이나 혁명에 참여한다는 '상승과 하강의 가설' 역시 사회변화를 설명하는 이론이다. 이 이론도 기대상승설, 상대적 박탈설과 함께 불만에 차 있는 사람들이 사회를 변화시킬 수 있다는 가설이다. 경제성장률에 대한 예상도 1991년 이후 30년 만에 가장 낮은 수치인데다 오미크론도 계속 확산 추세에 있는데 중국 당국은 제로 코로나 정책을 밀어붙이고 있어 인민들의 불만이 점증함에 따라 시진핑의 권력 기반이 처음으로 조금씩 흔들리고 있다.

위와 같은 이론들을 근거로 나는 러시아보다는 중국이 위기 상황에 직면할 가능성이 높아 보였다. 그때 북한도 변하리라고 생각했다. 그런데 러시아가 돌연히 우크라이나를 침공했다.

이제 푸틴의 권위주의 체제가 전쟁의 후유증으로 그 대가를 치를 가능성이 높아졌다. 왜냐하면 당초 단기간에 가볍게 이길 것으로 예상했던 전쟁이 100일을 지나 넉 달이 가까워오도록 계속되고 있기 때문이다. 중국은 우크라이나에 대한 러시아의 침공사태를 두고 부쳐진 UN 표결에서 찬성도 반대도 아닌 기권의 입장을 표명했다. 러시아의 전쟁 수행 능력이 지리멸렬 상태에 빠지면서 중국은 묘한 입장에 놓이게 되었다.

┃ 중국에 미친 영향도 미묘할 수밖에 없어

차라리 러시아의 예측대로 4일~5일 만에 승리를 거두었다면 러시아를 옹호 안 했다고 비판받았는지는 몰라도, 중국은 자유민주주의 대 권위주의 체제의 대결에서 권위주의가 이겼다고 속으로 쾌재를 불렀을지도 모른다. 러시아 침공에 대해 기권함으로써 중국은 "그것 보라"는 듯 체면은 지켰지만 도와달라고 손을 내미는 러시아를 돕지 않으면 안 되는 상황에 직면했다. 미국과 계속해서 대결해 나아가야 할 상황에서 러시아만 한 전략 파트너가 없기 때문이다. 그렇다고 미국과 유럽의 눈치도 보지 않고 전략물자를 마구 지원할 수도 없는 입장이다.

에너지는 러시아의 최대 수출산업이며 전쟁비용 조달창구로 중국은 좋은 조건으로 러시아산 석유와 천연가스를 구입함으로써 양국에 이득이 되는 거래를 할 수가 있다. 또한 중국은 공격무기가 아닌 군사와 민간부문에 유용한 물자를 지원할 수도 있을 것이다. 다만 중국이 러시아라는 조그만 시장을 상대하다가 자칫하면 유럽시장, 나아가서는 세계시장으로부터 등을 돌리는 사태를 맞게 되면 이런 상황은 중국경제에도 불리하게 작용하게 되고 이런 연쇄반응은 금년 10월 중국 공산당 20차 당 대회에서 시진핑의 3선 연임 시도에도 부정적 영향을 줄 것이다.

우크라이나 전쟁을 계기로 자유민주주의 대 권위주의 체제의 대결에서 권위주의는 일대 타격을 입었다. 전쟁이 진행되는 동안 우크라이나는 똘

권위주의는 어떻게 국가를 망치는가?

똘 뭉쳤고, 러시아는 분열되었을 뿐만 아니라 세계여론이 등을 돌렸다. 어디 이뿐 만인가? 러시아가 전 세계 자유민주주의 국가들로부터 받은 정치·경제·사회·문화적인 제재는 이루 셀 수 없이 많다. 물론 NATO의 추정치이기는 하지만 두 달 동안 러시아군 측도 16명의 고위지휘관을 비롯해서 최대 1만 5천 명의 사망자를 낸 것으로 알려지고 있다.

그런데 가장 참혹한 우크라이나 민간인 참사는 흑해 연안의 마리우폴에서 일어났다. 이 도시는 2월 말 침공 초기부터 집중 포위공격을 받았고 5월 17일 아조스탈 제철소에서 항전하던 우크라이나군은 국제법으로 사용이 금지된 백린탄(白燐彈) 투하 하루 만에 항복, 러시아군에 의해 완전히 장악되었다. 마리우폴은 초토화되었고 도시인구의 10%가 되는 4만여 명이 숨졌다. 또한 러시아군은 증거인멸을 위해 많은 시체를 소각했다고 한다. 주택가의 90%와 산업시설의 대부분이 파괴되었다. 이 도시가 이렇게 초토화된 까닭은 친러 반군이 장악한 돈바스 지역과 2014년 러시아가 강제 합병한 크림반도를 연결하는 전략적 거점도시이기 때문이다.

우크라이나 정부는 키이우 인근 부차에서 러시아군이 철수하면서 신체의 일부가 잘리면서 참혹하게 사살된 수십 구의 민간인 시체가 발견되었다고 했다. 그리고 많은 성폭행이 있었으며 수습한 시체만도 410구에 달한다고 발표했다. 전쟁범죄의 증거도 4,600건이나 나왔다고 했다. 결국 러시아는 투표참여국 175국 중 93국의 찬성으로 UN 인권이사회에서 퇴출되었다. 주요 강대국의 퇴출은 77년의 UN 역사에서 전례가 없는 일이다. 전쟁이 발발한 지 100일이 되었을 때 우크라이나 정부는 14,000여 명의 우크라이나인들이 사망했다고 발표했다. 우크라이나인들은 민간인 시체들을 수습하면서 1994년 러시아, 미국, 영국이 제안한 안전보장을 대가로 러시아에 핵무기를 양도한 것을 크게 후회했을지도 모른다.

다시 이번 전쟁이 중국에 미친 영향 중 가장 크게 고려할 점은 중국의 대만(臺灣)침공 가능성과 연결시켜 생각해 보지 않을 수 없다. 비록 미래 어느 시점에서 중국이 대만에 대한 무력 침공 계획에 관한 여러 가지 시나리오를 가지고 있다고 하더라도 그것을 완전히 폐기하지는 못하겠지만, 대폭 수정하지 않을 수 없을 것이다. 왜냐하면 우크라이나의 전쟁결과에 따라서 대만에 대한 중국의 정책변경은 불가피할 것으로 보이기 때문이다.

더구나 대만의 경우는 우크라이나와 상당히 다르다. 인도-태평양 지역에는 미국이 주도하는 쿼드(quad)가 있다. 쿼드는 미국, 일본, 인도, 호주가 가입되어 있는 안보협의체로, 한국을 비롯해서 수 개국이 더 가입할 가능성이 있다. 또한 이 지역에는 수십 대의 전투기와 폭격기를 탑재한 각국의 항공모함이 떠다니고 있다.

만일 중국이 대만을 침공하는 계획을 세울 경우에는 미국과의 본격적인 대결을 각오하지 않으면 안 될 것이다. 괌의 미군기지와 주한 미군과 주일 미군, 그리고 남태평양에서 대기하고 있는 수척의 항공모함을 의식해야 할 것이다. 미국은 남중국해와 대만 문제를 한국과 일본의 에너지 수송통로에 대한 위협 제거와 함께 안보관계를 지키는 마지노선으로 인식하고 있을지도 모른다. 그런 의미에서 2022년 2월 말에 발발한 우크라이나 전쟁은 동북아의 안보 상황에 여러 가지 함의를 가지고 있다. 더구나 핵을 가지고 끊임없이 위협을 하고 있는 북한과 대치하고 있는 한국에 주는 함의는 우리가 면밀히 연구할 과제라고 생각한다.

| 경제 중심보다 가치 중심의 외교에 우선을 두어야

더욱 역설적인 사실은 자유민주주의에 대한 가치의 중요성과 존엄성을 다른 나라도 아닌 과거 러시아의 속국이었던 우크라이나의 전쟁에서 배웠다는 점이다. "언제 어디서 총탄이 날아올지도 모르는 상황에서 맨손으로 러시아군 탱크 앞을 막아서는 모습에서 숙연함과 감동을 느꼈다"라는 김형태 현 우크라이나 대사의 경험을 보면서 자유의 위대함을 느끼지 않을 사람이 있을까? 치열한 전쟁 중인데도 불구하고 사재기도 거의 없고 주유소에서 몇 시간씩 줄을 서서 기다리는 우크라이나인들의 성숙한 시민의식에 고개를 숙이지 않을 수 없다고 김 대사는 말했다.

"중국에 붙으면 밥은 먹고 산다"든가 "중국은 강압적이지 않다"라는 발언을 서슴없이 한 전·현직 장관들의 말들은 두고두고 기억에 생생한데 "(우크라이나와 같은)이런 일이 생길 때마다 한국 외교는 경제적 이익 중심의 판단을 했는데 이번을 계기로 그런 패턴을 바꾸길 희망한다. 단기적으로는 경제적으로 조금 손해를 보더라도 가치에 기반한 외교를 하는 것이 중장기적 국익에 맞다. 이제는 그럴 때가 됐다."라는 권기창 전 우크라이나 대사의 주장은 이번 전쟁에서 얻은 또 하나의 교훈이다. 이것은 전쟁 상황에서 가치를 공유하는 동맹이 얼마나 중요한가를 우크라이나 전쟁을 보고 얻은 결론이라고 말하고 싶다.

우리들의 이야기

$$\boxed{\text{한국}}$$

한국은 최근 수년 동안 국내 · 외로 엄청난 정치적 격변을 경험했다. 두 명의 대통령이 수감되는 불행한 사태가 일어났다. 한 명의 현직 대통령이 국정농단의 혐의로 탄핵을 받아 수감되었고 또 한 명의 대통령은 비리 혐의로 감옥에 갇히었다. 2018년 2월 평창 동계 올림픽을 계기로 남 · 북 화해 무드가 조성되었고, 가을에 접어들면서 동북아에 평화의 서광이 비치는 듯했다.

2018년부터 2년 동안 남한과 북한의 고위급 인사들이, 그리고 한국과 미국, 북한의 정상들이 수차례 만나면서 한반도는 평화와 갈등의 새로운 갈림길에 서게 되는 것이 아닌가 하는 국면을 맞았다. 이뿐만 아니라 2020년은 6 · 25 전쟁이 발발한 지 70년이 되는 해로 국민들은 한반도 문제에 새로운 숨통이 트이기를 기대했다. 그러나 2019년 2월 북한의 비핵화를 위한 트럼프와 김정은의 하노이 회담은 성과 없이 결렬되면서 한반도의 평화 무드에 찬물을 끼얹는 꼴이 되었다.

더구나 그해 연말 중국의 우한(武汉)에서 발생한 코로나가 전 세계로 순식간에 확산되면서 한국과 미국 그리고 북한의 삼각관계 역시 영향을 받지 않을 수 없었다. 한마디로 엎친 데 덮친 격이라고나 할까?

권위주의는 어떻게 국가를 망치는가?

2020년은 새해 벽두부터 '세계로 유행하는 전염병'을 의미하는 팬데믹 (pandemic)이라는 용어가 일 년 내내 톱뉴스가 되면서 모든 것을 묻어버리는 모양새가 되었다. 특히 북한의 비핵화를 위해 어떠한 작은 성과도 못 내고, 미국과 북한의 관계 개선을 위한 한국의 노력 역시 무위에 그치게 되었고, 북한은 2020년 6월 남북한 연락사무소를 폭파까지 해버렸다.

더구나 미국과 중국 간에 무역을 둘러싼 경쟁 관계는 날로 치열해져 가는 상황에서 중국에서 코로나가 처음 발생한 사실은 양국의 긴장 관계에 새로운 불씨를 제공하게 되었다. 왜냐하면 코로나에 걸린 사람과 그로 인해 사망자를 가장 많이 낸 나라는 의외로 미국이었기 때문이었다. 또한 북한의 비핵화를 둘러싸고 비교적 활발하게 이루어졌던 남·북한과 미국의 정상회담은 국가 간의 봉쇄 조치로 뜻하지 않게 동력을 상실한 채 원점으로 돌아갔다. 그리고 트럼프 대통령은 재선에 실패했다.

결국 코로나는 한반도에 감돌던 평화의 기운마저 삼켜버린 모양이 되었는데 과거 한반도, 특히 한국이 겪어 온 격변과 불운의 시기는 어디 이것뿐 만이었는가? 한국의 현대사는 식민지시대, 전쟁, 미완의 4·19 혁명, 군부 쿠데타, 권위주의 정권들에 저항한 여러 차례의 민주 항쟁으로 점철되어 있다. 일련의 이런 격변을 겪으면서도 한국은 제2차 대전 이후 제3세계 국가들 중 유일하게 산업화와 민주화를 이루어 낸 나라이다. 그러나 한국이 이 두 과업을 이루었다고 하지만 어떻게 보면 아직도 진행되고 있다는 것이 더 정확한 표현이라고 할 수 있다. 과학과 기술 그리고 인간의 의식은 끊임없이 변하고 있기 때문이다.

산업화는 인공지능이라 불리는 AI(Artificial Intelligence)의 등장으로 새로운 국면을 맞고 있다. 무인 운송수단, 3D 프린팅, 첨단 로봇공학, 공유경제, 유전공학 등이 4차 산업혁명을 이끌고 있고, 이러한 기술을 기반으로 빅데이터, 드론, 자율주행차 등의 산업이 계속 발전하고 있다. 미국의 미래학자인 제러미 리프킨은 현재의 변화는 3차 산업혁명인 정보화혁명의 연장선으로 보아야 한다고 주장하는 것처럼 인간의 지능과 창의성은 끝없이 진화하고 있다.

최근 메타버스(metaverse)에 대한 논의도 자주 등장하고 있다. 메타버스는 가상과 초월을 의미하는 메타(meta)와 세계, 우주를 뜻하는 유니버스(universe)의 합성어로 가상세계와 현실세계가 서로 결합한 디지털 가상세계를 말한다. 따라서 미래의 세계는 이러한 온라인 공간에서 사회경제적 활동까지 이루어질 수 있음을 우리에게 보여주고 있다. 각종 비즈니스는 물론 원격진료도 가능한 의료 서비스, 건설사업, 교육 서비스 등이 활발하게 이루어질 것이다. 심지어 가상공간에 군인들이 투입돼 가상전투를 벌여서 그 시뮬레이션(simulation) 결과에 따라 새로운 전술과 전략을 수립함으로써 국방에도 이용할 수 있을 것이다.

더구나 트럼프 대통령이 불을 붙여 놓은 미국과 중국의 무역전쟁은 바이든 대통령이 들어오면서 양국 간의 과학과 기술을 둘러싼 경쟁으로 확대되고 있어 향후 10년~30년 동안의 세계의 변화는 우리의 상상을 초월할지도 모른다. 이는 마치 1959년 9월 구소련의 루나 2호의 무인 달 착륙을 시작으로 1969년 7월 아폴로 11호를 타고 닐 암스트롱이 달에 착륙하기까지 미국과 소련 간에 치열하게 벌어졌던 경쟁을 연상시킨다. 다만 이번에는 우리와도 관계가 있는 반도체 확보를 위한 경쟁이 치열해지고 있다.

반도체를 둘러싼 경쟁은 중국이 먼저 시작했다. 중국은 2014년 이후 6조 원에서 14조 원씩 매년 반도체 기업을 육성하기 위해 막대한 투자를 계속하고 있다. 그래서 자국 기업을 육성, 2025년에는 세계 1위인 대만의 TSMC와 세계 2위인 삼성전자를 추월해서 반도체 자급률을 70%까지 확보함으로써 이른바 반도체로 우뚝 서겠다는 '반도체 굴기(崛起)' 계획을 추진해 왔다. 미국은 늦긴 했지만 바이든 대통령도 반도체를 단순한 상품이 아닌 국가안보에 필수적인 전략물자로 인식하고 한국과 대만기업의 협조를 구하고 있다. 일본 역시 스가를 뒤이은 기시다 후미오가 '과학기술 입국'을 내세우고 반도체 기술 확보 경쟁에 뛰어들었다.

민주화도 그렇다. 칼로 두부를 자르듯이 어느 시점을 딱 정해서 민주화가 되었다 또는 안 되었다고 하는 데에는 문제가 있다. 미국과 영국이 우리보다 민주화가 많이 진척이 되었을 뿐이지 거의 완벽하게 민주화가 이루어졌다고는 볼 수 없다.

미국에서 2021년 1월 6일, 새로운 대통령 당선자를 인증하기 위한 상·하원 합동회의가 진행되고 있는 동안 트럼프 지지자들이 폭력과 무력을 사용하면서 의회에 난입한 것은 민주주의에 대한 최대의 도전으로 여겨졌다. 미국인들조차 '이것은 미국이 아니다.'라고 절규했지만, 그것이 미국 민주주의의 민낯의 일부였던 것만은 엄연한 사실이었다.

민주주의의 본산이라고도 할 수 있는 미국에서조차도 민주주의는 이처럼 도전받고 있는 것이다. 민주주의는 끊임없이 가꾸어야 할 가치이기도 하다. 민주주의가 아름다운 까닭은 나의 의견이 소중한 것처럼 다른 사람의 생각도 소중하게 존중한다는 데 있다.

한 개인의 이념 성향이 어떠하든 그의 생각은 존중되어야 하는 것이 민주주의의 기본 입장이다. 비록 그동안 민주주의 역사에서 기복은 있어 왔지만, 1948년 이후 이제까지 대한민국의 역사는 험난한 가운데서도 면면이 이어져 왔다. 그런데 문재인 정권은 "이제까지 가보지 않았던 길을 가겠다."라고 공언하면서 출발한 유일한 정권이기 때문에 여기서는 문 정권 이전의 시대와 이후의 시기를 구별해 보려고 한다.

▎한국 사회와 과거의 정권

한국에서 산업화와 민주화 세력은 각각 보수와 진보의 진영으로 인식되고 있다. 국가 발전과정에서 산업화 후에는 물론 일부 국가는 관료적 권위주의를 경험하기도 하지만, 대개 민주주의 시대가 온다는 사실은 정치학 이론에도 나온다. 또한 어느 시대에나 이전 시대의 잔재가 남기 마련이며 일부는 겹치기도 하고, 일부 정책은 유사할 수도 있다는 것이 사회과학자들의 생각이다.

그런데 한국 사회에서 민주화 운동을 이끌었던 세력이 대한민국의 건국 초기 30년을 이루는 이승만(李承晩) 정권의 12년과 박정희(朴正熙) 정권의 18년을 정통성 부재의 시대로 낙인찍고 인정하지 않으려는 사실은 우리 모두가 알고 있다.

길게 뻗어가는 역사의 흐름에서 특정 시대에 대한 비판은 좋지만 전적인 부정은 바람직해 보이지는 않는다. 자유당 정권에 치열하게 저항했던

권위주의는 어떻게 국가를 망치는가?

신익희(申翼熙) 선생, 조병옥(趙炳玉) 박사 등 수많은 민주투사들은 물론, 사사오입 개헌, 3·15부정선거, 4·19의거 등이 터졌을 때 분노하고 저항했던 거의 모든 학생들을 포함한 국민들도 민주화 세력이라고 불러도 무방할 것이다.

과거의 이야기지만 남·북한을 비롯해 아시아, 아프리카, 중동의 개도국 43개 사례를 분석해 본 저자의 연구에 의하면 40년대 말부터 50년대에 걸쳐 이승만 정권이 이끌었던 대한민국이 독재국가이었다는 사실은 부인할 수 없다. 한국은 이미 6·25 전쟁을 치렀고 북한과의 무력 대치는 그 어느 나라보다도 치열한 상태에 있었다. 그런데 이승만 정권의 독재국가 성향은 한국 사회에서는 유별나게 선거가 임박했을 때에 두드러지게 나타났다. 그리고 다른 개발도상국에서는 타국과 무력 대치와 같은 외적 갈등이 있을 때 정치제도에 반민주주의 성향과 억압이 증가하는 성향이 있었다.

여하튼 우리 역사의 한 부분인 이승만 정권의 독재국가 시대의 사례를 좀 더 구체적으로 설명해 보자. 50년대 말에, 고교 시절을 보낸 때문인지 그 당시의 정치 상황을 생생하게 기억하고 있다. 텔레비전이 없던 시절, 주로 정치 현황을 전해 주던 신문이 오후에 배달되던 때에 두 형과 나는 신문이 오기를 눈이 빠지게 기다리고 있었다. 왜냐하면 이승만 독재정권 말기에 여당인 자유당(自由黨)의 국회의원들이 며칠씩 걸러 한두 명씩 탈당하는 신문기사를 재미있게, 또 신바람이 나서 볼 수 있었기 때문이었다. 당시 농촌에서는 여당, 도시에서는 야당의 성향이 강하다는 이른바 여촌야도(與村野都)의 용어가 사람들 사이에서 회자되던 무렵이었고, 나는 서울 종로구에 살고 있었다.

1948년부터 1960년까지 12년 동안 집권했던 이승만 정권의 억압(repression) 행위는 1) 언론기관에 대한 탄압행위, 2) 야당 정치인이나 정치 항의 시위에 참여한 사람들의 체포나 구금을 통한 정치활동의 금지, 3) 간첩행위나 태업 등의 혐의로 정부가 한 사람 내지 다수의 사람을 체포, 구금하는 등의 행위가 포함되어 있다. 이승만 정권은 이런 억압행위를 대통령 선거 때마다 자행하면서 독재정권을 강화해나감으로써 선거가 있던 해에는 억압행위의 빈도수가 치솟다가 선거가 끝난 후에는 낮아지는 'W型'이 유형화되는 구조를 보여주었다.

이승만 정권이 가했던 억압행태는 다음과 같은 특징을 가지고 있었는데 그것은 다음 두 가지로 요약된다.

첫째, 억압이나 규제를 위해 각종 법안을 개정하거나 신설하는 경향이 있었다.

둘째, 집권층에 의해 법안이 이용되는 방식은 국가에 대한 충성(loyalty)의 개념 정의는 좁혀지고 일탈(deviance)에 대한 정의는 확대되어 개인이나 반대집단을 충분히 억압할 수 있는 기반이 조성되었던 것이다.

예를 들면, 6·25 전쟁을 겪은 후 얼마 지나지 않았던 시절이라 그런지 몰라도 가벼운 말로 정권을 비판만 해도 마치 자유민주주의 체제를 반대하는 것으로 확대해석해서 반체제 죄목을 씌움으로써 구속의 범위는 확대되고 구속자는 증가하게 되었다.

이와 같은 분석은 모두 자료와 증거에 의한 것이다. 국민을 억압하던

권위주의는 어떻게 국가를 망치는가?

독재 성향을 계속 설명해 보면,

셋째, 정강, 정책, 이념의 차이보다는 정권에 위협이 된다고 생각되는 개인이나 집단은 끊임없이 법의 제재를 받게 되는 경향이 있었다.

넷째, 집권층은 각종 사회, 정치적인 통제기구를 만들어 억압을 효율적으로 수행했으며 특히 경찰력은 집권층과 밀접한 관계를 가지고 있었다.

다섯째, 집권층은 여러 가지 형태의 어용조직을 만들어 정부의 정책이나 조치들을 지지하게하고 여론을 이끌어 나가는 경향이 있었다.

여섯째, 국가 권력의 비대화는 이익집단들이나 개인과 국가를 연결시켜 줄 수 있는 중간결사체(intermediate associations)들을 어용조직으로 전락시키거나 무력화시키는 경향이 있었다.

이승만 정권하에서 법의 제재는 차별적으로 이루어졌다. 말하자면 '법의 지배(rule of law)'와 '법에 의한 지배(rule by law)'를 구별할 필요가 있다. '법의 지배'는 대통령이나 국가기관 등 사회의 그 어느 것도 법 위에 군림할 수 없으며 모든 것이 법의 지배를 받는 형태가 민주주의 국가의 모습이다. 반면에 '법에 의한 지배'는 통치나 지배를 용이하도록 하기 위해서 각종 처벌법을 개정하거나 개악을 해서 대중매체를 비롯한 반대자를 억압하고 법을 차별적으로 시행한다. 세계의 독재국가 여러 나라에서 이런 현상을 볼 수 있다. 따라서 이승만 독재정권에서도 '법의 통치'보다는 '법에 의한 통치'가 다반사로 이루어졌다.

1950년대에 한국, 남베트남(越南, South Vietnam) 등의 여러 나라에서 볼 수 있었던 이상과 같은 억압의 행태는 서로 긴밀하게 연결되어 있는 경우가 많았다. 그런 행태는 정권이 바뀌거나 시간이 흐름에 따라 좀 더 정교화된 양상으로 변형될 수 있고, 구체적인 억압의 전술이나 수사도 수시로 바뀔 수 있으나 그 기본적인 틀은 변하지 않고 구조화될 수 있었다. 결국 특정 시기에 특정한 집단을 위하여 통제가 주기적으로 반복되면 정권에 대한 신뢰는 떨어지고 민주주의는 정착될 수 없다. 또 그런 구조 속에서 삶을 영위하는 사회 성원들은 커다란 실망과 깊은 불신의 늪에 빠져들게 마련이었다.

그럼에도 불구하고 혹독한 독재정권의 시대를 몸으로 부딪치며 살았던 사람들 중에는 이승만 대통령과 박정희 대통령의 업적을 실제로 있었던 그대로 평가하는 사람들이 적지 않았다. 한국의 현대사는 긍정적인 면과 부정적인 면을 모두 가지고 있는데. 후자의 측면이 때로는 크게 강조된 느낌이 없지 않다는 것이 그들의 주장이다. 그들은 그런 시대를 반드시 청산해 버려야 한다고 끊임없이 강조하는 것이 과연 현명한 태도인가라고 묻고 있다.

이승만 대통령은 권력을 유지하기 위해 일탈적인 방법으로 정치적 통제를 가하면서 나라를 독재국가로 만들었지만 건국 초기에 대한민국을, 첫째, 자유민주주의 국가 대열에 편입시켰으며, 둘째, 북한이 일으킨 6·25 전쟁을 어떻든 극복했고, 셋째, 한·미상호방위조약을 체결, 한·미동맹을 매듭짓는 데 일등공신이었음은 의문의 여지가 없다. 또한 혹자에 따라서는 1949년의 토지개혁이 비록 유상매수(有償買收) 유상분배(有償分配) 방식으로 지주에게 유리하게 실시되었지만 경자유전(耕者有田)의 원칙에 따라서 농촌에 자작농이 증가한 것을 이 정권의 업적으로 보는 견해도 있다. 여하튼 이승만 대통령이 굳게 얽어 놓은 안보의 울타리 속에서 박정희 대통령의 경제개발 5개년 계획이 산업화의 풍성한 결실로 나타난 것도 부인할 수 없는 사실이다.

권위주의는 어떻게 국가를 망치는가?

북한의 남침으로 6·25 전쟁이 발발하자 미국의 트루먼 대통령의 참전 결정은 빨랐고 맥아더는 9월 15일 인천상륙작전을 감행, 전세를 역전시키면서 한국군과 연합군은 압록강변까지 도달할 수 있었다. 그러나 30만 중공군의 개입으로 1951년 1·4후퇴가 일어나게 되었다.

　그런데 1951년에 5월과 그 뒤에 나온 미국의 안보문서 등에 의하면 미국은 여전히 일본, 필리핀, 호주, 뉴질랜드와 달리 한국은 미국의 방위동맹 대상국에서 제외되어 있었다.

　트루먼 대통령의 단호한 결정으로 한국을 위기에서 구출해 냈으나 미국의 전략가들은 동북아 끝단의 이 작은 나라를 공산주의 위협에서 방어하기가 어렵다고 생각했는가? 아니면 50년 11월 중공군이 밀고 내려오자 엄청난 혹한 속에서 미 제10군단 예하 미 제1해병사단이 2주간에 걸쳐 전개한 장진호 철수작전이 가져온 희생이 너무 컸다고 해서 이뤄진 결정인가? 아무 대책 없이 떠나가려는 미국을 상대로 상호방위조약을 쟁취해서 한·미동맹을 성사시킨 인물은 다름 아닌 초대 대통령 이승만이었다. 정말 이승만은 미국에게는 언제나 껄끄러운 존재였다.

　이승만 대통령은 아이젠하워 대통령의 휴전 전략에 맞서서 북진통일을 주장했고, 반공포로 2만 7,000천 명을 미국과 상의 없이 기습적으로 석방시켰다. 그럼으로써 아이젠하워 대통령은 심지어 "이승만은 우리의 적"이라고 했고, 덜레스 국무장관은 "이승만이 우리의 등에 칼을 꽂았다"라고 까지 말했다. 훗날 중국의 마오쩌둥은 "정작 무서운 적은 미국이 아니라 변화무쌍한 이승만이었다"라고 할 정도로 이승만은 거침이 없었다. 그는 결심(決心)과 결단(決斷)과 결정(決定)에 있어서 대통령은 어떻게 행동해야 하는가를 후대의 대통령들에게 몸소 보여주었다고 해도 과언이 아니다. 또한 이승만은 그 누구보다도 미국을 잘 알고 있었다고 볼 수 있다.

6·25전쟁 당시 고 백선엽(白善燁) 장군은 5명의 유엔군 대표 중 유일한 한국 군인이었다. 그의 휴전회담 일지에 의하면 휴전 논의는 1951년 7월부터 제기되었고, 백 장군의 바람은 서부전선에서는 개성 이서(以西) 지역인 옹진반도와 연안반도를, 동부전선은 금강산을 탈환한 후에 휴전회담에 임해야 한다는 것이었다. 그러나 당시 유엔군 총사령관인 매슈 리지웨이 장군을 비롯한 유엔군 측 대표들은 현재의 전선에서 전쟁을 매듭지려고 했다. 그리고 이에 동의를 안 하고 북진을 원하는 이 대통령과 백 장군에게 미국은 원조를 중단하리라고 통고하면서 자기들의 뜻을 관철시켰다. 당시 약소국의 대통령과 젊은 장군의 한탄은 그 일지에 고스란히 담겨있다.

1947년 구소련 주미대사를 역임한 조지 케넌이 '포린 어페어스(Foreign Affairs)'지에 'X'는 필명으로 구소련의 팽창주의에 맞서는 봉쇄정책을 제안한 바 있다. 케넌은 2차 대전 직후 구소련이 동구라파에서 계속 세력을 확대해 나가는 것을 보면서 이런 추세를 저지하기 위한 봉쇄이론(containment theory)을 옹호한 바 있는데, 이승만을 비롯한 몇몇 사람을 제외하면 당시 한국 정계에 이런 국제적인 흐름을 파악할 수 있는 인물이 얼마나 될까 곰곰이 생각해 보지 않을 수 없다.

한편 박정희 대통령이 비록 장면 정권이 성안해 놓은 경제계획을 참조해서 집권 초기에 경제개발 5개년 계획을 착실하게 추진한 것은 그의 강력한 리더십에서 기인했음은 말할 필요도 없다. 60년대 초에 한국의 1인

권위주의는 어떻게 국가를 망치는가?

당 국민소득은 80달러에 불과했지만 박 정권의 경제정책은 1970년에 이르러 그 효력을 발휘하기 시작했다. 1971년인지 기억이 정확하지 않지만, 저자가 일리노이 공과대학에 재학 중인 때였다.

그런 어느 여름밤에 당시 시카고를 방문해서 한 학교의 강당에서 많은 청중 앞에서 강연을 하던 김대중 씨조차도 독재정권을 비판하면서도 "박 대통령이 경제정책은 잘 추진하고 있다"라고 말한 것을 지금도 생생하게 기억하고 있다.

박 대통령이 경제정책을 추진할 때 결단력이 가장 돋보였던 때는 70년대 중반 중화학공업에 투자할 때였다. 나라의 곳간이 비었고 대기업들도 중화학공업에 투자할 형편이 못되었다. 결국 이자가 높은 단기 차관에 의존하지 않을 수 없었는데, 이때부터 한국은 철강, 조선, 자동차, 각종 화학공업, 반도체 산업 등을 일으키는 대신 끊임없는 악성 외채위기에 직면하지 않을 수 없었다. 이런 외채위기는 준(準)IMF라고 할 수 있을 정도로 한국경제의 구조적 위기로 상존해 있었기 때문에 언제나 국제적 관심을 받다가 1997년 말에 IMF사태로 터진 것이다.

이런 위기를 무릅쓰고도 박 대통령의 통찰력이라고 할까? 지난 40여 년 동안 한국경제가 비틀거릴 때마다 중화학공업은 버팀목 구실을 해왔고, 반도체는 지금도 호황을 누리면서 한국인들의 먹거리 걱정을 덜어주고 있다. 박정희 정권이 권위주의적 정권임은 의심의 여지가 없다. 박 대통령은 경제 분야에서는 최고 점수를 받은 반면에 정치 분야에서는 낙제 점수를 받은 거나 다름없다. 독재정권과 권위주의적 정권에 공통적으로 나타나는 현상은 새로운 처벌법을 만들어 개인의 인권을 무자비하게 억압하는 데 있었다. 이것은 이승만, 박정희, 전두환 정권에서 공통적으로 볼 수 있었던 현상이었다.

1980년대에 한국 국민들이 민주화의 싹을 그나마 조금 볼 수 있었던 것은 1987년 6월 항쟁의 결과로 탄생한 노태우 정권과 그 이후 논의된 '87체제'였지만, 이에 대한 관심은 오히려 해외언론에서 더 주목을 받았다. 그리고 좀 더 민주화된 정권은 3당 합당 이후 탄생한 김영삼 대통령이 이끈 문민정부였는데, 이 정도면 한국의 민주화가 어느 정도 이루어졌다고 생각할 수 있었다. 문민정부 이후 가장 활기 있었던 움직임은 중간집단 또는 중간결사체들이 시민운동 집단의 모습을 띠면서 새롭게 등장한 현상이다. 반면에 대학생들의 시위는 거의 찾아볼 수 없었다.

1984년 저자는 학생운동을 다룬 한 논문에서 국가와 학생들 간에 완충역할을 할 수 있는 중간집단이 한국 사회에 활성화될 필요성을 제안했는데, 일부 신문은 중간조정 기구, 중간조정 집단이라는 명칭으로 반응을 보였다. 다행히 그 후 한국 사회는 그러한 방향으로 계속 움직이면서 각종 사회문제를 다루는 많은 중간집단들이 생겨나서 사회적 소수자들을 대변하기도 했다. 또한 한국 사회는 비영리단체인 수많은 비정부기구(Non Governmental Organization)들이 활발하게 활동하는 사회가 되었다. 그러한 사회의 진화가 김영삼 문민정부의 등장과 함께 시민사회의 모습을 띠게 되면서 한국의 민주화는 국내·외로부터 한층 더 주목받게 되었다.

다시 문민정부로 돌아가면 김영삼 대통령은 육군 내 하나회 척결과 금융실명제의 초석을 다지는 대단한 업적을 세웠지만 정권 말기에 이른바

권위주의는 어떻게 국가를 망치는가?

'IMF 사태'라고 불리는 외환위기에 직면했던 것은 아쉬운 점이다. 군부정권에 맞서 야당 대표였던 두 김씨가 앞뒤로 대통령이 된 것은 한국이 그만큼 민주화되었기 때문에 가능한 일이었다. 김영삼 정권 말기의 외환위기를 김대중 대통령이 받아서 해결하였고, 정보화를 강조하면서 IT 산업에 눈을 돌려 한국을 IT 강국의 반열에 올려놓은 것은 김대중 대통령이 기여한 바가 크다고 할 수 있다.

김 대통령에 이어 대권을 잡은 노무현 대통령은 대통령직에서 오는 스트레스 때문인지 그 직에 어울리지 않는 말을 자주 입에 올렸다. 그러나 비록 정권 말기의 일이기는 하지만 한·미 FTA나 제주 해군기지처럼 이념이나 진영논리에 갇히지 않은 정책을 펴서 국민 정서에 크게 어긋나지 않았고, 정책결정자로서 전직 대통령들이 지나갔던 길에서 크게 벗어나지 않았다. 그는 대통령이 된 뒤에도 권위주의의 모습을 벗어 던지고 사회 각 분야의 인사들과 스스럼없이 소통의 길을 열어서 한국 사회의 민주화에 기여했다. 그는 평소의 고집불통 같은 인상과는 다른 의외의 모습을 보이기도 했다.

이처럼 한국의 정권들은 과거와 현재를 이어주는 연결고리로 이어져 있고 전임 대통령들은 현재의 대통령에게는 과거와 미래를 비춰주는 하나의 거울이 되어 왔다. 이런 계승의 연속성은 어떤 시대에나 있을 수 있는 속성이기 때문에 일거에 청산한다고 끊어질 수 있는 게 아니다. 그럼에도 불구하고 학생들을 비롯한 젊은 세대와 비판 세력만 나무랄 수 없는 까닭은 너무나 오랫동안 비합리적인 정치문화가 지속되고 있었기 때문이다. 온갖 종류의 정치적 격변을 겪으면서도 정쟁은 사라지지 않았다.

지금은 '586'으로 불리지만 그 당시는 이른바 '386 세대'라고 불리는 학생들이 등장하면서 끈질기게 한국 사회의 민주화를 위해 투쟁하면서, 그 결실을 본 것은 큰 업적임은 말할 필요도 없다. 나는 80년대 내내 학과장을 하면서 학생들의 민주화를 위한 시위와 투쟁하는 광경을 옆에서 봐왔고, 그들의 석방을 위해서 경찰서도 한번 갔던 기억이 엊그제처럼 생생하다. 학생들의 시위를 진압하기 위해 교내까지 최루탄을 쏘며 들어 온 경찰들, 지금 돌이켜보면 상상도 할 수 없는 광경이었다.

광주에 불었던 민주화 운동의 폭풍과 그 여진이 가라앉은 1981년 5월, 12년 전에 떠났던 김포공항을 통해 귀국, 꿈에 그리던 서울 거리를 다시 밟았지만 분위기는 살벌했다. 사람들의 얼굴에서는 웃음기를 찾아볼 수 없었고 거리의 모습은 낯설기만 했다. 워터게이트와 코리아게이트를 미국에서 보았고, 워싱턴의 연구소에 있을 때 5·18 민주화운동 그 진전 상황을 시시각각으로 볼 수 있었다.

한국의 민주화 운동은 감동 그 자체이었다. 아마도 사회변동, 사회운동, 정치사회학에 관심이 많았고, 박사논문에 반영되었듯이 인권과 제3세계의 정치제도의 발전과 같은 주제에 관심을 가지고 있었기 때문이었으리라.

그 뒤 40여 년이 지난 오늘날, 최근 홍콩과 미얀마에서 일어났던 민주화 운동은 오랜만에 새로운 감동을 자아냈다. 특히 홍콩과 미얀마의 시위자들이 대한민국에 지원을 요청했을 때 울컥하는 심정과 함께 자긍심이 일어난 것은 나만 경험했을까? 그리고 곧 모두 쓸데없다는 생각이 들어서 안타깝기만 했다. 이제 한국에 민주화 세력은 없다고 생각했다. 고작 해봐야 중국과 북한의 권위주의 정권을 지나치게 의식하고 있는 정권이 있을 뿐 그들은 인권과 민주화에는 관심이 없다는 생각에서였다. 그래서

그들의 요청에 초기부터 관심을 보인 광주시민과 전남대학교와 한국외국
어대학교의 교수집단에 감사를 표하고 싶은 심정이었다.

우크라이나의 전쟁이 있기 전 미얀마 국민들의 군부 쿠데타 정권에 대
한 투쟁은 놀라울 정도로 용맹스럽고 처절했다. 미얀마는 1948년 영국으
로부터 독립한 이후 거의 대부분의 기간을 군사독재정권이 지배해 왔다.
더구나 독립 후 10여 년이 지난 시기에 군부 출신의 네윈 장군이 1962년
부터 26년 동안 사회주의 정당을 수립한 후 장기 집권하면서 미얀마를 피
폐화시켰다. 네윈의 장기집권에 염증을 느낀 국민은 1987년과 1988년 국
민항쟁을 일으켜 당시 3,000명 이상이 희생되었다.

그 이후는 네윈과 함께 독립운동을 이끌었던 미얀마의 국부인 아웅산
의 딸인 아웅산 수치 여사가 민주화 운동을 이끌어 왔다는 사실은 세상
에 잘 알려져 왔다.

우 탄트(U Thant)라는 유엔 사무총장을 배출한 미얀마는 우리가 생각하
는 것보다 복잡한 나라이다. 2005년 '버마'라는 국명으로부터 미얀마로
바꾼 이 나라는 샨, 카렌, 카친, 라카인족 등 135개의 민족으로 이루어진
다민족 국가이다. 이들 중 버마족 다음으로 큰 샨족은 1958년부터 군부
정권에 저항해 왔으며 카친족 역시 2012년 정부군과의 전투에서 2,500
여 명이 살해되고 10만 명 이상이 자신들의 거주지를 떠나야만 했다. 또
한 2007년과 2008년에도 민주화 운동이 일어나서 잠시 자유와 민주주의
의 맛을 경험하기도 했다. 일설에 의하면 2021년 2월 군부 쿠데타 이후
1,300명이 사망하고 약 1만여 명이 체포되었다고 한다.

문재인 정권의 등장

문재인 정권은 박근혜 대통령이 탄핵된 후 2017년 5월에 출발했다. 이른바 국정농단이란 혐의로 전임 대통령이 물러나고 촛불시위가 며칠씩 이어지면서 탄생한 정권이라서 국민의 기대는 상당히 높았다. 특히 임기 초부터 문 정권은 "과거의 정권들이 가지 않았던 길을 간다"라고 해서 특히 젊은 세대의 호응과 기대는 높았다. 그러나 임기의 반을 돌아서 3년 동안 끊임없이 과거 정권의 요직에 있었던 사람들을 '적폐(積弊)청산'이라는 명목으로 조사하고, 구속하며, 처벌했지만 누구도 정권이 공언했던 '새로운 길'의 목적지가 어디인지 어렴풋이 조차도 짐작할 수 없었다. 정말 모두가 궁금하게 여기던 의문이었다.

평소에 "모든 사람은 누구나 두 번의 기회는 가져야 한다"라는 것을 지론으로 삼고 있던 저자는 적폐처벌의 규모에 놀랐다. 문재인 정부가 과거 정권의 비리를 캐서 많은 사람들을 처벌한 데 대해 회의를 표현한 사람 중에는 김대중 대통령의 특보를 지낸 캠브리지 대학교의 존 던(John Dunn) 교수가 있다. 그는 사람들 처벌은 일벌백계(一罰百戒)에 그치고 문제가 다시 발생하지 않도록 제도개선에 치중하는 것이 더 효율적이라고 한 신문 인터뷰에서 주장했다. 많은 정치적 격변을 연구한 그로서는 당연한 반응이었고, 32년 전 동구권(東歐圈) 혁명을 경험하면서 그와 같은 그의 신념은 더욱 강화되었다는 느낌을 받았다.

문 정권 초기에 가장 많이 제기된 이슈는 두 건의 선거위반 사건이었으나 야당은 이러한 이슈에 매달릴 형편이 못 되었다. 왜냐하면 집권 초기에는 소득주도성장이나 탈원전 정책 등의 문제가 끊임없이 제기되었기

권위주의는 어떻게 국가를 망치는가?

때문이다. 그 뒤로 유재수 사건, 조국 사태와 윤미향 의혹이 줄을 이었으며, 오거돈 부산시장과 박원순 서울시장의 성추문(性醜聞) 사건은 여당의 지지층마저 충격으로 몰아넣었다. 그리고 정권 중반에는 검찰개혁을 둘러싼 추미애 법무장관과 윤석열 검찰총장 간의 끊임없는 갈등이 국민을 피로하게 만들었다. 문 대통령의 임기 내내 안정되지 못했던 부동산 문제와 임기 일 년을 남겨놓고 터진 LH 사태는 마치 레임덕을 위해 누가 기획이나 한 것처럼 집권층에 연이어 충격을 주었다.

한 번도 가보지 못한 길을 향한 여정은 이른바 '소주성'이라고 불리는 소득주도성장 정책에서부터 시작되었다. 이 정책은 근로자의 소득을 인위적으로 증대시키면 그들의 두둑해진 주머니가 소비로 이어져 경제성장을 촉진한다는 '임금 주도' 성장론이다. 지난 반세기 동안 한국 경제가 일관되게 따라왔던 정책 방향은 기업의 투자가 성장의 원동력이며 그 성장의 결과가 소득이라는 길을 따라왔다. 또한 임금을 낮추고 기업의 이윤을 높임으로써 투자와 수출을 촉진해 경제 성장을 하자는 수출과 대기업 중심의 성장론에 한국 경제는 익숙해 있었다.

이러한 길은 놔두고 성장보다는 분배에, 불평등보다는 평등에 더 관심을 가지고 있는 문재인 정권은 임금소득을 늘리면 소비증가와 투자 확대가 이어져 경제성장의 선순환 고리를 만들 수 있다는 소득주도성장의 길을 택했다. 이 정책은 국제노동기구(ILO)가 2010년부터 제안한 소득불평등에 주목한 성장 담론이다.

분배와 평등의 가치에 집착하는 것을 나무랄 수는 없다. 또한 저소득층에 우선 신경을 쓴 정책 방향은 옳다고 본다. 다만 경제성장과 불평등 감소라는 두 마리 토끼를 다 잡을 수는 없으며, 자칫하면 두 마리를 다 놓치는 경우가 많은데, 문재인 정권 역시 예외가 될 수 없었다.

경제학에서 성장은 공급능력의 지속적인 확대로 본다. 그런데 이에 반해서 '소주성' 정책은 공급능력 향상 대신 수요만 확대하는 것에 초점을 맞추고 있다. 바로 이런 점에서 소득주도성장 정책에는 근본적으로 한계가 있다는 비판이 제기된다. 심지어 단기 효과도 없고 만성적으로 장기 침체의 가능성만 높인다는 것이다. 가장 많았던 비판은 소득주도성장 정책은 주류 경제학에서 나온 이론이 아니며 교과서에도 없다는 주장이었다. 더구나 최저임금의 큰 폭 인상은 코로나로 어려움을 겪고 있는 자영업자들에게 이중고(二重苦)만 안겨줄 뿐이었다. 세계 각국의 체제에 관계없이 빈부 격차와 소득의 양극화는 언제나 문제가 되어왔다.

그렇다면 문 정권 아래서 불평등은 실제적으로 많이 감소하였는가?

통합소득이란 근로소득에다 이자, 연금, 기타소득 등이 포함된 종합소득을 합쳤을 경우의 개인소득을 말한다. 한 야당 의원이 국세청에서 받은 통합소득 자료를 분석한 결과 문재인 정부 출범 전인 2016년과 문 정권 4년차인 2020년을 비교하면 상위 10%의 1인당 평균소득은 1천 429만 원이 증가했다. 이에 비해 같은 기간 통합소득 하위 10%의 1인당 평균소득은 겨우 17만 원 증가한 것으로 집계된 것만 봐도 소득의 양극화를 좁히는 일은 요원하게만 느껴졌다. 문 정권 5년 동안에만 408조나 폭증해 국가부채는 이제 공식적으로 1,000조를 넘었고, 빈번한 현금 살포로 나라의 곳간은 비었으며, 눈에 띄는 사회안전망의 구축도 이루어내지 못했다. 최저임금 인상도 눈에 띌 정도의 고용의 증대로 이어지지 않았고, 한마디로 소득주도성장의 길은 험난하고 가시밭길이라는 사실만 보여줬을 뿐이었다.

문 정권의 여러 정책 중 탈원전 정책이 왜 잘못되었는가의 문제는 끊임없이 논란의 대상이 되어 왔다. 여기서는 이 문제를 구체적으로 본 후, 그다음에는 문 정권과 여당인 더불어 민주당의 정체성(identity)이 도대체 무엇인지 의문을 갖게 하는 일련의 사태를 고찰해 보려고 한다.

문 정권의 여러 정책 결정 중 야당이 가장 많이 지적한 것 중의 하나가 탈원전(脫原電) 정책이었다. 한국은 1969~1979년까지 10년 동안 연평균 10%에 달하는 고속성장을 하면서 전력수요가 급증하였다. 박정희 대통령은 고리(古里) 1호기를 1971년에 기공해서 1978년 7월에 완공시킴으로서 한국은 세계에서 21번째로 원자력발전소를 보유하게 되었다.

원자력발전소는 다른 에너지와 함께 안전성, 경제성, 공해성의 측면에서 언제나 비교되어 왔다. 그런데 문 정권은 인위적으로 왜곡된 경제성 평가 자료를 내세워 월성 1호기의 재가동을 중지시키고, 7,000억 원 이상이 투입된 신한울 3호기와 4호기 건설을 중단시키는 등 실제로 탈원전 정책에 박차를 가하였다. 정부 정책의 급작스런 전환으로 가장 큰 타격을 입은 곳이 원자력 산업계이다. 가장 안타까웠던 것은 지난 50여 년 동안 육성해 온 원전 전문가들이 설 곳을 잃은 것은 말할 것도 없고, 원자력 분야의 후대를 이을 대학원생들의 진로마저 끊어졌다는 점이다. 기후변화가 최대의 관심사가 된 지금 원전사업의 복구는 빠르면 빠를수록 좋다.

이제 한국 원자력발전소의 초기 발전 경위를 좀 더 보기로 하자. 원전 건설 초기에는 동해안의 지진 가능성도 잠시 논란이 됐었다. 미국의 일부 단체는 고리 주변 지역과 인근 동해안에 활성 단층이 있는 문제를 제기했지만, 비슷한 시기에 원전을 도입한 대만과 필리핀에서의 지진 위험성에 비해, 발생 가능성이 낮다고 생각해서 그런지 한국이나 미국에서 큰 문제가 되지 못했다. 그럼에도 불구하고 고리(古里)에 원전을 건설할 당시 북쪽의 경상북도에는 한국의 피츠버그로 알려진 포항제철이 있고 부산(釜山) 등 인구 조밀 지역의 근접한 위치 때문에 안전성보다는 경제성을 지나치게 고려했다는 지적이 계속 있어 왔다.

한국 정부가 처음부터 4기의 원자력발전소를 고리에 모아놓은 이유는 안전과 환경요인보다 경비 절약을 우선적으로 고려했기 때문이다. 다시 말하면, 송전선을 되도록 짧게 함으로써 건설경비를 줄이고 전압량의 손실을 막는 데 우선순위를 두었기 때문이다. 한국 원전이 10여 년을 지나면서 여러 가지 사실이 알려졌는데, 한국의 기후 여건상 태양광과 풍력은 적합하지 않으며, 그 뒤 더욱 놀라운 사실은 한국 원전의 안전성이 세계적으로 높게 평가되면서 원전 수출의 전망이 아주 밝았다는 사실이다.

나는 1970년대 말부터 시민운동의 일환으로 원자력발전소에 반대하는 반핵운동에 관심을 가지고 있었는데, 시간이 지나면서 한국의 원전 기술과 운영관리 능력, 특히 원전의 안전성에 대한 평판이 높아지면서 원전에 대한 인식이 서서히 변하기 시작했다. 그래서 1997년『현대한국의 시민운동』에서 반핵운동을 취급하면서 화석연료와 원자력발전소를 안전성과 위험성, 경제성과 효율성, 공해성과 대체성이라는 세 가지 기준에 의해서 객관적으로 그리고 중립적으로 공평하게 기술했다. 개인 수준에서 원자력발전소에 대한 인식에 큰 변화가 가져온 결과였다.

태양광 등 신재생에너지가 한국에 부적합하다는 판단은 첫째, 날씨에

권위주의는 어떻게 국가를 망치는가?

따라서 발전량에 격차가 크며, 둘째, 산악지대가 많고, 셋째, 한국은 국토의 이용률이 높았기 때문이었다. 나는 1997년 미 국무성 자료 등을 참조해서 국토의 면적과 원자력발전소의 발전량 점유율을 조사했는데, 그 당시 프랑스는 원전 발전량의 점유율이 72.7%에 달해 독보적인 존재였다. 독일 27.6%, 일본 23.8%, 미국 21.7%, 영국 20.6%, 구소련 12.6%인데 한국도 무려 47.5%에 달했다. 한국은 그 후 전력수요가 감소하면서 2000년까지 40기의 원전 건설 계획 대신 24기를 건설하는 데 그쳤다.

태양광의 현황을 좀 더 구체적으로 보면 2021년 4월의 태양광 발전량은 월별로도 격차가 많고 날짜별로도 차이가 심했다. 전체 발전량에서 태양광이 차지하는 비율이 평균 11.3%가 되는 달이라도 5%가 채 안 되는 날이 많을 때도 있다. 또 전력수요가 많으면서 폭염이 심했던 7월 어느 날 오후 3시부터 5시까지 전체 발전량에서 차지하는 태양광 발전량은 1.4%, 풍력 발전량은 0.4%인데 비해 원전 발전량은 수십 배에 달하기도 했다.

반면에 지난 5년간 태양광을 위해 벌목으로 사라진 산림의 면적은 12만 2,920ha로 여의도 면적의 423배에 달한다고 한다. 나아가서 KBS가 문제를 제기했듯이 농사만 짓게 되어 있는 절대농지에 까지 손을 대면서 태양광을 둘러싼 찬반으로 농민들을 갈라놓고 왜 농촌을 피폐하게 하는지 그 이유를 알고 싶었다.

이제 산에서는 나무를 베어내 태양광을 깔고, 논과 밭에도 진한 회색의 창문 같은 것을 덮어서 그 푸릇푸릇한 산야를 볼 수 없을 것 같아 아쉽기만 하다. '에너지정책 합리화를 추구하는 교수협의회(에교협)'는 정부가 재생에너지 발전시설에 필요한 부지확보와 설비이용률을 지나치게 낙관적으로 전망했다고 주장하고 있다. 특히 서울 면적의 다섯 배 수준으로 태양광 발전의 확대를 추진하면서도 에너지저장장치(Energy Storage System) 용량을 거의 언급하지 않은 게 큰 문제라고 지적했다. 탄소중립위원회는 2050년의 태양광·전력 비율을 56.6~70.8%로 정한 세 시나리오를 제시했는데 전문가들이 추산해낸 전력저장장치(ESS) 건설비용은 최소 787조 원에서 최대 1248조 원으로 나왔다. 부지 문제는 별도로 치고 그 막대한 경비에 어안이 벙벙할 뿐이다.

또한 태양광과 풍력 등 신재생에너지는 도시와 공단 등으로부터 먼 곳에 흩어져 있기 때문에 송·배전망 설치에도 천문학적인 비용을 필요로 한다. 예컨대 전남에서 수도권까지 송전을 위해서는 곳곳에 송전탑을 비롯한 송전선을 농촌에 설치해야 하는데, 그 근접성 때문에 농민들은 더 불리할 수밖에 없다. 이러한 문제들은 원자력발전소 건설 초기에 송전선을 짧게 하기 위해 고리(古里)에 원전을 모아 놓은 것이나, 1995년 저자가 원자력발전소에 대한 인식 조사를 위해 동해안지역 주민들을 만났을 때 일부 사람들이 전기를 많이 쓰는 서울에는 한강에 원자력발전소를 설치하는 것이 어떠냐고 하면서 반발을 보인 것이 생각나기도 했다.

전력 생산의 에너지원으로서 태양광의 효율성에 의문이 제기된다면 그 동안 원자력발전소의 발전에는 어떠한 변화가 있었는가?

빌 게이츠나 일론 머스크처럼 미래의 과학과 기술시대를 앞서서 대비해가는 사람들이 원자력발전소가 꼭 필요하다고 언급하는 것은 90년대만 해도 생각할 수 없는 일이었다. 특히 빌 게이츠가 문 정권에게 원전을 권고한 것은 놀라운 일이다.

빌 게이츠는 2006년 안전하고 친환경적인 원자력 에너지를 공급하기 위해 테라파워(Terrapower)라는 회사를 세웠는데, 이 회사가 제조하는 345메가와트 규모의 소형원자로(SMR)가 에너지 산업에 획기적인 변화를 일으킬 것이라고 그는 주장하고 있다.

물론 세계의 강국 중 독일이 유일하게 탈원전 정책을 고수하고 있는 사실은 잘 알려져 있다. 그러나 독일은 천연가스 수요의 절반에 가까운 양을 러시아로부터 수입하고 있어 러시아의 에너지 볼모가 될 수밖에 없었다. 그래서 우크라이나를 지원하는 데 있어서 유럽의 최대 강국이 전쟁 초기에 소극적인 태도를 취한 까닭이 에너지 의존 때문이란 지적은 피할 수 없었다.

또한 한국보다 태양광을 설치하기에 좋은 나라로는 유럽 남부의 여러 국가들이 있으며 그중 하나가 이탈리아이다. 그러나 2020년 기준으로 전력을 생산하는 에너지원 중 태양광이 차지하는 비율은 9.7%에 불과하다. 그만큼 태양광으로 전력을 생산하는 비율은 세계 어디서나 높지 않다.

한편 2021년 10월 프랑스를 비롯한 유럽 10개국 16명의 경제·에너지 장관들이 공동 서명한 기고문에서 "원자력 발전은 저렴하고 안정적이며 독립적인 에너지원"이라고 하면서 유럽연합(EU)의 지속 가능한 에너지원 리스트에 원전을 추가해 달라고 요청했다. 그들은 "앞으로 기술협력에 의해 소형 모듈형 원자로(SMR)와 같은 새롭고 현대적인 원자로를 곧 만들 수 있고, 100만 개의 일자리 창출 효과를 가져 올 수 있다"고 했으며 이에 영국도 동의했다. 특히 프랑스의 송전공기업 RTE의 보고서에는 6개의 시나리오가 있는데, 가장 이상적인 방안은 원자력 발전 비율을 50%, 재생에너지 비율을 50%라고 하는 내용도 들어 있었다.

이렇게 태양광을 주에너지원으로 정하면서 생기는 문제들은 한두 가지가 아니지만 가장 큰 문제는 천문학적인 경비이다. 물론 태양광 등 재생에너지를 바로 포기하는 것도 현명한 정책은 아니라고 본다. 2020년 12월 국제에너지기구(International Energy Agency)가 펴낸 '전력생산 비용전망' 보고서에서 원전 건설과 관리, 폐기물처리 등 한국의 원전 운영 전 주기 비용이 2025년 기준 메가와트시(MWh)당 53달러 정도인데 비해 태양광은 96~98달러, 해상풍력은 160달러이니 태양광과 소형 원전 정책의 병행이 가장 현명한 정책의 전환이라고 생각하기 때문이다.

2021년 5월 21일 워싱턴에서 문재인과 바이든 두 대통령은 한 · 미 정상회담을 끝내고 "원전사업 공동참여를 포함한 해외 원전시장 내에서의 협력을 발전시켜 나가기로 약속했다"는 공동성명을 발표했다. 정확히 1년 뒤인 2022년 5월 21일 윤석열과 바이든 두 대통령은 서울에서 한 · 미 양국은 소형모듈원자로(SMR)를 개발해서 제3국 원전시장 진출을 위한 협력방안도 구체화하기로 했다고 합의했다. 한 · 미 기술동맹을 계기로 그동안 고사상태에 있던 한국 원전산업은 겨우 숨통이 트이게 된 셈이다.

문 정권의 잘못된 탈원전 정책에도 불구하고 새 정권은 배터리, 태양광, 수소 기술 분야의 육성에 힘쓸 것이며, 2030년까지 온실가스를 2018년 기준으로 40% 줄이겠다는 약속도 계승한다고 했는데, 원전정책의 병행 없이는 어려울지도 모른다. 문 정권이 본격적으로 가동되면서 문제가 되었던 점들을 하나씩 짚어보자. 역사에서 '만약'을 내세워봐야 모두 부질없는 일이지만 만약 문 정권이 등장하면서 (1) '국민통합'과 (2) '획기적인 제도개선'과 (3) '사회안전망 확충'을 정권의 최우선 정책과제로 천명

권위주의는 어떻게 국가를 망치는가?

하고 실제로 임기 내내 그 목적을 달성하기 위해 전심전력으로 노력했다면 문 정권은 성공적인 정권으로 평가받았을지도 모른다.

국민통합은 이념의 차이를 줄이자는 것은 결코 아니다. 한국에서 통합이란 지지하는 정당이 다름에서 오는 차이를 강제로 일치시키는 것이 아니다. 다만 서로의 다름을 관대하게 보는 게 아니라 지나치게 차별하는 것을 좀 감소시키기 위한 노력을 의미한다.

하지만 실제로는 "너는 여자니까 안 되고, 늙었으니까 양보해야 되고, 학력이 모자라니 네가 낄 데가 아니다"라고 해서 차별하는 게 너무 많다. "이북출신이어서 안되고, 다문화 가정은 해당이 안 된다"라고 하면 한국에서의 다양성은 실제로는 인정이 안 되는 거나 마찬가지다. 그러나 다양성을 포기하기는 것이 불가능할 정도로 이미 현재 한국 사회의 각 부분은 상호 의존되어있다. 따라서 사회 각 분야의 제도를 현실에 맞게 다듬고 관행도 개선할 필요가 있다.

또한 한 개인이나 가족이 살아가는 동안에 겪게 될지도 모를 사회적 재난(social contingencies)에 대비하기 위해 사회안전망의 제도화에 힘썼다면 문 정권의 업적은 결코 과소평가 되는 일은 없었을 것이다.

다행히 새 정권이 문 정권의 근로장려세제를 계승한다고 하니 지금이라도 한 가닥 희망이 보인다. 이 제도는 저소득가구에 근로장려금을 세금환급 형태로 돌려줘 소득을 보전해주고 근로 의욕을 높일 수 있도록 하기 위한 것인데, 2009년 시작했을 때보다 지급금액이 3배가량 늘어 활성화됐다고 한다. 물론 코로나 때문에 어려운 상황이기는 했지만, 그래도 보수정권보다는 복지와 분배에 우선을 두기 때문에 선택과 집중을 통해 한두 개 대규모 복지제도 확충을 했더라면 하는 아쉬움이 남을 뿐이다.

국민통합을 위해서는 서로의 다름을 인정해야 하고, 제도의 개선을 위해서는 사람들의 불편을 이해하고 필요성을 인식해야 한다. 예컨대 없는 사람들의 절박함을 진정으로 느낄 수 있을 때 사회안전망도 확충될 수 있을 터인데, 문 정권 5년 동안에는 그런 노력이 전혀 보이지 않았다. 오히려 (1) 편 가르기를 해서 국민을 분열시켰으며, (2) 각종 처벌법을 도입하고, (3) 코로나 때문이기는 하지만 선거를 앞두고 현금 살포를 빈번히 했으며, (4) 일부 시민단체의 어용화가 있었고, (5) 한·미 동맹관계의 훼손 때문에 민심은 정권에 등을 돌리기 시작했다. 2019년 10월 광화문과 시청 앞에 그 많은 인파가 몰린 것은 결코 우연이 아니었다.

문 정권의 초기 2년 반을 지나면서 사람들은 민주화 운동을 한 사람들의 정체성(identity)에 대한 의구심을 갖기 시작했다. 인간의 기본권을 존중하고 자유와 민주주의를 위해 투쟁한 사람들은 그들이 얼마나 숭고한 목적을 위해 자신들을 희생하려고 했는가에 대해 커다란 자부심을 가져야만 했다. 그들은 어떤 이해관계를 위해 뭉친 것이 아니고, 상대방을 증오하기 위해 몸을 던진 것도 아닌 오직 민주주의라는 가치 수호를 위해 싸웠던 것이다. 그러한 의식과 자긍심, 그런 특성이 그 집단의 정체성을 형성하게 되는데, 문 정권 사람들은 일단 권력을 잡자 전 정권의 사람들만 처벌하는 데에 너무 많은 시간을 소비하는 인상을 주었다.

문 정권이 출범하면서 가장 눈에 띄었던 점은 집권 세력의 핵심층은 말할 필요도 없고 중간층과 그 주위에 있던 사람들의 절대다수가 민주화 운동의 경험을 가진 사람들로 채워졌다는 사실이다. 이런 구성은 앞에서 말

권위주의는 어떻게 국가를 망치는가?

한 통합의 의미와는 너무 차이가 있다. 바꿔 말하면, 다양성의 면에서 첫 단추부터 잘못 끼워졌다.

집권층의 이런 인적 구성은 김영삼, 김대중, 노무현 정권의 경우와는 많이 다르다. 김영삼 정권은 3당 합당의 결과이었고, 김대중 정권의 배경은 JP 연대의 소산이었으며, 노무현 정권에는 민주화운동을 했던 사람들이 많이 참여했지만, 노무현 대통령 자신이 정책 결정에서 융통성이 많았다.

인적 구성의 이런 차이 때문에 문 정권이 들어서면서 제일 많이 외쳤던 '공정'이라는 캐치프레이즈는 하나의 수사(rhetoric)로 그칠 가능성이 높아졌다. 정권의 주축 인물들이 같은 이념과 동일한 정치적 경험 및 배경을 가지고 똑같은 곳을 보는 사람들이라면 금방 우리(we)와 그들(they)이 형성되기 마련이다. 그리고 내집단(內集團)과 외집단(外集團)의 경계선은 뚜렷해 질 수밖에 없다. 민주화 운동을 하던 시절 공권력으로부터 억압받았던 집단이 그렇지 않은 집단과 그 결속력이 똑같을 수는 없었다.

결국 "팔은 안으로 굽는다"라고 같은 편이라는 인식이 그 집단 내에서는 보편화되었다. 공정과 같은 가치를 차별 없이 지키기 어려우리라는 것은 쉽게 짐작해 볼 수 있다. 따라서 이른바 '내로남불', '편 가르기'가 판을 치게 되고 자기편의 흠결은 무조건 감싸고, 모든 것을 상대편의 탓으로 몰아치는 진영논리가 수시로 일어날 수 있다. 결국 정파적 양극화와 국론 분열이 반복되기 마련이다. 그런데 문 정권에서 이런 현상을 많이 볼 수 있었던 이유는 정권의 열렬한 지지층이 형성되면서 앞에서 말한 행태가 유형화(pattern)되었기 때문이다. 더구나 4 · 15 총선 이후에는 국회에서 다수 의석까지 차지하게 되어 그 기세는 하늘을 찌르는 듯했다.

여당이 주도했던 진영논리가 가장 극심했던 때는 2019년 가을 이른바 '조국 사태'가 한국 사회를 출렁이게 만들 때였다. 부정과 비리가 많았던 과거 시절도 아닌 2000년대를 훨씬 지나서 말끝마다 정의를 부르짖는 한국의 권력층 사이에서 이런 부정과 비리가 꿈틀거릴 줄을 대부분의 국민들은 상상하지도 못했다. 더구나 시중에서 일부 그런 관행이 있다는 것을 알게 되면 제도의 개선이나 개혁을 모색해야 할 입장에 있는 엘리트층이 오히려 그러한 부정과 비리에 빠져들었다는 데 대해서 국민들이 무척 경악했던 것은 말할 필요조차 없다.

수많은 20대와 30대의 청년들과 취업 준비생들이 이에 대해 의견을 나누면서 배신감과 좌절감을 느꼈을 것이다. 어디 이뿐인가? 시험 때마다 어떻게 하면 학생들을 공정하고 객관적으로 평가할 수 있을까 하고 고심하는 초등학교 교사로부터 대학교수에 이르기까지 교직자라면 이런 일을 조금도 이해하지 못할 것이다. 가족 여러 명이 수사를 받아서 안타깝기는 하지만 재판정에서는 묵비권을 사용하고 나중에 글을 통해 그 억울함을 토로하는 것은 이해는 되지만 정도(正道)는 아니다. 글은 왜곡될 수 있고 미화될 수도 있다. 글은 글쓴이의 인격을 반영하지도 않으며 진실은 오직 법정에서만 밝혀질 수가 있다고 보기 때문이다.

더구나 이런 입시 부정을 둘러싸고 옳고 그름으로 금방 결판이 날 일을 집권층의 열렬한 지지층이 진영논리에 빠져 며칠 동안 자기편의 비위 사실을 감싸는 광경은 한국 사회를 충격과 경악에 빠뜨리는 정도를 넘어서 사람들을 깊은 좌절감에 빠지게 했다. 조국 사태는 한 개인을 열렬히 지지하는 층을 가리키는 소위 '정치 팬덤(political fandom)'을 한국 정치사상 처음으로 일으켰다고 생각한다. 이런 현상은 그 후 문재인 대통령 쪽으로 전이되어 대통령의 온순한 성격과 상승작용을 일으키면서 문 대통령은 물러날 때까지 40% 이상의 지지율을 누렸다. 조국 가족이 받은 혐의는 그 후 '아빠 찬스'라는 용어가 생길 정도로 사례가 많아지면서 한두 가족의 일탈 문제가 아니고 구조적인 성격의 비위 사실로 굳어지는 성향이 높아졌다.

반면에 위안부 할머니들을 위해 봉사에서 출발한 '정의기억연대'의 비행은 좀 더 복잡한 사건이었다. 이 사건에 관해 선진국의 NGO(Non Governmental Organization)가 어떻게 운영되고 있는가를 조금이라도 알게 되면 윤미향이 책임자로 있던 해당 단체의 과거 회계 상태에 관해 일반국민이 가지고 있던 의혹과 비판은 당연한 일이다. 이 사건 역시 정부 당국이 시민단체의 회계 문제를 조사하지 않을 수 없을 정도로 이슈가 되었고 이것 역시 구조적인 문제일 가능성이 높다. 모든 의혹은 조사와 재판을 통해서 밝혀지겠지만, 이 사건에 대해서 국민들이 문제제기를 하는 것은 합리적인 의문이라고 본다.

그리고 시민단체 중 강성노조를 가진 두서너 개의 집단이 시민들이 느끼는 불편이나 불안감은 아랑곳하지 않고 불법 집회나 시위를 하는 행태는 지양될 필요가 있다. 또한 문 정권이 등장하자마자 진보적인 시민단체에 참여했던 사람들이 대거 정부나 정계에 발을 들여놓았던 모습은 미국과 유럽의 여러 나라의 NGO에서는 정말 상상도 할 수 없는 광경이다.

문 정권이 출범한 지 3년이 끝나기 직전에 터진 일련의 이런 사태는 그동안 일사불란하게 움직였던 진보층의 대오를 흩트려 놓는 계기가 되었고, 특히 대오를 이탈한 수명의 진보적인 인사들이 진보 진영을 향해 퍼부은 날카로운 비판은 이후 많은 사람들이 문 정권의 독주를 견제하는 신호탄의 구실을 한 셈이 되었다. 일부 진보 진영의 이탈이 있기 전 새 정권이 국정에 임하는 계획과 태도를 보고, 한 진보적인 원로 정치학자가 문 정권을 향해 민주주의의 위기 가능성을 제기한 경고가 이런 식으로 확대가 될지는 아무도 몰랐다. 만약 그런 경고가 나왔던 그때, 국정 전반을 쇄신하고 조심했더라면 정권교체는 안 되었을지도 모른다.

특히 2020년 4 · 15 총선이 민주당에 압도적인 승리를 가져온 다음에는 다수의석에 대한 과신이 독이 되어 돌아왔다. 또한 오랫동안 대통령과 여당에 대한 지지를 반영한 여론조사는 청와대와 여당 지도부로 하여금 착각과 오판을 하도록 유도하는 구실도 했다. 여러 가지 정책 실패에다 설상가상으로 입법 독주와 각종 스캔들이 겹쳐 일어나면서 문 정권에 대한 지지는 점점 줄어들기 시작했다. 그리고 시간이 갈수록 한국 사회의 지식층들은 이념의 성향과는 상관없이 문 정권에 대해 부정적인 평가의 목소리를 높여가기 시작했다. 이때부터 문 정권에 대한 비교적 높은 지지율에 상반되게 정권교체를 열망하는 비율 역시 높아지는 이례적인 상황도 특이점으로 지적할 수 있다.

점점 더 '민주주의에 대한 위협'과 유사한 용어들을 한국의 장래를 걱정하는 많은 사람들의 말이나 글, 또는 신문기사를 통해 볼 수 있었다. 예컨대, '연성 독재', '권위주의 성향', '전체주의', '좌파 파시즘', '싸가지 없는 정치', '내면적 전체주의' 등과 같은 용어도 신문의 칼럼이나 책에 자주 나타났다. 문 정권의 독주를 빗대 이들이 쓰는 용어가 전통적인 의미의 전체주의나 파시즘이 아님은 물론이다. 그러나 문 정권이 지난 2~3년 동안 나라

권위주의는 어떻게 국가를 망치는가?

를 이끌어 온 식으로 앞으로도 계속 나간다면 충분히 그러한 성향으로 흐를 수 있다는 경고의 메시지가 나왔을 때, 이 견해에 동의하는 사람은 많았다.

특히 '내면적 전체주의'를 설명하면서 해외에 있는 한 교수가 갈파한 "진실과 사실이 아니라, 오직 자기편의 주장만을 중요하게 여기는 사람들이 다수로 자리 잡게 될 때, 한 사회는 표면적으로 민주주의 사회이지만 내면적으로는 전체주의의 덫이 곳곳에 드리우게 된다."라는 주장은 공감되는 바가 많았다. 특히 4 · 15 총선 전 집권층이 신설하려고 하는 공수처 문제에 대해 반대의견을 개진한 한 여당의원에 대한 당의 제재는 탈당이 자유로웠던 이승만 정권 시절과 비교가 되기도 했다. 정당의 민주주의적 운영이라는 측면에서 집권당은 오히려 퇴보의 늪에 빠져있다는 느낌을 들게 했다.

앞에서 이승만 정권 시절의 억압유형에 대해 자세히 언급했지만, 처벌을 위해 법을 개정하거나 새로운 법을 만드는 것도 독재정권이 보여주는 한 가지 특징이다. '고위공직자범죄수사처'라고 해서 '공수처법'으로 불리는 이 법은 고위 공직자의 범법 사례가 있을 경우 처벌하기 위해 제정된 것이라고 한다. 하지만 기존에 있는 법으로도 처리가 가능한 것을 새로운 법을 만들면서까지 밀어붙이는 저의를 이해하기 어려웠다. 정말 이와 같은 법이 자유민주주의 체제의 여러 선진국에서 통용되는 법이라면 몰라도 현재 이런 법이 시행되는 나라는 중국뿐이라고 당시 법무부 고위 간부가 국회에 나와서 증언하는 것을 보고 아연실색할 수밖에 없었다.

대한민국이 경제대국 10위 안에 드느냐 못 드느냐를 두고 설왕설래하는 판에 사회주의 · 권위주의 국가에서 시행되고 있는 법을 따라가야 한다니 이해가 안 되었다. 필리핀의 경우를 보면 자유민주주의 체제가 무너지는 데는 시간이 많이 걸리지 않았다. 현재 대한민국에는 80세를 넘기신 분들이 아직도 많이 생존해 계신다. 과거에 그분들은 라몬 막사이사이 대통령이 이끄는 자유민주주의 체제의 필리핀을 얼마나 부러워했는가? 미국에서 만난 한 필리핀 친구가 현재 자기네 나라는 민주주의도 무너지고 경제성장도 못 해 반대로 한국을 부러워하던 표정이 아직도 기억에 생생하다.

어디 이뿐만인가? '5 · 18 역사왜곡특별법' 개정이 표현과 사상의 자유를 훼손시키고 있음은 말할 필요도 없다. 1980년 5월 18일부터 광주에서 발생, 약 10일간에 걸쳐 일어난 민주화 운동은 한국 현대사에서 보기 힘들었던 최대 비극의 하나였다. 그해 여름 시위 현장의 모습과 진압과정을 담은 비디오를 워싱턴의 한 장소에서 많은 교포들과 시청하면서 경악을 금치 못했다. 민주주의를 위한 광주시민의 시위는 그 운동의 시작부터 결말에 이르기까지 여러 차례의 조사를 거쳐 그 진위가 확인된 바 있는데 40년이 지난 지금 새삼스럽게, 그것도 민주화 세력이라고 불리는 문 정권이 5 · 18왜곡처벌법을 만든 배경에 의문을 표하지 않을 수 없다.

물론 입법은 아직 안 되었지만 언론에 대한 징벌적 손해배상제까지 한동안 논의되었을 때는 할 말을 잃었다. 반복적인 허위나 조작 기사가 실렸을 경우 언론사에 최대 5배나 되는 징벌적 손해배상을 물리게 한다는 조항이 언론징벌법에 수록되었을 때, 이는 누가 보아도 언론의 자유를 극도로 위축시킬 우려가 있음은 말할 필요도 없다. 기사를 쓰는 기자가 사실관계를 몇 번씩 확인한 후에도 만에 하나 언론사에 피해가 가는 일이 발생한다면, 그것은 이미 언론과 표현의 자유에 재갈을 물리는 것이나 다름없다. 한

권위주의는 어떻게 국가를 망치는가?

국 언론사의 재정 형편을 조금이라도 안다면 나올 수 없는 조항인 셈이다.

 '기사열람차단권'도 문제가 되지 않을 수 없다. 이 조항도 언론을 표현하기 전에 규제함으로써 인터넷에서 기사를 차단할 수 있다는 것인데, 불리한 기사를 사전에 막아 버린다면 비판을 위한 기사는 아예 사라지고 말것이다. 권력형 비리 사건은 건드리기만 해도 당장 악의의 허위 조작 보도라고 들고 나와 '기사 열람 차단 → 정정보도 → 과중한 손해배상 청구'로 이어질 것이 틀림없다. 허위 보도는 명예훼손에 따른 민형사상 처벌·배상 등 현행 법규로도 책임을 물을 수 있다. 그런데 과도한 징벌적 배상제를 추가한다면 헌법에 나오는 과잉 금지 원칙에 위배될 가능성이 있다. 참으로 불합리한 시도라고 아니할 수 없다.

 언론중재법 개정안에 대한 국내·외 반응은 뜨거웠다. 한국신문협회, 한국기자협회, 관훈클럽 등 언론 7개 단체는 여야의 논의과정에서 "누더기 악법이 된 언론중재법안은 폐기하고 원점에서 숙의 과정을 거쳐야 한다"라고 법안 폐기를 요구했다. 유엔 인권최고사무소(OHCHR)의 아이린 칸 유엔 의사·표현의 자유 특별보고관 역시 이 문제에 대해 "언론의 자유를 심각하게 제한할 수 있다"라고 경고를 했다. 그리고 세계신문협회(WAN–IFRA)의 뱅상 페레뉴(Vincent Peyregne) 회장은 "만일 개정안이 그대로 추진된다면 대한민국 정부는 개혁이라는 이름으로 자유롭고 비판적인 토론을 사실상 억제하려는 최악의 권위주의 정권이 될 것"이라고 해서 우리를 깜짝 놀라게 했다.

 언론중재법 개정안이 처음 나오자마자 미국의 주요 신문사와 통신사, 프랑스의 르 몽드, 심지어는 일본의 일간지까지 봇물 터지듯 언론자유의 침해에 관해 논평을 토해 냈다. 하지만 소위 '권위주의 국가' 발언은 더욱 의외라는 느낌이 들었다. 하기는 미국기자협회(SPJ) 국제커뮤니티 댄 큐비스케 공동의장도 국내 한 방송사와의 인터뷰에서 "민주주의 국가에서 이런 일을 하는 첫 사례가 될 것이다. 독재국가는 항상 그렇게 한다"라며 극도의 실망감을 느낀다고 했다.

우리는 한국의 언론중재법 개정안이 세계의 언론으로부터 이렇게 많은 주목을 받을 줄은 몰랐다. 세계에서 차지하는 한국의 국가 위상적 변화 때문이기도 하겠지만, 미디어 환경의 변화로 그동안 홍콩에 주재해 있던 세계의 주요 신문, 통신, 방송사가 서울로 이전한 사실을 과소평가한 것도 여러 가지 이유 중 하나일지도 모른다. 홍콩의 대안으로 서울이 부상하는 세상이 될 줄은 정말 몰랐다. 이제 가장 바람직한 방법은 언론중재법 개정안을 아예 폐기시키는 것이고, 그게 여의찮으면 여야가 숙의를 거듭해서 합의를 도출해 누가 봐도 언론과 표현의 자유를 침해한다고는 볼 수 없는 새로운 언론법을 내놓는 것이 차선의 방법일지도 모른다.

언론중재법 개정안이 나온 시점이 흥미로운 것은 2021년 4월 7일 서울과 부산시장 선거에서 여당이 두 곳에서 모두 패배한 이후에 나왔기 때문이다. 여당의 부동산 정책 실패 등과 여러 가지 공정성의 논란 속에 치러진 서울과 부산시장의 보궐선거는, 더구나 성 스캔들이었기 때문에 평상시 같으면 그 결과는 불을 보듯 뻔했을 것이다. 그렇지만 야권의 진영과 후보들이 끝까지 마음을 졸였던 까닭은 '조국 사태'이후 치러진 총선거에서 여당이 압도적인 승리를 거둔 전례가 있기 때문이었다. 그러나 보궐선거에서는 민심 이반의 강도와 속도는 무척 강하고 빠르게 전개되면서 야당이 승리했다.

문 정권의 또 하나 눈에 띄는 특징은 역대 그 어느 정권보다도 선거전에 현금 살포를 많이 했다는 점이다. 2021년 하반기부터 지급된 것까지 치면 총 다섯 차례에 걸쳐 국민들은 현금을 받았다. 물론 코로나로 인해 경제적 어려움에 처한 국민들을 돕기 위해 재난 지원금이나 위로금 명목으로 주는 것이었지만 선거일이 다가오면서, 투표 전에 국민들에게 현금을 쥐여 주는 일은 아무리 생각해도 공정의 구호와는 어울리지 않았다. 앞에서 이미 언급했지만, 이승만 정권 때에는 선거철만 가까워 오면 억압의 빈도가 가파르게 높았다가 줄어드는 W형(型)을 보였다.

한편 문 정권에서는 비록 경사는 완만하나 선거가 있을 때마다 현금을 살포해서 그것 역시 W형(型)을 보이면서 유형화되어버렸다. 좀 더 정확히 말하면 코로나가 한창 창궐할 때에 선거가 있었다. 국민들 중 저소득층이 제일 먼저 현금 혜택을 받은 시기는 4·15총선거 전이었으며, 물론 그 당시 20대와 30대의 압도적인 지지로 여당은 대승했지만 그때는 진영논리가 한국 사회를 뒤흔들었던 시기였다. 정말 공정한 선거를 치를 의도가 있다면 선거일이 지나고 현금을 지원했을 수도 있을 것이다. 만일 그런 일이 일어난다면 누가 보아도 공평하다고 생각하게 마련이다.

만약 한국의 정치문화가 그 정도로 상대 당을 배려하게 되면 문재인 정권의 '기회는 평등하고, 과정은 공정하고, 결과는 정의로운 나라를 만들 것'이라는 캐치프레이즈는 애당초 나올 필요가 없었을 것이다. 더구나 국가재정은 날로 악화돼 2022년이 되면 국가부채는 1,000조 원을 넘고 GDP 대비 국가부채의 비율도 50%대에 진입할 것으로 전망된다고 한다. 그런데 재난지원금이라는 문 정권의 현금 살포 계획은 2021년 가을에 시작되어 대통령 선거운동이 막바지로 접어드는 2022년 초까지 지급하기로 되어 있었다. 따라서 선거 역사상 20대 대통령선거는 이유야 어떻든 현금이 오가는 최초의 선거가 되었다. 코로나 때문에 선거철에 돈이 오가는 광경이 일상화되었다.

대통령 중심제하에서 더구나 여당이 압도적인 의석을 가지고 국정을 이끌고 나갈 때 재정적으로 취약하기 짝이 없는 시민단체들이 어떻게 그 명맥을 유지하고 있는지를 따져보는 일도 매우 중요하다. 국가, 시민사회, 개인의 상호관계의 맥락 속에서 시민운동단체를 생각해 볼 필요가 있다. 국가는 개인으로부터 멀리 떨어져 있고, 그 사이에 예를 들면, 시장 공동체, 지역사회 공동체, 소비자 공동체, 학문 공동체 등 수많은 공동체로 되어 있는 시민사회가 있다. 국가가 공적 영역이라고 하면 시민사회는 일반 개인이나 집단이 일상생활을 영위할 수 있는 사적영역이다.

시민운동단체는 개인과 집단의 이익을 보호하기 위해 국가와 시민사회뿐만 아니라 그 둘의 관계가 제대로 작동하고 있는지를 감시하고 견제하는 기능을 하는 비정부조직이다. 회비나 기부에 의해 운영되는 선진국의 NGO와는 다르게 우리의 시민단체는 공익을 위한 비영리조직(NPO, Non Profit Organization)인 경우 정부나 지자체로부터 재정적 후원을 받을 수 있게 되어 있다. 시민운동단체는 독립적이라고 하지만 차별적 혜택을 받을 경우 어용단체로 전락하기 쉽다. 정권이 바뀔 때마다 권력이 언론기관 등 사회 각 분야를 장악하려는 시도가 자행되는 현실에서 차별적 지원이 자행되면 시민단체의 어용화는 불가피한 것처럼 보인다.

문재인 정권의 임기가 얼마 남지 않은 시점에서 대통령이 국민들과의 소통에 좀 더 적극적으로 나서지 않은 점을 제일 안타깝게 생각하고 있

권위주의는 어떻게 국가를 망치는가?

다. 문 대통령의 외모만 보면 누가 보아도 온순한 성격의 소유자처럼 보인다. 착하고 환한 미소를 띨 때는 더욱 그렇다. 대통령의 이런 모습과 인상은 해외 순방 때 더욱 빛나고, 실제로 다른 나라의 정상을 만날 때 도움이 될 수도 있을 것이다.

그런데 이와 반대되는 의견을 아주 오래전에 뉴욕타임즈(New York Times)의 사설에서 읽은 기억이 있다. 수십 년 전의 일이라 자세하게 기억할 수는 없지만, NYT 사설의 요지는 대강 다음과 같은 내용이었다. "대통령이라는 사람의 심성이 언제나 착하고 온순해야만 할 필요는 없다. 왜냐하면 대통령직에 있는 사람은 때로는 브레즈네프를 마주 보면서 얼굴을 붉힐 정도로 상대를 해야 할 일들이 많기 때문이다."라는 것이었다. 초대 이승만 대통령부터 그동안 많은 대통령을 봐 왔는데 왜 문재인 대통령 재임 때 이 사설이 끊임없이 내 머리에서 맴돌았는지 그 까닭을 나 자신도 모른다. 그 정확한 이유를 알 수 없으나 문 대통령 취임 초기에 있었던 외교 · 안보 분야에서의 일련의 사태 때문이 아니었는가 하는 생각이 들었다.

2017년 12월 한 · 중 정상회담에서 문 대통령은 중국을 '높은 산'에 비유하고, 한국을 '작은 나라'로 낮추는 이른바 '높은 산, 작은 나라'라는 발언을 했는데, 아주 적절하지 않은 표현이라고 생각했다. 한 나라의 대통령이 인접국인 사회주의 권위주의 국가를 '높은 산'으로 부르면서 자기 나라는 '작은 나라'로 낮춰 부르는 것은 비록 그게 현실이라고 해도 외교적인 언사로 부적절하고 정말 불필요한 발언이라고 생각했다. 비록 상대방을 높이고 자기를 낮추는 동양적인 겸손의 표현이라도 대통령의 그러한 발언이 외교적으로 부적격한 언사인 까닭은 개인 간에나 있을 수 있는 표현을 국가 간의 관계에다 적용했기 때문이다.

더구나 "시진핑의 중국몽(中國夢)에 함께하겠다"라고 했을 때는 아연하지 않을 수 없었다. 대통령의 외교·안보 보좌관들은 의전과 행사라는 외적 이벤트에만 특별히 신경을 썼지 한 나라의 주권에도 영향을 끼칠 수 있는 이런 발언에 대해서 너무 무관심한 것 같았다. 문 정권의 초기에 있었던 이런 일이 결코 우발적인 일이 아니었음은 문 정권의 임기 몇 개월을 남겨놓고 외무장관이 미국 외교 초청 대담회에서 중국에 관한 여러 가지 문제에 대해 한 발언만 보아도 알 수 있었다. 그는 "… 중국은 옛날 중국이 아니며 우리는 중국이 주장하고 싶어 하는 것을 들도록 노력해야 한다"라고 발언했다.

또한 "중국은 우리에게 강압적이지 않다"라고 했는데, 물론 박근혜 대통령 때 일이긴 하지만 2016년 한국이 사드 배치를 결정하자 중국은 K팝과 드라마 등 한국의 문화상품 수입을 전면 중단시켰다. 그리고 롯데 그룹은 온갖 수모를 다 겪고 중국에서 모든 것을 철수시켰다. 이와 같은 피해 상황을 국민이 낱낱이 기억하고 있는데 외무장관의 말은 정말 의외였다.

결국 중국의 관영 환구시보가 외무장관의 발언을 칭찬했다는 뉴스가 나오는가 하면 호주의 한 학자가 "한국의 정치지도층은 지레 겁을 먹고 중국과 미국 사이에서 '전략적 모호성'이라는 나약한 태도를 유지한다"라고 안타까워한 논평을 생각해 보니 문 정권의 친중(親中) 정책을 실감하는 듯했다.

또다시 2017년 한·중 정상회담의 의제를 보면 한국에 새로운 정권이 들어서면서 상호 존중하는 입장에서 두 나라의 미래 관계를 새롭게 확인하기보다는 마치 전쟁이 끝난 후 한쪽이 항복의 징표로 다른 나라가 요구하는 사항을 받아들이는 자리가 아닌가 하는 인상을 주었다. 왜냐하면 한국은 (1) 미국의 MD(Missile Defense) 체계와 (2) 사드(Thaad) 추가배치에서 발을 빼고, (3) 한·미·일 동맹에서 한국이 불참할 것을 중국이 제안했기 때문이다. 당시 강경화 외교장관은 기자 질문에 이에 동의하지 않았다고 했지만, 중국은 이 삼불(三不)정책을 그대로 발표해 버린 것이다. 한국을 얕보고 무시하지 않은 다음에야 있을 수 없는 조치였다.

실제로 지난 4년 동안 문 정권은 국민의 약 80%가 지지하는 것으로 알려진 한·미동맹을 계속해서 훼손해 온 것으로 비판받아 왔다. 문 정권은 지나치게 중국과 북한의 눈치를 보이게 되면서 친중친북(親中親北), 종중종북(從中從北) 정권으로 끊임없이 비판을 받아 왔다. 너무 빨리 중국에 유화적인 태도를 보인 것이 아니었을까 하는 생각이 들지 않을 수 없었다. 더구나 시진핑이 "예전에 조선은 중국의 일부였다"라고 트럼프 대통령에게 말했다는 보도가 나오자 할 말을 잃었다. 중국이 한국을 무시하는 것 같은 이런 발언은 과거 수십 년 동안 들어본 일이 없었다.

미국이 으뜸으로 꼽는 가치는 '자유민주주의'에 그대로 담겨 있다고 볼 수 있다. 한국이 민주주의 국가가 되었기 때문에 미국은 한층 더 가까운 동맹이 되었고, 한국의 안보는 그만큼 더 튼튼해져 있어야만 했다. 그리고 이런 결과를 가져온 세력이 다름 아닌 민주화 운동에 앞장서 온 문재인 정권의 청와대 사람들이어야 했다.

하지만 현실은 그렇지 못했다. 이런 사실을 아예 인식하지 못하거나 과소평가하면서 미국을 멀리하고 오히려 중국 쪽으로 조금씩 기우는 모습은 정말 역설이라고 아니할 수 없었다. 이제 사람들은 처음으로 자유민주주의 체제에 위협을 느끼는 듯싶었다.

그러면 역설적으로 문 정권 내내 국민이 안보에 불안해했던 까닭은 도대체 어디에 있는가? 이른바 운동권 중에서 NL(National Liberation)계가 문 정권의 주축 세력이라고 알려져 있다. 민주화에 앞장섰던 학생들이 알고 있던 종속이론에 나오는 신식민지론은 '외견상 독립국이지만 정치적으로, 군사적으로 다른 나라에 종속되어 있는 식민지 상태'에의 국가에 관한 논리이다. 이 논리적 프레임으로 한국을 바라보는 사람들은 한국이 미국의 신식민지라고 여길 가능성이 높다. 그래서 문 정권은 지난 4년 동안 한·미·일 동맹을 지속적으로 약화시켜 온 것일까 하는 의문이 일어난다. 그러면 미군이 주둔했던 독일과 일본도 미국의 신식민지라는 말인가?

앞에서 제기된 문제를 좀 더 구체적으로 생각해 보면 문 정권이 사회주의·권위주의 국가인 중국과 북한에 더 가까워지려는 까닭은 도대체 무엇인가? 혹시 한국을 신식민지로 지배하는 미국을 궁극적으로 한국에서 몰아내야 하는 외세로 인식하면서 싫어하는 것이 아닐까 하는 의문이 든다.

또 다른 가설로는 순전히 경제논리 때문에 또는 미래의 권력으로서 중국에 대한 외교적 포석에서 친중국 정책을 펴고 있다는 답만 남은 셈이다. 여하튼 문 정권이 임기 몇 개월을 남겨두고 한·미동맹을 복원하는 모양새에 대해 많은 사람들이 아직도 의심의 눈초리를 보내는 것은 당연하다고 하겠다.

또한 진보적 지식인들 중에는 한반도의 지정학적 위치에 지나치게 무게를 두는 사람들도 있다. 러시아, 중국, 북한에 둘러싸여 한국 역시 궁극적으로는 사회주의 영향권에서 벗어나기 힘들 것이라는 것이 그들의 지배적인 생각일지도 모른다. 그런데 러시아와 접경해 있으면서 그 영향권에 있었던 동구권과 핀란드, 에스토니아 등 발트 3국, 또한 자유로운 베트남이나 중국의 영향권에서 벗어나려는 대만, 그리고 홍콩, 티벳, 신장 위구르, 미얀마 등의 노력은 결코 과소평가 되어서는 안 될 것이다. 심지어 이제 우크라이나도 이 대열에 합류하고 있다.

그런데 왜 한국은 그 어느 나라보다도 경제적으로나 군사적으로 강대국임에도 불구하고 자진해서 중국의 영향권 밑으로 들어가려고 하는지 참으로 답답한 일이다.

중국의 굴기(崛起)에도 불구하고 주변의 많은 작은 나라들이 자유민주주의 체제를 갈구하고 권위주의를 경계하는 움직임은 결코 사라지지 않을 것이다. 중국에 대한 한국의 정책은 상호 존중을 기반으로 하되 한국의 중국에 대한 경제의존을 줄여나가는 것이 반드시 필요하다. 또 이런 정책은 중국과 북한의 미래에도 영향을 끼치리라고 본다.

북한 인민의 경우는 과거와는 다르게 지금은 한국이 잘 산다는 사실을 이동통신 기기를 이용해 잘 알고 있다고 하는데, 이런 현실이 앞으로 어떻게 나타날지 주목의 대상이 아닐 수 없다. 이것은 북한붕괴론과 같은 해묵은 주장에 다시 기대를 걸어보자는 의미는 결코 아니다. 오히려 현재 외부에서 벌어지고 있는 일들이 북한에 어떻게 영향을 미치며 북한 정권과 인민들은 이에 어떤 반응을 보일지가 관심의 대상이 된다.

중국은 현재 미국 등으로부터 집중적인 견제를 받고 있는데, 이것과는 별도로 중국 내부에서는 빈부격차와 불평등으로부터 오는 상대적 박탈감을 줄이려는 공동부유(共同富裕) 정책이 펼쳐지고 있다. 중국의 소득분배 현황을 보면 상위 1% 부자의 소득이 하위 50%의 전체소득보다 많다고 한다. 따라서 이같은 극단적 불평등 구조는 중국이 완전히 해결하지는 못하더라도 그 정도를 완화시켜야 되는 분야이다. 또한 당초 예상보다 기대에 못 미치는 경제성장률도 지도부가 신경을 써야 할 과제이다.

중국의 이런 정책변화가 북한 인민들에게는 어떻게 받아들여질까도 궁금한 의문이다. 왜냐하면 북한에도 평양과 그 이외의 지방 사이에 이중 구조가 되어 있어서 여기에서 오는 상대적 박탈감을 북한 인민들은 얼마나 더 견디어 낼까 하는 문제가 있기 때문이다. 따라서 북한의 지도층은 인민들의 불만을 누그러뜨리기 위해서 아주 소규모로 중국식 개혁개방을 시도하지 않을까 하는 전망도 해 볼 수 있다.

또 하나는 바이든 정부에는 트럼프 때와는 다르게 노련한 한반도 전문가들이 다수 포진해 있어서 제재 완화를 위해 남한에 가하는 북한의 압박과 북한 내의 변화 가능성에 어떻게 대응하는가도 또 다른 외부의 변수가 될 수 있다고 본다.

물론 우리가 예상하는 것보다 훨씬 오랫동안 북한 정권과 북한 인민들은 변화하지 않을 수도 있다. 또 남한에 대한 북한 정권의 호전적인 정책이 거둬지리라는 기대도 하지 않는다. 북한은 한국정부의 대북전단 살포에 대한 대응을 문제 삼아 2020년 6월 개성에 있는 남북공동연락사무소를 폭파하면서 그동안 비교적 괜찮았던 남북관계에 찬물을 끼얹었다. 그리고 2022년 신년 벽두부터 한국에 대통령선거가 임박해 옴에도 불구하고 열다섯 차례나 각종 미사일을 동해상으로 발사하면서 도발 행위를 자행했다.

어디 이뿐인가? 북한은 이런 호전적인 행태 이외에도 걸핏하면 한국의 대통령을 비롯한 한국 정권을 향해 온갖 욕설을 퍼부었다. 그런데도 불구하고 문재인 정권은 한 번도 항의해 본 적이 없어서 국민을 더욱 분노하게 만들었다. 오히려 문 정권의 임기 말까지 대통령 이하 정부 고위 당국

권위주의는 어떻게 국가를 망치는가?

자들은 한반도의 종전선언을 반복했지만, 메아리 없는 외침에 그친 것은 당연한 결과였다. 더구나 종전선언을 둘러싸고 한국 내에서 국론이 분열되어있는 상태에서 문 정권이 무리하게 밀어붙이는 시도가 과연 올바른 정책인지 다시 한번 검토할 필요가 있다고 생각한다.

종전선언에 대해 미 전략국제문제연구소(CSIS) 수석부소장인 빅터 차는 한국과 미국이 아무리 공들인다 해도 북한은 이를 '종이 한 장' 정도로 받아들이고 제재완화, 합동 군사훈련 중단, 주한 미군 철수, 미국 핵우산 폐기 등 더 많은 양보를 요구할 것이라고 주장하고 있다. 이러한 그의 주장은 1950년 북한의 전격적인 남침 이후 72년 동안 북한의 행태를 곱씹어보면 백번 합리적이라는 생각이 든다. 그는 더 나아가서 이런 종전선언이 가져오는 한반도의 평화도 북한의 끊임없는 핵무장을 통해 이뤄졌다는 사실을 공인하는 것이라고 북한이 여길 것이라는 주장까지 한다.

이제 다시 한국의 문제와 정치 현실로 돌아와서 저자는 과거 민주화 세력에 대한 억압의 후유증이 아직도 트라우마처럼 야당을 강박관념처럼 옥죄고 있다고 생각한다.

과거의 트라우마란 무엇인가? 이 트라우마의 대표적 사례가 이른바 진영논리에서 나타났다고 하면 잘못 짚은 것인가? 비록 우리 편이 어떤 흠이 있더라도 이것을 감싸고 옹호해 주어야지 그냥 방치한다면 당사자는 전의를 상실하게 되고 결국 한쪽이 무너지면 우리의 운동은 심대한 타격을 받아 지리멸렬 할지도 모른다는 우려가 하나의 잠재의식으로 자리 잡고 있다고 생각한다.

따라서 진영 전체를 살리는 대의(大義)에 압도되어 비리를 옹호하는 행위는 하나의 대수롭지 않은 일로 치부되는 것이다.

한편 대통령이 이에 대해 침묵으로 일관한 것은 이런 논리에 정당성을 부여한 것이 아닐까? 한편 현재의 여당과 산업화 세력은 이것을 이해하면서 한국의 정치에서 새롭게 등장한 이런 행태에 대해서 어떻게 단호하게 대응해야 할 것인가를 모색해 볼 필요가 있다. 반면에 정권교체가 되어 야당이 되었지만, 아직도 거대의석을 가지고 있는 야당과 민주화 세력은 언제까지 민주화를 위한 투쟁방식으로 한국 정치를 해나가려고 하는지 반문하게 된다. 무엇보다 그들은 과거의 트라우마에서 스스로 탈피하려는 노력을 보여야 한다고 생각한다.

문 정권 시대에 또 하나 눈에 띄는 점은 청와대 참모들이 과거 그 어느 때보다도 대통령의 이미지에 신경을 쓰면서, 어떤 문제에 대해 대통령이 생각하고 있는 바를 궁금하게 여겨도 대통령은 결코 국민 앞에 나서지 않았다는 점이다.

그래도 대통령은 아이돌 그룹과는 유엔에도 모습을 드러냈다. 영화 〈기생충〉과 K팝 그룹 BTS, 그리고 〈오징어 게임〉도 문 정권 시대에 세계 여러 곳에서 화제가 되었다. 2022년 5월에는 칸에서 박찬욱과 송강호가 감독상과 남우주연상을 차지했다. 문화의 융성도 그렇다. 50년대와 60년대부터 내로라하는 배우와 감독들이 수준 높은 작품을 수십 년 동안 선보인 내공이 축적된 결과라는 것을 지적하지 않을 수 없다.

되돌아보건대 문재인 정권의 초기 2년 반은 적폐 청산의 문제로 그 많은 날을 보냈기 때문에 집권세력 내에서조차 그 기간이 너무 길지 않았는

권위주의는 어떻게 국가를 망치는가?

가에 대한 반성이 있었다. 그 후는 연일 여러 가지 갈등과 의혹사건이 이어졌다. 집권층 내의 갈등, 예컨대 법무장관과 검찰총장 간의 갈등이 국민을 피로하게 했으며 연이어 터진 각종 스캔들 역시 바람 잘 날이 없었다. 코로나가 창궐하면서 많은 국민이 텔레비전을 시청했던 그 기간에 한국이 당면하고 있는 문제들을 진지하게 논의해 보지 못한 점이 아쉬웠다. 지나고 보니 아까운 시간을 너무 많이 허비해 버린 듯하다.

오랫동안 수면 밑에 잠복해 있다가 어느 순간 다시 떠오르는 개헌과 권력구조의 문제, 대통령제 대안으로 내각책임제나 그 변형된 정부형태 등의 문제를 공론화해 볼 기회는 조금도 갖지 못했다. 코로나 때문에 천문학적인 재난지원금을 여러 번 풀면서도 그와 연계해서 사회안전망에 대한 논의도 일절 없었다. 코로나 같은 전염병이 휩쓸 때 무슨 복지 타령이냐고 할지 모르지만, 영국은 2차 대전 중 런던이 폭격당할 때 베버리지(Beveridge) 등과 같은 학자들과 양당의 지도자들이 지하철 대피소에서 전후 영국이 나아가야 할 복지 청사진을 마련했다. 협치와 타협이 있을 때 어려운 문제도 해결해 낼 수 있다는 좋은 실례였다.

문재인 정권 5년 동안에 있었던 일 중 가장 안타까웠던 일은 2022년 4월 말부터 후임 정권의 윤석열 대통령이 취임하는 5월 10일 사이에 일어났던 입법독주였다고 할 수 있다. 거대의석을 가지고 있던 민주당은 검찰개혁이라는 미명 아래에 검찰청법과 형사소송법까지 몇십 분만에 통과시켰다. 야당은 이런 입법독재를 저지하기 위해 필리버스터를 시도했지만, 민주당은 편법을 통해 이를 무력화시키고 공청회 한 번 없이 74년 동안 구축해 온 대한민국의 형사사법 체계를 일거에 허물어 버렸다.

검찰의 수사권을 완전히 박탈한다는 의미의 이른바 '검수완박'법안은 이렇게 강행 처리되었다. 정치에서 타이밍과 상황에 대한 정의는 상당히 중요한 요인인데, 6월 1일 지방선거를 앞두고 이런 상황을 주도한 민주당의 지도부는 정치 팬덤과 거대의석에 대한 자만심이 없었으면 이런 일을 감행할 수 없었을 것이다. 문 대통령도 지방선거를 앞둔 시점이라 타이밍이 좋지 않고, 민주당이 직면하게 될 정치 상황을 고려해서 두 법의 개정안에 대한 거부권을 행사했더라면 그의 결정은 두고두고 높게 평가받았을 것이다. 하지만 그는 그 기회마저 놓쳐 버렸다.

결국 민주당은 6월 1일 지방선거에서 참패했다. 문 대통령은 취임 초에 약속한 '한 번도 가보지 않던 길' 쪽으로는 한 발자국도 내딛지 않았다.

| 탈바꿈이 필요한 한국 정치

젊은이들에게 정치의 문 너무 좁아

저자는 현재의 여당과 야당, 좀 다르게 표현하면 한국의 정치 구도에 포진하고 있는 민주화 세력과 산업화 세력을 대체로 신뢰하지 않은 편이다. 물론 이 두 진영은 현재 이데올로기 선상의 양극단에 포진해 있으면서 끊임없이 정쟁을 반복하며 이전투구의 양상을 띠고 있다. 서로 주고받고(give and take) 하는 식의 타협은 없고, 두 쪽이 똑같이 하나를 주면 또 하나를 얻으려고 한다. 결국은 과거 상대방 정권의 흠결을 지적하는 선을 넘어 정통성까지 부정하고 있다.

현실도 인정해야 하는데, 이렇게 도덕성과 윤리성이 전부인 양 강조하는 정치문화만 계속되면 한국 정치의 선진화는 결코 이루어질 수 없다. 더구나 자기 쪽에 똑같은 문제가 제기될 때는 다른 잣대를 들이대는 것처럼 보일 때는 배신감마저 든다. 진영논리만 힘을 얻고 공정성은 오직 상대방에게만 요구하는 경우가 적지 않다. 상호 간의 신뢰 프로세스는 국내 정치에서부터 이루어져야 하며 설득과 타협이 반복되어야 한국의 정치는 지금보다 한 발자국 더 나아갈 수 있다. 그런데 그 단계에 도달하기 전에 한국 정치가 넘어야 할 험준한 고비들이 많이 있다.

2021년 한국의 정치가 개혁과 변화의 필요성이 절실한 때에 야당의 당대표에 30대가 당선되고 지도부가 확 젊어진 것은 그 자체도 획기적인 사건이다. 하지만 그 어느 때보다도 한국 정치에 변화에 대한 기대감을 한층 높여 놓은 것이 더 중요하다고 평가되었다. 물론 평가에 대한 견해는 다양해서 30대의 당 대표 당선은 한국 정치의 패러다임을 바꿀 수 있는 일대 사건이라는 의견부터 단순한 세대교체를 알리는 징후에 지나지 않으리라는 생각에 이르기까지 다양하다.

그러나 새로운 바람을 몰고 올 것 같았던 젊은 당 대표의 등장은 생각만큼 성공적이지 못했다. 왜냐하면 당 대표가 당의 내홍에 슬기롭게 대처하지 못하는 언행을 자주 보여 오히려 당을 혼란에 빠트렸다는 인상을 주었기 때문이다.

현재 한국의 정치계는 하나의 조직으로서 정당 내의 민주화 문제서부터 정치인들의 의식과 행태에 이르기까지 전반적인 정치문화가 세대교체와 궤를 같이하면서 급속하게 변할 것인지, 아니면 사람들이 생각하는 것보다 느리게 변할 것인지 주목된다. 변화의 성격 역시 관심의 대상이 된다. 우선 한국의 정당조직과 정치인들의 의식구조와 행태에는 유교문화의 영향과 개성이 강조되는 개인주의가 혼합해서 나타나는 과도기에 처해 있다. 다시 말하면 상·하의 서열의식, 집단주의, 권위, 충성, 의리와 같은 가치와 함께 합리성, 업적성, 개인주의 또는 개체의 존중과 같은 가치가 혼재해 있어 더욱 혼란한 상태에 있다.

위에서 본 과거의 가치와 관행에 맞서 젊은 세대가 지향하는 현재와 미래 지향적인 가치 사이에서 나오는 갈등을 어떻게 젊은 정치인들, 특히 젊은 지도자는 최소화할 것인가? 물론 야당에 젊은 당 대표의 등장이 가져온 변화의 바람이 나중에는 많이 퇴색되었지만, 초기에 국민을 열광시킨 이유는 여러 가지가 있다. 우선 국민들은 이념을 앞세운 당파성과 정쟁 등 한국 정치의 부정적인 현상에 그동안 많이 피로하고 지쳐있었기 때문에 새로운 젊은 지도력에 열광했다. 또한 이 신선한 바람이 이제까지 평등, 공정, 정의를 줄곧 외치던 진보 쪽에서가 아니라 젊은 세대에게는 파벌과 무능으로 비치기만 했던 보수 쪽이라는 의외의 곳에서 불어왔기 때문에 그 바람은 더욱 강렬했던 것 같았다.

더욱 역설적인 것은 진보 쪽의 여당은 친문이라는 강경파가 청와대와 당에 포진해서 수시로 결속을 챙기면서 충성과 의리를 강조한 데 비해서 보수적인 제일 야당의 대표를 뽑는 선거는 운동 기간 내내 20대와 30대의 젊은이들과 일반인들의 관심을 끌었다는 점이다.

출발은 좋았다. 이준석은 당 대표가 되면서 '공존과 공정'을 내세웠다. 30대 후반의 당 대표가 당을 처음 이끌면서 자칫하면 독선적이고 독단적이라는 비판이 쏟아질 터인데, 그런 의미에서 '공존'이란 단어의 선택은 놀라울 정도로 기발하였다. 공존은 세대, 성, 지역, 계파 등을 뛰어넘어 생각이 달라도 "같이 가자"라는 의미이기 때문에 적지 않은 사람들이

권위주의는 어떻게 국가를 망치는가?

안도했을 것이다.

반면에 '공정'은 이 시대의 시대정신인 양 대통령 후보로 나선 사람은 여야 할 것 없이 대부분의 후보가 내거는 구호다. 이런 광경은 지난 수년 동안 말로는 공정을 외쳤지만 반칙과 편법이 많았음을 반증하는 것이다. 그리고 공정은 모든 사람에게 차별과 배제 없이 공평하고 똑같은 게임의 규칙이 적용됨을 의미한다. 이 대표는 한 손에는 '공존과 공정'을, 다른 손에는 '능력과 경쟁'을 강조했다. 물론 순수한 의미의 능력주의(meritocracy)가 공정과 연결되면 바람직하지만, 차별과 불평등이 심한 한국 사회에 그대로 적용하는 데에는 고려할 사항이 많음은 유의해야 한다.

이제 젊은 세대가 정치의 전면에 자연스럽게 나온 이상 정당의 민주화를 비롯해서 권력구조, 공천문제 등 한국의 정치제도와 정치문화를 급속하고 전면적으로 개혁하려고 하기보다는 정치에 대한 젊은 세대의 관심을 일으키는 것이 더욱 중요해 보인다.

한편 이 대표의 등장으로 민주당에도 비상대책위원장으로 젊은 여성이 영입된 것은 큰 소득이다. 수 세대 동안 적지 않은 정치인들이 중앙을 향해서, 정점을 향해서 출세의 길을 달려왔을 뿐 명분 없는 정쟁을 일삼는 정치계에 세대교체의 바람은 꼭 필요하다. 한국 정치의 이런 특성은 1968년 이미 소용돌이의 한국 정치라고 해서 그레고리 헨더슨이라는 미국 학자에 의해서 지적된 바 있다. 이제 늦게나마 조그만 변화가 일어났을 뿐이다.

지역주의 정치의 유혹

한국 사회의 선거에서 연령, 성, 학력, 계층 등과 같은 중요한 요인보다도 지역변수가 가장 중요한 요인 중의 하나라는 것이 일반적인 의견이다. 한국에서 정치인의 지역연고가 크게 작용하지 않는 지역은 서울을 비롯한 일부 수도권에 위치한 지역뿐이며, 그 외 모든 지역에서는 지역주의가 가장 큰 변수라고 한다면 지나친 단언일까? 그러나 서울을 비롯한 일부 수도권 지역의 선거 결과도 이 지역이 전국 각 지역에서 이주한 사람들로 구성되었기 때문일 뿐, 다른 변수들을 모두 통제한 상태에서는 여기서도 지역주의가 큰 변수로 나타날 가능성은 있다.

물론 공업화와 민주화를 상당히 이룬 외국에서도 지역 분리론자들은 있다. 영어에도 선거구에 살지 않고 있는 정치인이나 '떠돌이 정상배', 혹은 '철새 정치인'을 지칭하는 '카펫배거(carpetbagger)'라는 말이 있기는 하다. 그런데 이런 나라에서는 언어나 종교가 달라서 완전 분리나 자치를 주장하든가 그렇지 않으면 문제가 심각하지 않는 경우가 대부분이다.

반면에 한국에서 문제가 되는 점은 지역차별을 정치에 이용해서 기득권을 유지하고, 희소자원을 독점하려는 정치인들의 의식과 행태에 문제가 있기 때문이다. 이 문제를 해결하기 위해 때로는 소수의 의식 있는 정치인들이 지역을 뛰어넘어 정치활동을 시도하였지만 성공적이지는 못했다.

계파 정치의 청산

한국의 정치문화에 가장 큰 영향을 끼친 또 다른 한 가지 요인은 중앙집권주의에 한국인들이 지나치게 집착하는 구시대적 습성이다. 정당이나 기업체가 '보스 중심'이나 '회장 중심'으로 운영되는 것은 중심화 현상이 권력의 집중으로 나타나서 집권화가 정치, 경제 조직에 굳게 뿌리 내리고 있음을 여실히 보여주는 증거다. 과거의 일이기는 하지만 정치인들은 자기들의 이미지가 국민에게보다는 당의 총재에게 어떻게 투영되고 있는지에 더 관심이 많았다. 정치 조직은 공천에 절대적 영향권을 가지고 있는 정상에 있는 1인 또는 파벌의 수장들에 의해 움직여지는 형편이었다. 반면에 중간층에 있는 중견 간부들은 문제를 결정할 수 있는 능력이 결여되어 자율성, 창의성, 주도성을 상실한 채 허수아비로 남아있는 현상을 정당을 비롯한 정치 조직이 해결해야 할 과제라고 본다.

한국 사회에서 왜 그렇게 치열한 경쟁을 뚫고 모두들 국회의원이 되려고 하는가? 거기에는 분명히 이유가 있다고 생각한다. 국회의원의 권력, 지위가 만만치가 않고, 각종 특혜가 너무 많다고 생각한다. 영국에 잠시 머무르면서 가장 인상 깊었던 광경을 본 것은 회의를 끝낸 의원들이 자정을 넘겨 지하철 속에서 담소하면서 삼삼오오 서거나 앉거나 하면서 퇴근하는 모습이 신문 1면에 크게 난 것을 봤던 때였다. 덴마크와 스웨덴에 가서는 의원들이 컴퓨터를 메고 자전거를 타고 가는 모습을 보고 정치 문화의 차이를 실감했다. 정말 우리나라의 광경과 달라도 너무 달랐다.

의원들이 국민이 처한 여러 가지 문제점을 개선하기 위한 노력은 거의 안 하고 어떤 이익을 위해 파당을 형성해서 행동할 때 부정적인 점은 불가피하게 나오기 마련이다. 어떤 정책에 대한 정치인의 입장은 때로는 계파나 소속 정당의 입장과 상치할 수 있음에도 불구하고 한국 정치에서는 강력한 파벌성과 당파성 때문에 정치인 개인의 자율성은 거의 매몰되어 있다. 한국 국회에서 자기 당에 반대하고 다른 당에 찬성하는 투표 형식인 교차투표(cross voting)를 거의 볼 수 없는 현실은 이를 증명하고 있다. 대부분의 경우 의원들은 당론에 따라야 하지만 신념에 따른 결정은 참다운 정당이라면 이를 수용해야 하지 않을까?

또한 계파나 소속 정당에 지나치게 집착한 나머지 비합리적인 집단행동에 휩쓸리기 쉬운 반면 그 반대 현상도 볼 수 있는 것이 우리의 정치 현실이다. 바꾸어 말하면 자기의 이해관계에 어긋난 일이 생기거나 상황이 바뀌었을 때는 하루아침에 계파를 이탈하고 정당을 바꾸기도 한다. 공천에서 탈락하거나 후보에 뽑히지 못할 때 계파를 탈피하거나 정당을 바꾸는 경우도 다반사로 여기고 있다.

한국 정치에서 이른바 '가신(家臣)'그룹이나 '측근' 또는 계파 정치는 삼김(三金) 시대에 가장 번창한 것을 우리는 잘 알고 있다. 이제 전보다는 많이 개선되었지만 이런 잔재들이 없어져야 할 때라고 본다.

권위주의적 통치의 과거와 현재

한국이 지금보다 한 단계 높은 성숙한 사회로 들어서려면 아직도 갈 길이 멀다. 학자들은 권위주의적 통치의 속성으로 특정 엘리트나 그러한 성격의 집단이 고위직을 모두 독점하고, 강제적인 정치 동원을 일삼으며, 사회를 탈정치화시켜 정치의식을 무디게 하고, 권위주의에 대한 도전을 불허하는 것을 우선 꼽았다. 권위주의적인 통치는 권력의 집중을 뜻하는 집권화, 억압, 통제가 핵심적인 특성이며 '정당화된 권력'인 '권위'에 의해서가 아니라 '원시적인 힘'을 바탕으로 한 '권력'을 지렛대로 이용해서 국가를 통치해 나가는 것이다.

물론 위에서 나열한 여러 가지 속성이 권위주의의 보편적 특성이기는 하지만 한국 사회의 경우는 권위주의가 오랫동안 지탱되지 않을 수 없는 사회구조와 그것을 정당화시키는 시대 나름대로의 이념과 가치가 있었음을 상기할 필요가 있다. 바꾸어 말하면 조선시대의 유교문화가 사회구조

권위주의는 어떻게 국가를 망치는가?

의 안정을 강조하는 가치였다는 점과 일제 치하의 제국주의적 이데올로기와 군사 정권하의 경제 제일주의와 반공 이데올로기는 한국 사회에서 거의 40년간 계속된 권위주의 통치와 밀접한 관련이 있다.

1948년 대한민국 수립 이후부터 한국의 정치가 권위주의 체제로 변모하게 된 첫 번째 이유는 질서와 안정을 강조하든 또는 국민총화나 근대화라는 표어를 내걸었든 궁극적인 목적은 권력의 유지와 연장에 있었기 때문이다. 권위주의적 통치가 지속된 둘째 이유는 지배층이 권력, 부, 지위, 정보 등의 희소자원과 각종 이익과 기득권을 유지하는데, 이 통치방식이 유리했기 때문이다. 셋째, 권위주의 체제는 반드시 외곽에 이 체제를 옹호하는 어용단체의 지원을 받으면서 유지되었다. 넷째, 권위주의 체제의 가치, 사상, 이념은 지배층의 이익과 밀접한 관련을 가지면서 체제유지에 기여했다.

이처럼 권위주의 체제는 통치자, 지배층, 지원단체, 그리고 이 체제를 정당화시키는 이념이 사위 일체(四位一體)가 되면서 오랫동안 지속되었고 이런 체제가 과거의 권위주의 체제라면 현재는 또 다른 권위주의 체제가 출발부터 다른 형식으로 등장하고 있다.

미국의 두 정치학자인 스티븐 레비츠키(Steven Levitsky)와 다니엘 지브라트(Daniel Ziblatt)는 과거의, 특히 냉전 시대 민주주의의 붕괴는 네 건 중 셋은 총을 가진 쿠데타로 시작해서 남미, 아프리카, 아세아, 심지어는 유럽의 그리스에서조차도 민주주의가 그렇게 무너졌다고 주장했다.

반면에 또 다른 방식으로 민주주의가 무너진 사례들이 있는데 비록 극적인 방식은 아니지만, 똑같이 파괴적으로 장군들의 손에 의해서가 아니라 대통령이나 총리가 그런 역할을 한 경우이다. 그들은 자신들에게 권력을 쥐여 준 바로 그 절차를 뒤엎어버림으로써 민주주의를 훼손한 선출된 권력자들이다. 그들 중에는 1933년의 히틀러처럼 민주주의를 빠르게 해체시킨 지도자가 있는가 하면 베네수엘라의 차베스처럼 서서히 거의 눈에 띄지 않는 단계를 밟아서 자국의 민주주의를 짓밟은 사례도 있다. 독재자의 스타일만 다를 뿐이다.

레비츠키와 지브라트는 우리가 스페인 편에서 이미 본 린즈의 권위주의에 관한 주장에 덧붙여서 권위주의적 정치인들의 네 가지 행태를 집중적으로 조명했다. 그들에 의하면 권위주의적 정치인들의 특성은 1) 말로나 행동으로 민주적인 게임의 규칙을 거부하며, 2) 상대편 또는 반대자의 정당성을 부정하고, 3) 폭력에 대해 관용적이거나 고취하는 성향이 있으며, 4) 언론 매체를 포함해서 반대파의 시민적 자유인 사상, 언론, 행동의 자유를 축소시키려고 한다는 것이다. 물론 한국 사회에서 이런 정치인들의 행위는 그동안의 개혁을 통해 많이 사라졌으나 일부 정치인들의 행태에서는 아직도 그 잔재가 남아있음을 명심할 필요가 있다.

삼연(三緣)과 과도한 집단주의로부터의 탈피

한국 사회에서 혈연, 지연, 학연이라고 하는 이른바 삼연(三緣)은 하나의 실체를 이루고 있다. 물론 시간이 흐르면서 삼연에 대한 의식은 점점 엷어져 가고 있는 것도 사실이다. 그래도 삼연에 대한 집착 때문에 사람들은 개인의 능력보다는 그의 집안 배경과 어느 지역 출신이며 어떤 학교를 나왔는지를 집요하게 추적한다. 만일 삼연의 벽을 무시하고 행동한다면 주위 사람들에게 일시적으로 참신한 인상을 주지만 자신도 의식하지 못하는 사이에 '유별난 존재'로 사람들의 뇌리에 각인되기 일쑤다. 확실히 젊은 세대에서 이런 의식의 감소 현상이 나타나는 것은 다행한 일이다.

2021년 대통령 후보 토론회에서 민주당 후보 간에 주고받은 서울 근교 인 판교의 '대장동 개발'이나 '화천대유(火天大有)는 누구 것이냐'라는 대수 롭지 않은 질문과 대답은 새로운 의문이 연이어 일어나면서 소수의 사람 들이 택지개발을 둘러싸고 수천억에 달하는 이득을 서로 배분한 심상치 않은 사건으로 확대되었다. 또 그런 이득을 취한 일곱 사람은 도대체 누 구인가라는 문제가 쟁점화되며 천화동인(天火同人)이라는 일곱 사람의 정 체가 알려졌다. 그리고 다시 그 일곱 사람 주위에 있는 사람들의 면면을 보니 전형적인 혈연과 학연 등으로 맺어진 사람들의 연줄망이라는 것이 밝혀졌다.

대장동 의혹사건에 직접 간접으로 연루된 사람들의 특징은 삼연(三緣) 이 외에 금력과 권력, 그리고 사회적 지위를 고루 갖춘 사람들의 집단이라는 점이다. 다시 말하면 사회에서 특정 분야나 부분을 차지하고 있는 사람들이 연줄을 타고 이어지면서 거대한 부를 나누는 식의 구조를 형성했다.

이들의 배경을 구체적으로 보면 정계, 언론계, 법조계, 경제계에 종사 하는 사람들의 특성이 맞물리는 과정에서 대장동 비리의 구조적 특성은 더욱 명확해진다. 이 특성을 형성하는 구성요소는 교환적 성격을 가진 희 소가치이든 또는 어떤 행위유형을 나타내는 것이든 상호친화력이나 유 인력을 가지고 있다. 좀 더 구체적인 예를 들면 이권과 특혜, 정치자금, 서로 봐주기, 그리고 황금만능주의는 상호친화력을 가지면서 구조적으 로 연결되어 있었다.

'대장동 의혹'은 결코 독특한 사건은 아니며 우리는 이런 부정과 비리 사건을 개발독재 시대를 겪어오면서 많이 경험한 바 있다. 또한 이 사건은 결코 부분적으로 봐서는 안 되고 전체적이고 구조적인 시각에서 새롭게 조명해 보면 당초에 누가 이 판을 주도 했는가의 의문도 자명해진다. 한국 사회의 구조와 권력의 속성을 꿰뚫어 볼 줄도 알고 법에 관한 지식을 어느 정도 갖추고 있는 주연과 조연들이 호흡을 맞출 때만 이런 구조가 생겨날 수 있음은 말할 필요도 없다. 하루빨리 우리 정치가 이런 구태에서 벗어나기를 바랄 뿐이다.

| 공정, 배려, 협동 같은 덕목에 대한 조기교육의 중요성

이른바 선진국들이 물질과 의식 면에서 상대적으로 조금 앞서 있는 것은 사실이다. 특히 이 나라들에서 공공의식이 비교적 높은 것은 눈에 띄는 점이다. 정치가 안정된 것은 말할 필요도 없다. 또한 중산층의 비율도 높고 중산층을 판별하는 기준에도 한국과는 아주 다르게 돈이나 물질과는 상관없이 이룰 수 있는 가치 측면에까지 주목하는 점이 우리와 다르다.

그런데 이처럼 가치, 의식, 행태에 관한 것은 유아 때부터 가정과 학교에서 조기교육을 하는 것이 효율적이어서 좀 더 체계적으로 실천해야 한다고 생각한다.

1969년에 저자는 유학을 위해 미국에 도착했는데 어린이 놀이터를 지날 때마다 아이들 간에 "It's not fair", "It's not fair"라는 말이 끊임없이 튀어나와 너무도 깜짝 놀랐던 일이 있었다. 아이들끼리 놀면서 "공평하지 않아", "공평하지 않아"라고 말하다니 당시 한국의 어린이들 사이에서는 상상도 할 수 없는 광경이었다. 힘 있는 아이들이 우격다짐으로 놀이를 끌고 가든가, 옳고 그름과 상관없이 무조건 떼를 쓰는 게 고작인 것이 한

권위주의는 어떻게 국가를 망치는가?

국에서 흔히 볼 수 있었던 광경이었다. 미국과 유럽의 아이들은 이런 규범을 언제, 어디서 습득한 것일까?

아주 어려서부터 가정과 학교에서 배웠음이 틀림없어 보였다. 또 하나 강조하고 싶은 것은 우리의 의식과 행태에 관한 것이다. 물론 과거에도 일부 사람들 사이에서 의식개혁 운동이 일어나서 한동안 자동차의 뒷면 유리창에 '내 탓이오'라는 스티커를 붙이고 다닌 적이 있었지만, 의식의 개선이 얼마나 어려운지는 누구나 다 알고 있다. 비록 어렵고 시간이 걸리는 한이 있더라도 정직과 타인에 대한 배려와 같은 행위는 아주 어릴 적부터 집중적으로 교육을 하면 효과가 있을 것으로 본다.

이건 운전을 하면서 느끼는 것인데 멀리서 차가 오는 것을 보면 아이들이 자지러지게 놀라면서 손을 흔들거나 엄마 품으로 달려가는 것을 보면서 이런 어린이들의 행위는 엄마들이나 유치원과 어린이집에서 끊임없이 교육한 학습효과라고 보기 때문이다. 앞에서 말한 미국 어린이들의 놀이터에서 "It's not fair(공평하지 않다)"라는 말을 자주 들으면서 내가 내린 결론은 "아! 이 아이들은 어릴 때부터 결과보다 과정을 중시하는 교육을 받고 있구나"하는 느낌으로 요약되었다. '페어플레이를 할 것'은 옥스퍼드 대학이 정한 영국 중산층 기준의 제일 첫 번째 항목에 들어 있다. 그만큼 선진 사회들은 공정을 강조하고 있다.

그러면 구체적으로 어린이들에게 어려서부터 공정, 정직, 배려, 다른 사람과의 협력과 협동정신, 다른 사람의 의견을 존중하거나 또는 다른 사람과 다르다는 의식이나 자긍심 등의 덕목을 어떻게 가르쳐야 할까? 우선 위와 같은 덕목의 중요성에 대해 우리 어른들은 새롭게 인식할 필요가 있다. 사회 구성원들이 공통의 목표를 이루려면 구성원 상호 간의 협력과 협동이 필수적이며 상호 간의 신뢰가 없으면 목표를 효율적으로 달성할 수 없다. 상호 간의 신뢰, 사회규범과 제도에 대한 믿음, 사람들 간의 협력적 연결망은 그 나라의 사회적 자본(social capital)의 핵심적 구성요소인데 우리의 교육에서는 이런 면에 대한 교육이 부족했다. 오히려 목소리 큰 사람이 이긴다는 말을 자주 해서 편견을 조장했다.

　미국과 유럽에서 학생들을 평가하는 추천서에 다른 사람들과 공동작업을 할 수 있는 능력을 평가하는 항목이 반드시 있는 것은 이런 가치의 중요성을 나타낸다. 한국의 가정에서는 오히려 어린이들에게 "사람을 믿어서는 안 된다"라는 주의를 강조하곤 했다. 한국이 선진국이 되었다고 하지만 한국 사회가 오랫동안 불신사회의 오명을 지니고 있었다는 사실은 우리 자신이 잘 알고 있다. 아이들이 어려서부터 이런 덕목을 배우고 익숙해져서 내면화되면 그런 배움의 결과가 소통, 협동, 타협의 바탕이 되고 규범이 되면서 정치에서는 협치의 근원이 될 수도 있을 것이다. 나아가서 선진화된 시민의식의 형성도 기대해 볼 수 있을 것이다.

　물론 어린이에 대한 인성 교육은 학교뿐만 아니라 가정에서도 똑같이 이루어져야 하며 어린이 교육에 대한 성인들의 전면적인 의식개혁이 앞서야 한다고 본다. 어린이들의 잘못에 대해 "철이 안 들어서 그런다.", 또는 "나이 들면 그런 버릇은 저절로 없어진다."라고 대수롭지 않게 여기기보다는 구체적인 예를 들어 가르치는 것이 효율적이라고 생각한다.

　새로운 것은 아니지만 교과과정과 입시에 얽매인 교육보다는 창의성을 북돋는 교육에 덧붙여서 경쟁보다는 협동을 강조하는 교육 등을 좀 더 강조했으면 한다. 멀쩡한 보도블럭을 자주 바꾸느니보다 초등학교 주위에 잔디를 모두 깔아서 신나게 뛰어노는 아이들을 언제나 봤으면 한다.

두터운 중산층 키우기와 복지제도 확충의 문제

이제 정치 분야에서 변화가 일어나고, 국민들의 의식과 행태 면에서 한국이 서서히 변화해가는 중심에 중산층이 자리를 잡고 큰 역할을 했으면 한다. 잘사는 나라는 어떤 나라들인가 하고 사회학자들에게 물으면 적지 않은 사람들이 중산층이 두터운 나라라고 대답한다. 그런데 중산층을 어림잡는 기준은 나라마다 다르고 절대적인 준거가 없는 데 문제가 있다. 한 개인이 속한 계층을 판별하기 위해서는 본인에게 어느 계층에 속하는지를 직접 물어보는 주관적 계층의식을 알아보는 방식이 있고 재산, 소득, 학력과 지위와 같은 객관적 지표들을 이용해서 측정하는 방법이 있다.

특히 한국에서는 계층을 결정하는 데 주택의 소유 여부가 큰 몫을 차지한다. 한국 사회에서 한때 중산층 판별을 위해 직장인을 상대로 조사한 설문지에는 아파트는 30평 이상, 월 소득 500만~600만 원, 중형차 이상 소유 등 5개 항목이 모두 물질적인 것을 소유하고 있는지를 묻고 있다.

반면에 미국과 영국의 중산층 기준에는 자신의 주장이 있어야 하고, 정의감과 약자를 도울 줄 알아야 하는 것이 다섯 항목에 들어가 있다. 프랑스의 기준도 약자를 돕고, 정의감이 있어야 하며 스포츠와 악기를 하나씩 알고 다룰 수 있어야 한다고 되어 있다. 우리와는 달라도 너무나 다르다.

구미 선진국의 중산층 기준에는 모든 항목이 돈 없이도 이룰 수 있는 것으로 채워져 있는데 우리는 물질적 잣대로만 계층을 판별하고 있어 가치관에 많은 차이가 있다. 비록 선진국의 중산층 기준이 우리와 다르다고 하더라도 한국 중산층의 비율은 얼마나 될까?

2013년 OECD의 수치에 따르면 60.5%, 2014년 통계청의 조사에 의하면 65.6%, 2015년 한 증권회사의 조사에 의하면 65.4%로 나왔었다. 그리고 2019년 현재 기획재정부 자료에 의하면 한국의 중산층은 58.3%로 나와 있다. 그러나 2019년 말 코로나가 확산된 이후 경제가 정상화되지 못한 상황에서 한국의 중산층 비율은 이 수치보다 조금 더 떨어져 있을지도 모른다.

또한 한국은 2021년 7월 유엔무역개발회의로부터 선진국으로 분류되고 있고, 경제 규모는 2020년 기준, 세계 10위권으로 진입하고 있어 한국의 정치, 경제, 사회, 문화 등 모든 것이 세계에서 어떠한 위치에 있는지 고찰해 보는 것이 필요하다. 주관적 중산층 비율에 관한 세계적 현황을 최근 KBS에서 보도한 한 자료에 의하면 미국이 45%, 유럽 평균이 60~70%, 북유럽국가는 80%로 나와 있다. 그러나 예를 들어, 실제로는 저소득층에 있는 사람인데 백화점에 드나들면서 중산층을 선호하는 것을 보면 주관적 중산층 비율은 그저 참고사항으로 봐야 한다는 지적도 있다.

그럼에도 불구하고 세계에서 복지가 가장 발달한 나라들은 스웨덴, 덴마크, 노르웨이로 사회민주주의가 강한 스칸디나비아 3국이며, 거기다 핀란드와 아이슬란드의 2개국을 더한 북유럽국가가 복지가 제일 발달한 나라들임엔 틀림없다. 그다음으로는 사회민주주의가 비교적 발달한 오스트리아, 독일, 프랑스 등의 유럽 국가들이 있다.

한편 복지국가의 효시라고도 볼 수 있는 영국은 미국과 함께 신자유주의를 제창하면서 유럽과 다른 길을 걸었지만, 유럽 수준은 된다고 본다. 호주와 뉴질랜드, 캐나다도 유럽 정도의 복지 수준은 될 것이다. 한편 자본주의의 맹주이며 세계 경제 대국 1위인 미국과 3위인 일본은 그 경제 규모에 비해서는 복지제도가 생각보다 잘되어 있다고는 평가되지 않고 있다.

　물론 미국은 자원이 풍부하고 지구상에서 경제적으로 가장 풍족한 나라 중 하나이기는 하지만 동시에 빈부격차가 크고 불평등이 심한 나라인 것은 잘 알려져 있다. 현재 미국의 중산층 규모는 유럽의 중산층 규모보다 작고, 실제로 지난 50여년 간 미국의 중산층 비율은 61%에서 51%로 감소하였다고 한다. 그래서 최근에 바이든 대통령도 중산층 복원계획을 발표한 바 있다. 물론 복지 분야별로, 예컨대 미국의 탁아 및 유아교육 프로그램이나 노인 요양시설은 비교적 잘 되어 있다. 또한 일본의 노인복지는 세계 최상급에 속하는 것으로 정평이 나 있지만 전반적인 복지제도는 유럽의 수준에는 못 미치는 것으로 알려져 있다.

　한편 한국의 복지 수준은 다른 나라에 비해 많이 뒤떨어져 있다. 그것은 OECD 주요 나라의 사회복지 지출 비율을 보아도 알 수 있다. 스웨덴 25.5%, 덴마크 28.3%, 프랑스 31.0%, 영국 20.6%, 미국 18.7%이고 OECD 평균이 20.0%인데 비해 한국은 12.2%에 불과하다. 한국의 복지 지출 비율이 낮은 까닭은 아직 분단체제에 있고 전체 예산 중 국방예산이 차지하는 비율이 높기 때문이다. 그러나 의료보험은 외국인에 대한 엄격한 보험자격 기준 등 보완할 점이 몇 가지 있지만 비교적 훌륭한 제도로 본다. 사견이지만 현재의 선택적 복지제도를 유지하되 각 분야의 복지제도 확충을 위하여 최대의 노력을 기울여야 한다고 생각한다.

북유럽국가에서 실시하는 보편적 복지는 사회민주주의에 바탕을 둔 정당들이 평등과 분배의 철학을 가지고 꾸준히 키워 온 결과이다. 또한 그 나라들은 오랫동안 합의와 타협의 문화가 잘 발달되어 있는 나라들로서 인구 규모 역시 모두 천만 미만의 나라들이다.

반면에 우리는 사회민주주의나 합의의 문화에 아직 익숙하지 않은 상태에서 전쟁을 비롯해서 온갖 정치적 격변을 겪어왔다. 더군다나 국방력 강화는 초미의 관심사이다. 앞으로 30년 이내에, 아니 그보다 훨씬 이전에 동북아에 정치적 격변이 일어날 가능성을 배제할 수 없기 때문이다. 또한 우리가 원하든 원치 않든 통일을 향한 혼란과 격변도 언제나 염두에 두어야 한다.

통일이 언제 닥칠 것인가는 누구도 예단할 수 없다. 1994년 7월 8일 김일성이 사망하면서 국내·외 일부 소수의 성급한 사회과학자 중에는 2000년까지는 한반도에 통일이 올 것이라고 전망하기도 했다. 하지만, 벌써 30년이 가까워져 오는데도 통일은 요원한 것처럼 보인다. 아마도 통일은 우리가 그 시작과 끝을 알아차릴 수 있도록 명료한 상황에서 다가오지는 않을 것이다. 오직 꾸준한 준비만이 최선의 대비책이라고 생각한다. 그런 의미에서 분단체제이며 통일 후의 인구 규모와 국토의 면적 등 모든 여건을 고려한다면 독일의 경우가 그나마 우리가 고려해야 할 가장 적합한 발전모델이 아닐까 하고 오래전부터 생각해 본 적이 있다.

물론 보편적 복지가 궁극적 목표가 될지언정 분단체제가 지속되는 한 그것이 합리적이고 현실적인 정책이라고는 보기 어렵다. 오히려 대기업과 중소기업의 임금 격차를 줄이고, 정규직과 비정규직의 임금 격차를 줄이면서 공교육을 강화하고 사교육비를 절감해야 한다. 또 교육격차를 해소하면서 불평등 문제를 완화하는 데 온갖 노력을 다해야 할 것이다. 또한 주택을 비롯한 부동산 문제의 안정을 가져와 자산의 불평등 문제가 악화되지 않도록 해야 한다. 이처럼 불평등 문제를 완화시킬 조치가 더 시급해 보인다.

한국의 복지 수준을 끌어올리려면 몇 가지 문제들이 더 있는데 그중 하나가 복지재원이 되는 조세부담률이다. 2014년 기준, OECD 평균은 24.4%인데 비해 한국은 17.3%이었다. 한편 2019년 OECD 평균은 24.9%이고, 한국은 20.1%이었고 5년 만에 그 격차가 7.1%에서 4.8%로 줄어든 것은 그나마 다행이었다. 그런데 우리는 아직도 복지국가는 찬성하지만 증세는 반대하는 것이 국민들의 정서라고 해도 무방하다.

반면 2014년 여름, 노르웨이의 오슬로를 여행하는 동안 공원에서 공장 노동자로 보이는 한 젊은이에게 세금에 대해서 물었더니 자기 임금의 27%를 세금으로 문다고 대답했다. 그때 그 젊은이의 태도를 보고 복지국가에 대한 인식을 새롭게 가졌던 기억이 있다.

이제 그 어떤 정책보다도 가장 중요한 정책을 검토할 때가 되었다. 그것은 2030세대를 위한 양질의 일자리 마련이라고 할 수 있다. 실직했거나 아예 처음부터 일을 찾지 못한 젊은이에게는 그래도 언젠가 일자리를 찾을 것이라는 자신감을 잃지 않은 초기 단계와 "아! 이제는 정말 실업자구나"라는 체념의 마지막 단계 사이의 기간이 심리적으로는 가장 중요한 시기가 될 것이다. 아마도 이 자신감과 체념 사이에는 수많은 단계가 있을 수 있겠지만, 2004년에 청년실업에 대한 논문을 쓴 나 자신도 그 절박한 심정에 대해서는 솔직히 말해서 모르는 편에 속한다.

추측하건대, 이 단계 사이에 연애와 결혼과 출산을 포기한 '3포세대'라는 한국 사회 특유의 풍자가 생겨났는지도 모른다. 그리고 실업의 기간이 길어지자 3포에다 집과 인간관계까지 포기하는 '5포 세대'라는 유행어가 떠돌더니 급기야는 5포에다 꿈과 희망도 포기하게 되는 '7포 세대'라는 말이 한숨과 함께 떠돌았는지도 모른다. 나는 한국에 코로나가 확산되기 전에도 지하철을 타면서 일할 시간에 젊은이들이 빼곡하게 서 있는 것을 보고 불편함보다도 애처로움과 무력감을 가지고 그들을 쳐다보곤 했다. 무의식적으로 여러 곳에 취업 시험을 볼 수 있었던 60년대가 생각났다.

그런데 2017년 8월 말부터 20일 동안 도쿄를 중심으로 관동(關東)지역을 여행하면서 낮에는 텅텅 빈 열차를 타다가 퇴근 시간에는 직장에서 돌아오는 젊은이들로 소란한 만원열차를 타면서 왜 우리는 아베노믹스라도 밀어붙이는 그런 정치인이 없는지 이국땅에 서서 한탄한 적이 있었다. 한국경제연구원이 전국 4년제 대학 3~4학년 재학생과 졸업생 2,713명을 대상으로 '2021년 대학생 취업 인식' 정도를 알기 위해 설문 조사한 바에 따르면 응답자의 65.3%가 일자리 찾는 것을 포기한 상태라고 응답했고, 적극적 구직자는 10명 중 1명꼴인 9.6%에 불과한 것으로 나타났다.

물론 한경연의 조사에 따르면 한국 대학생들이 선호하는 직장 1위는 공기업(18.3%)이었고 2위는 대기업(17.9%)으로 나타난 것처럼 중소기업 쪽으로 눈을 돌리지 않는 성향은 좀처럼 변하지 않고 있다. 그런데 공기업과 대기업의 일자리는 계속 감소추세에 있다. 또한 한국 노동시장의 경직성에도 문제가 있다. 기업마다 유연한 인력관리가 어려운 가운데 연공서열에 가까운 보상체계를 유지하다 보니 장기 고용관계를 지속함으로써 청

권위주의는 어떻게 국가를 망치는가?

년들의 신규고용이 부담스러울 수밖에 없는 문제도 있다.

또한 장기적인 코로나의 확산도 문제이지만 경제성장 자체가 불투명해져서 경력직을 선호함으로써 청년층에게는 불리하게 작용할 수밖에 없는 문제도 있다. 더군다나 AI 기술의 발달로 인력감축의 추세가 이어지고 있는 것도 취업 준비생들에게는 악재로 작용하고 있다.

최근 아파트 주차장에서 헤드라이트를 켠 채 중형 승용차 몸체의 ⅔ 정도가 밖으로 나와 있고 연세가 있으신 분이 차 옆에 서 있었다. 10여 미터 되는 곳에 있던 나는 부인이 주차하는 줄 알았는데 차가 스스로 후진해서 주차하는 것을 보고 너무 놀랐다. 자율주행 승용차를 처음 본 것이다. 50년 무사고 택시 운전기사의 경력도 자랑거리가 못 되는 세상이 되었다.

심지어는 다른 선진국에서는 보기가 힘든 서울과 수도권의 인구집중요인도 노동시장에서의 극심한 경쟁요인이 되고 있다. 인구 규모에서 제2, 제3의 도시에 사는 일부 젊은이들조차 취업 기회 때문에 수도로 오는 경우를 다른 나라에서는 보기 힘들다.

극심한 이런 경쟁 상태에 어떻게 대응할 것인가? 이런 상황 속에서 상당수의 학생들이 적극적으로 구직활동을 하고 있지 않다는 사실을 고려해야 한다. 그리고 이를 반영해 정부와 대학이 나서서 학생들의 구직활동 중단 기간에 직무능력을 양성할 수 있는 지원 프로그램을 밀도 있게 꽉 짜서 만드는 게 그나마 현실적인 대안이라는 주장도 있다.

취업을 위해 끊임없이 노력하는 2030세대가 아닌 일반 실업자들을 위해, 특히 아이가 있는 가장이 실업자인 경우 실업급여가 얼마나 중요한지는 말할 필요도 없다. 그럼에도 불구하고 사회복지를 오랫동안 연구해 온 복지전문가들 중 적지 않은 사람들이 실업급여의 중요성에 못지않게 직업훈련의 효율성을 강조하는 것을 들은 일이 있다. 아마도 복지국가에서조차도 일부 소수 국민들이 지나치게 복지에 의존하는 현상이 있음을 우려해서 나온 의견일 것이라는 생각이 들었다.

2019년 12월부터 현재까지 코로나19로 인한 팬데믹이 전 세계를 휩쓰는 상황이 벌어지면서 세계 각국은 코로나 방역에 온 힘을 쏟았다. 코로나19가 엄습한 초기에는 발원지인 중국의 우한(武汉)으로부터 오는 입국자를 차단하기 위해 중국을 봉쇄조치 대상에서 제외했다는 비판은 논외로 하자. 그외에는 비교적 오랫동안 선방한 덕택인지 'K 방역'의 우수성이 국제적으로도 널리 알려지기도 했다.

이런 초기의 상황은 헌신적인 의료진과 민첩하게 움직인 정부 당국이 내린 조치의 결과일 수도 있다. 또한 2002년 11월 중국의 광동성에서 발생, 2003년 한국으로까지 확산한 사스와 2012년 중동에서 발생, 2015년 186명이 감염되어 38명이 사망한 메르스를 겪으면서 생긴 노하우가 축적되면서 생긴 결과일 수도 있다.

하지만 너무 방심한 탓일까? 'K 방역'에만 집착하지 말고 조기에 백신 도입을 촉구하는 의료전문인들의 끈질긴 권고에도 불구하고 당국은 늑장을 부려 다른 선진국에 뒤처지면서 성인들에 대한 백신접종이 늦게 시작되었다. 따라서 어린이들에 대한 접종도 늦어졌다. 백신 공급을 좀 더 일찍 했더라면 경제와 자영업자들에 미친 부정적인 영향도 감소했을 것이다.

결국 2022년 3월~4월에는 한국의 감염자 수가 세계 최고치가 되면서 'K

방역'의 우수성은 많이 퇴색했다. 일부 의료전문가들은 방역 정책의 실패라고 주장하는 데 반해서 문 정권은 코로나 방역 대책을 큰 업적으로 꼽았다.

문 정권은 그 근거로 2022년 3월 21일 기준으로 인구 10만 명당 누적 사망자 수를 예로 들었다. 미국은 289.6명, 이탈리아 261.1명, 영국 239.8명, 프랑스 210.6명, 독일 151.3명 등인데 한국은 24.7명으로 이들 국가들의 대략 10분의 1수준이라고 정부는 주장했다. 통계가 뒷받침하는 정부의 주장은 맞겠지만, 언론 보도를 통해서나 실제로 경험한 지인의 사례를 보면 감염자 수로 인한 병원 입원실의 포화상태로 다른 질병을 가진 환자가 제대로 치료를 받지 못해 사망한 사례도 있는 것이 사실이다. 이러한 사례들도 앞으로의 방역 대책의 일환으로 고려되어야 할 것이다.

또 한 가지, 코로나 방역이라는 국가비상사태를 맞아서 이제까지 약 5조 원을 재난지원금으로 지급했다고 한다. 그때마다 지원금 중 일부를 떼어내 선택과 집중을 통해 딱 한 분야, 예컨대 아이들의 양육, 보육, 교육은 어떤 일이 있어도 국가가 전폭적으로 책임을 진다는 계획을 수립, 프로그램과 시설투자에서부터 전문가의 양성에 이르기까지 대규모 투자를 계획, 일부라도 실천을 할 수는 없었는가 하는 아쉬움이 남는다. 복지에 대한 수요는 앞으로 계속 증가할 것이라는 데에는 이론의 여지가 없다.

물론 『복지국가의 위기』라는 책에서 미슈라가 갈파한 것처럼 정치인들의 인기영합주의 때문에 현금 살포를 무조건 선호해서 도저히 그런 계획이 가능하지 않았으리라는 생각도 든다. 더구나 코로나라는 비상시국에서 또한 선거 정국에서 더욱 어려웠으리라고 본다. 그러나 앞으로도 코로나가 계속된다고 하더라도 새 정권은 위에서 언급한 양육과 보육을 국가가 대폭 책임을 지는 프로그램은 양육의 어려움을 훨씬 덜어줄 것이다. 그럼으로써 결혼을 권장하고, 저출산 현상을 감소시키며, 복지를 증대시킨다는 다목적의 의미를 띠고 있기 때문에 심각하게 고려될 필요가 있다.

한국이 처한 여러 가지 문제를 직시할 때, 그리고 미국과 중국이 패권경쟁을 벌리는 상황에서, 또 저성장의 늪에서 선진국들이 벗어나기 어려운 때에 문재인 정권은 물러나고 새로운 정권이 등장했다. 새 정권도 미래에 대한 비전 없이 방황할 때, 여러 차례의 시련을 겪을지도 모른다. 반면에 새 정권이 겸손과 관용의 태도를 견지하면서 국민통합을 위해 노력할 때 한국은 도약을 위한 방향으로 첫걸음을 내딛게 될 것이다.
제발 문 정권을 비롯해서 과거의 정권들이 범한 실책과 독재적 성향을 되풀이해서는 안 될 것이다. 아무쪼록 중요한 시기를 맞아서, 특히 앞으로 10년 동안 위기감을 갖고 이 기회를 놓치지 않기를 바랄 뿐이다.

물론 중산층의 비율은 수시로 변하고 복지 확충의 문제도 쉽지는 않겠지만 중요한 것은 한국 사회도 하루빨리 물질 만능주의에서 벗어나는 것이 보다 중요하고 시급한 문제이다. 한 국가, 한 사회의 가치지향이 주춧돌이 되어 그 위에서 국민이 가지고 있는 의식과 행태가 형성되기 위해서는 앞에서도 말한 바와 같이 유아 때부터 그런 교육이 가정과 유치원에서부터 이루어져야 한다. 따라서 국민 의식이 그렇게 모양 지워질 때 정치 분야에서도 자연스럽게 페어플레이가 이루어질 것이다. 이것이 돌아가는 길인 것 같으면서도 선진국이면서 성숙하고 열린 사회에 빨리 도달할 수 있는 확실한 길이라고 생각한다.

참고 문헌

- 「The Impact of Interstate Conflict on Repression and the Political Systems in Developing Nations 국가 간의 갈등이 개발도상국 내에서의 억압과 정치제도에 미치는 영향」, Ph. D dissertation, Syracuse University, New York, 1978.

- 「Politics of Nuclear Energy 핵에너지의 정치―미국 정치학대회 한국분과위원회에서 발표(Korean Affairs에 일부 수록)」, Washington, D.C. 1980.

- 「사회운동과 사회발전」, 『한국 사회학』 제16집, 1982.

- 「급격한 산업화와 사회적 긴장―독일과 일본」, 『현대사회』 여름호, 1984.

- 「학원의 갈등―그 성격과 대응'『한국 사회학』 제18집, 1984

- 「짐멜 사회학에 대한 재평가」, 『인문학연구』 제12집, 중앙대, 1986.

- 「정치적 통제의 구조적 특성」, 『한국사회학』 제20집, 1986.

- 「한국 학생운동에 관한 연구 ― 행동주의자의 의식과 태도를 중심으로」, 『아세아연구』 제30권 1호, 고려대, 1987.

- 한상진, 양종회 공편, 「사회개혁과 중간집단의 역할」, 『사회운동과 사회계급』, 전예원, 1988.

- 「한국 사회에서의 권위주의의 역사적 배경」, 『사회과학연구』 제3집, 중앙대, 1988.

- 「영국 국민의 사회정책과 복지국가에 대한 태도」, 『성곡논총』 제23집, 1992.

- 「5공 비리와 그 구조적 특성」, 『5공 대토론 ― 현대사를 어떻게 볼 것인가』, 동아일보출판사, 1993.

- 「미국의 핵산업과 반핵운동」, 『경제와 사회』 제22호, 1994.

- 「반핵운동과 원자력발전소에 대한 동해안 지역주민의 인식과 태도」, 『사회과학연구』 제7집, 중앙대, 1995.

- 「1987년 6월 위기의 전개과정과 그 역사적 의미」, 『사회과학연구』 제8집, 중앙대, 1996.

- 『현대한국의 시민운동』, 집문당, 1997.

- 「전환기 한국 사회의 '관료적 문화유형'에 대한 연구」, 『사회과학연구』 제13집, 중앙대, 2000.

- 「렉스의 사회변동 이론을 통해 본 북한의 갈등과 정치적 변혁의 가능성」, 『한국사회학』 제36집, 2002.

- 「청년실업의 사회학적 의미와 정책 대응」, 『사회과학연구』 제16집, 중앙대, 2004.

- 『북한의 정권 인권을 생각하며, 북녘 땅 봄을 기다린다』, 동서문화사, 2006.

- 피터 켈빈 · 조안나 자렛 저, 이효선 역, 『실업 – 그 사회심리적 반응』, 인간과 복지, 2008.

- 『지구촌 문화의 빛과 그림자』, 지식공감, 2014.

- 『한국정치 왜 이런가』, 『세계 시민』 제3호, 2015.

- 『작지만 아름다운 유럽도시기행』, 지식공감, 2017.

(※ 상기한 본인의 졸저와 졸고는 『권위주의는 어떻게 국가를 망치는가?』를 풀어나가는 데 많은 도움이 되었다.)

- 루이스 A. 코저 지음, 신용하 · 박명규 옮김, 『사회사상사』, 일지사, 1978.

- 김용범, 『일본주의자의 꿈』, 푸른 역사, 1999.

- 권태환 · 임현진 · 송호근, 『신사회운동의 사회학』, 서울대학교 출판부, 2001.

- 이구한, 『이야기 미국사』, 청아, 2006.

- 토머스 프리드먼, 장경덕 옮김, 『렉서스와 올리브나무』, 북이십일 21세기북스, 2009.

- 김영모, 『복지개혁론』, 고헌, 2017.

- 송장길, 『나의 아픔 우리들의 상처』, 북랩, 2020.

- 구월환, 「더 이상 언론파괴를 멈추기 바란다」, 『관훈통신 회보』 제196호, 2021.

- 이경재, 「내 한 표가 나와 나라의 운명을 가른다」, 『憲政』 3, 2022.

- Fromm, Erich, 『Escape from Freedom』, New York : Farrar & Rinehart, inc., 1941.

- Simmel, George, trans. Wolff, Kurt H. and Bendix, Reinhard, 『Conflict & The Web of Group-Affiliations』, Glencoe, Ill. ; New York : Free Press, 1955.

- Coser, Lewis, 『The Function of Social Conflict』, New York : Free, 1956. • Kriesberg, Louis, 『The Sociology of Social Conflicts』, Englewood Cliffs, N.J. : Prentice-Hall, 1973.

- Butterworth, Robert Lyle ; Scranton, Margaret E, 『Managing Interstate Conflict, 1945– 74: Data With Synopses』, University Center for International Studies, University of Pittsburgh, 1976.

- 'Authoritarian Regime : Spain' Linz, Juan J. in 『Society and Politics』ed. Braungart, Richard G. Englewood, Cliffs, N.J. 1976

- 『The Welfare State in Crisis』 Mishra, Ramesh, Wheatsheaf Books Ltd. Norfolk, Great Britain, 1984

- 『How Democracies Die』 Levitsky, Steven & Ziblatt, Daniel, Broadway Books, New York, 2019

책을 끝내면서

이제까지 이 책을 읽어주신 데 대해 감사를 드린다.

이 책은 두 가지 이유 때문에 쓰게 되었는데, 하나는 한국이 드디어 '30-50 클럽'에 들었기 때문이다. 이는 세계에서 인구 5,000만에 1인당 국민소득이 3만 달러 이상 되는 일곱 번째 국가에 해당한다. 따라서 새로운 도약의 기회를 맞은 셈이다.

그런데 현실은 그렇지 못했다. 그래서 다른 나라들이 겪은 갈등의 경험을 보고 우리의 과거와 현재를 성찰해보며 미래를 그리고 싶었다. 때문에 이 책에서 일관되게 강조하고 싶었던 것은 처음부터 마지막 페이지까지 권위주의에 대한 전반적인 성찰과 경각심이었다.

또 하나의 집필 이유는, 딱 잘라 말하면 이제 제발 정쟁은 그만했으면 하는 바람 때문이다. 정당 안에서, 정당 간에 벌어지는 싸움 때문에 국민들은 한 마디로 질려버린 것이다. 내 의견이 소중하듯 남의 생각도 존중해 주어야 하는데, 그런 모습은 '가뭄에 콩 나듯' 찾아보기가 힘들었다. 더욱 우려스러운 점은 한국의 민주주의가 퇴행을 거듭하는 것 같은 모습을 보였기 때문이다. 지금보다 더 아름다운 나라, 더 민주화된 나라, 더 품격 있는 나라가 될 수 있었는데, 안타까운 생각만 들었다.

하버드의 석학인 엘리슨은 이러한 한국 정치를 가리켜 "프랑스처럼 정치가 대결 구도여서 좀 소란스럽기는 하지만 역동적인 민주주의"라고 완곡하게 표현했다. 하지만 내가 보기에는 조선시대의 당쟁을 21세기에도 그대로 구현하고 있는 꼴이라고 하면 너무 비하한 것일까? 정말 한국 정치라는 진흙탕 속에서 건져 낼 것은 아무것도 없는 것일까? 다시 반복하지만 그레고리 헨더슨은 일찍이 한국의 정치를 '소용돌이의 정치'라고 하면서 정말 모든 것이 한 곳, 중앙으로만 쏠린 채 실속도 없이 혼란 상태만 반복한다고 했다. 그런데 이러한 주장이 아직도 유효한 것만 같아 씁쓸하기만 하다. 그래도 아주 조그만 변화가 있는 것 같아서 다행으로 여기고 있기는 하지만….

사회학도들은 언제나 문제의식을 갖는 것이 중요하다는 말을 많이 듣는다. 어느 학문이나 마찬가지겠지만 자기가 주장한 바가 반드시 정확하게 그대로 실현되지는 않더라도 비슷하게라도 현실로 나타나게 될 때 보람을 느끼지 않을 수 없다. 1984년 노조설립도 자유롭지 않던 엄혹한 시절에 〈학원의 갈등 – 그 성격과 대응〉이라는 논문에서 한국 사회의 갈등을 조금이라도 여과시켜보기 위해 국가와 대학생들 사이에 있는 중간집단을 활성화시켜 줄 것을 제안한 바 있다.

또한 1970년대 말부터 환경문제와 시민운동의 일환으로 한국의 원자력발전소 건립을 둘러싼 문제에 관심을 가졌다. 그리고 1994년 동해안지역 주민을 대상으로 조사를 한 후 1995년 〈반핵운동과 원자력발전소에 대한 동해안 지역주민의 인식과 태도〉라는 논문을 끝으로 원전에 대한 관심을 접었다. 그 후 사회학을 전공한 사람으로 원자력발전소에 관심을 가진 사람이 드물어서인지 서울대의 고(故) 김진균 교수가 세미나에 초청한 것을 거절했고, 경실련 초대 정책연구위원장인 서울시립대의 이근식 교수의 초대에도 응하지 않았다.

권위주의는 어떻게 국가를 망치는가?

1990년대 중반에 서울대 사회학과에서도 원전 문제를 환경문제의 일환으로 공동연구로 다루었다는 이야기도 들은 것 같았다. 그다음 1990년 영국의 케임브리지 대학에 있다가 독일로 와서 하이델베르크 대학에 2주 동안 머무는 동안 선진 여러 나라에 저성장의 문제가 심각하다는 특집기사를 읽고 잠시나마 한국 사회의 미래를 생각해 본 적이 있다. 그 당시는 유럽에 있으면서 구소련을 비롯한 동구권이 무너지는 것을 보았기 때문에 혁명과 사회주의의 종말에 대한 관심으로 내 머릿속은 꽉 차 있었으므로 자본주의의 불안정에 대해서는 조금도 생각해 보지 못할 때였다.

그로부터 7년이 채 되지 않아 한국도 1997년 IMF 외환위기를 겪었다. 다행히 전 국민이 한데 뭉쳐 위기를 극복한 후 비록 고도성장은 아니더라도 한국 특유의 경제성장을 다시 유지할 것으로 모두 기대했다. 그러나 현실은 녹록지 않아서 고용 사정은 점점 악화되었고, 특히 청년실업이 심각해지기 시작했다. 그래서 2004년 〈청년실업의 사회학적 의미와 정책대응〉이라는 논문을 발표했다. 이처럼 사회갈등과 중간집단의 활성화 문제, 원자력발전소의 안전성 문제, 그리고 청년 실업 문제 등 모두이 문제들이 초기에 터져 나왔을 때 저자가 관심을 가졌던 논제들이었다.

그리고 위의 세 주제는 곧이어 나타난 시민사회와 시민운동단체의 활성화로 이어졌고, 원자력발전소 문제는 문 정권의 탈원전 정책으로 아직도 논쟁 중이다. 또 청년실업 문제는 2030세대의 일자리 문제로 한국 사회가 하루빨리 해결해야 할 시급한 과제가 되었다.

저자는 대학에서 여러 가지 사회문제를 25년 동안 가르치다 보니 이런 과제들을 문제의식을 가지고 초기에 논문을 통해서 문제제기만 했을 뿐 깊이 천착하지는 못했다. 몇 가지 이유가 있지만 그중의 하나는 나의 전공분야가 아니었기 때문이다.

그런데 1948년 대한민국 건국 이래 오랜 세월이 흘렀음에도 불구하고 정치로부터 오는 사회갈등이 만만치가 않아 이 책에 나와 있는 형식대로 여러 나라의 사회갈등을 살펴본 후 성찰적인 시각에서 한국 사회의 갈등과 문제들을 역대 정권의 렌즈를 통해서 고찰해 보았다. 우리 모두가 매일 듣고 보고 경험하면서 한국 정치로부터 오는 갈등이 그 정도와 빈도수에 있어서 가장 많았다. 선거 때는 말할 필요도 없고 평상시에도 당파성과 정치적 양극화가 심해지면서 증오의 정치가 그칠 날이 없었다.

여북하면 매일 정쟁으로 날을 보내고 이렇게 정치를 하려면 차라리 정권을 5년만큼씩 교대로 잡게 하는 게 낫지 않을까 하는 생각도 들 때가 있었다. 국내·외의 일부 경제학자들은 경제침체의 검은 구름이 몰려올 가능성이 있다고 말하는데 국민은 언제까지 합리성과는 거리가 먼 '소용돌이의 정치'나 '한국식 정치'에 끌려가야만 할 것인가를 놓고 많은 사람들은 안타까워하고 있다. 특히 금년에는 2022년 3월에 있었던 대통령선거를 앞두고 후보들 간에 정책을 둘러싸고 열띤 토론이 있어야 할 터인데, 정책토론이 실종된 것을 보고 더욱 그런 생각이 들었다.

이 책에서 본 바와 같이 아일랜드는 엄청난 어려움을 딛고 일어나 우리보다 많은 국민소득을 올리고 있다. 또한 미국의 링컨 대통령은 고뇌에 고뇌를 거듭하면서 남북전쟁을 지휘하고 국민통합을 이루어냈다. 독일과 일본 역시 과거사를 반성하는 태도에 있어서 현격한 차이를 나타내고 있지만 잿더미 위에서 경제 강대국을 이루어냈다. 과거에 '해가 지지 않는 제국'이라고 불렸던 영국은 문제가 있는 듯해도 아직도 강대국의 지위

권위주의는 어떻게 국가를 망치는가?

를 유지하는 저력을 지니고 있다.

이런 나라들에 못지않게 한국 사회는 단기간 내에 산업화와 민주화를 이룩해서 세계의 주목을 받아 왔다. 더구나 이제 한국은 유엔을 비롯한 세계 각국으로부터 선진국 대접을 받고 있기 때문에 선진국의 문턱을 막 넘어서 한 단계 높은 수준의 국가가 되어야 할 과제를 안고 있다. 코리아는 옛날의 코리아가 아니다. 그래서 많은 아시아, 아프리카, 중동, 중·남미의 개발도상 국가들이 한국이 어디로 향하고 있는지를 주시하고 있다. 그런데 한국은 지금 방황하고 있는 인상을 주고 있다.

한국이 선진국의 대열에 들어선 이후 또 한 차례의 도약을 하기 위해서는 정치가 변화해야 되고, 국민의 의식과 행태도 조금 더 향상되어야 할 것이다. 다만 이 두 변화는 산업화와 민주화 운동과는 다르게 시간이 많이 걸리는 과업이기 때문에 국민 모두의 지혜와 인내심을 모아야 된다고 생각한다. 정말 다음 대통령은 좀 더 강고한 자유민주주의 체제를 만들기 위해 한 발짝만이라도 더 앞으로 가기를 바라는 마음 간절하다.

그래서 과거와 현재에 이르기까지 많은 나라의 갈등 예들을 살펴보고 그중에서도 우리와 관계가 있으면서도 이미 갈등을 겪었거나 현재 경험을 하고 있는 나라들의 사례를 뽑아서 이야기를 꾸며 본 것이다. 한국이 한 단계 높은 성숙한 사회와 품격 있는 나라로 도약하기 위해서 이 나라들의 갈등 경험이 반면교사의 역할을 해 주었으면 하는 바람에서 출발했으나 얼마나 도움이 되었을지는 독자들의 판단에 맡기고자 한다.

2022년 7월 1일

권위주의는
어떻게 국가를 망치는가?

초판 1쇄   2022년 7월 1일

지은이   이효선
발행인   김재홍
총괄/기획   전재진
디자인   현유주
마케팅   이연실

발행처   도서출판지식공감
등록번호   제2019-000164호
주소   서울특별시 영등포구 경인로82길 3-4 센터플러스 1117호 (문래동1가)
전화   02-3141-2700
팩스   02-322-3089
홈페이지   www.bookdaum.com

가격   15,000원
ISBN   979-11-5622-715-1 03340